21世纪经济管理新形态教材·工商管理系列

项目管理理论与实务

张俊光 ◎ 编著

清华大学出版社
北京

内 容 简 介

本书旨在帮助读者深入理解项目管理的基础知识、专业领域和前沿领域，因此全书分为基础篇、专业篇和前沿篇共三篇：第一篇介绍了项目管理的基本概念和原则，包括项目的定义、特征、生命周期，项目管理的历史和发展，项目管理的知识体系、方法论，项目管理过程组、项目管理的范围和环境等方面内容；第二篇研究了项目管理的专业领域，包括项目范围管理、项目进度管理、项目成本管理、项目质量管理、项目人力资源管理、项目沟通管理、项目干系人管理、项目风险管理和项目采购管理；第三篇介绍了项目管理的前沿领域，包括关键链项目管理和组织内部项目监理等，这些领域代表了项目管理领域的最新趋势和创新。

本书通过深入的案例研究和复习题帮助读者将所学的知识应用到实际项目管理中，以提高项目管理技能，涵盖了项目管理的基础原则、方法和工具，可作为本科生和研究生的项目管理课程教材，还可用作项目管理从业人员和高级管理人员的培训教材和参考资料。

本书封面贴有清华大学出版社防伪标签，无标签者不得销售。
版权所有，侵权必究。举报：010-62782989，beiqinquan@tup.tsinghua.edu.cn

图书在版编目(CIP)数据

项目管理理论与实务/张俊光编著. —北京：清华大学出版社，2024.2
21世纪经济管理新形态教材. 工商管理系列
ISBN 978-7-302-65308-0

Ⅰ.①项… Ⅱ.①张… Ⅲ.①项目管理－高等学校－教材 Ⅳ.①F224.5

中国国家版本馆CIP数据核字(2024)第038806号

责任编辑：付潭娇
封面设计：汉风唐韵
责任校对：王荣静
责任印制：宋　林

出版发行：清华大学出版社
网　　址：https://www.tup.com.cn，https://www.wqxuetang.com
地　　址：北京清华大学学研大厦A座　　邮　　编：100084
社 总 机：010-83470000　　邮　　购：010-62786544
投稿与读者服务：010-62776969，c-service@tup.tsinghua.edu.cn
质 量 反 馈：010-62772015，zhiliang@tup.tsinghua.edu.cn
课 件 下 载：https://www.tup.com.cn，010-83470332

印 装 者：三河市龙大印装有限公司
经　　销：全国新华书店
开　　本：185mm×260mm　　印　张：16.5　　字　数：367千字
版　　次：2024年4月第1版　　印　次：2024年4月第1次印刷
定　　价：59.00元

产品编号：104035-01

前言

中国正处于由制造业大国向创新型国家转变的关键期，党的二十大报告明确提出"加快实施创新驱动"的国家发展战略，而项目管理对创新型国家的建设至关重要，对提高自主创新能力至关重要。当今世界，一切都是项目，一切也将成为项目，各行各业都需要创新，项目管理本身也需要创新，本书以此为背景深入探讨了项目管理的核心概念，涵盖了项目管理专业领域，同时还介绍了项目管理不断演化的前沿研究，旨在提供一个全面系统的项目管理理论框架和实施指南。

项目管理是一门跨学科的领域，它融合了管理学、工程学、心理学、沟通学和许多其他学科的知识，旨在使项目成功地完成并达到既定目标。在当今竞争激烈的商业环境中，组织需要不断创新，同时确保其项目在预算、时间和资源限制下取得成功。本书探讨了这个领域的核心概念，以及如何将这些理论知识应用于实际项目管理中。

本书编者凭借多年的项目管理实战经验、科研成果积累及学校授课和企业培训经历，对项目管理问题进行了深入的探讨和分析，全书的逻辑结构清晰，共包括三篇：基础篇、专业篇和前沿篇，为读者提供了项目管理的基础框架，介绍了各领域的重要概念、方法和实践，还增加了关键链项目管理和组织内部监理等前沿领域，以满足快速变化的市场需求。本书为每一章增加了复习思考题，以帮助读者更好地理解和应用所学知识。另外，本书的特色在于它将项目管理的理论与实际案例相结合，读者将能够通过丰富的案例更深入地理解项目管理的复杂性和挑战，并学会如何应对各种情境。

编者希望本书不仅能成为学生、教师和专业人士的重要教材，还能成为项目管理从业者的宝贵参考资料。无论读者是想提高项目管理技能，还是准备通过项目管理改变组织的运营方式，本书都将提供有力支持，促进创新、协调和可持续发展。

在本书初稿形成过程中，张旭、成诺、刘念、周尚、解明雨、杨婉莹、张馨雨、王熙和司晨雨等同学在资料收集和文字校对等方面做出了贡献，在此表示感谢。

本书获得了北京科技大学研究生教材建设项目、国家自然科学基金项目的资助（项目批准号：72372008）。

编者
2023 年 12 月

目 录

第一篇 基 础 篇

第1章 项目与项目管理 ... 3
1.1 项目 ... 3
1.2 项目管理 ... 9
1.3 项目经理 ... 16

第2章 项目组织与项目团队 ... 19
2.1 项目组织管理 ... 20
2.2 项目团队 ... 30

第3章 项目管理流程 ... 34
3.1 流程管理 ... 34
3.2 项目管理流程规划 ... 36
3.3 项目业务流程优化 ... 39
3.4 项目业务流程再造 ... 42

第4章 项目整体管理 ... 45
4.1 概述 ... 45
4.2 制定项目章程 ... 49
4.3 制订项目整体计划 ... 50
4.4 执行项目整体计划 ... 54
4.5 实施整体变更控制 ... 58
4.6 结束项目或阶段 ... 59

第二篇 专 业 篇

第5章 项目范围管理 ... 63
5.1 概述 ... 63
5.2 范围规划 ... 65
5.3 范围定义 ... 68

5.4 WBS 创建 ······ 70

5.5 范围确认 ······ 73

5.6 范围变更控制 ······ 74

第 6 章 项目进度管理 ······ 77

6.1 项目进度管理概述 ······ 77

6.2 项目活动定义 ······ 79

6.3 项目活动排序 ······ 82

6.4 活动资源估算 ······ 85

6.5 活动历时估算 ······ 88

6.6 项目进度计划编制 ······ 92

6.7 项目网络计划优化 ······ 98

6.8 项目进度控制 ······ 111

第 7 章 项目成本管理 ······ 117

7.1 项目成本管理概述 ······ 119

7.2 项目成本估算 ······ 121

7.3 项目成本预算 ······ 124

7.4 项目成本控制 ······ 125

第 8 章 项目质量管理 ······ 131

8.1 项目质量管理概述及发展阶段 ······ 131

8.2 项目质量管理原则 ······ 133

8.3 质量管理统计方法 ······ 136

8.4 质量成本 ······ 140

8.5 PDCA 循环 ······ 141

第 9 章 项目人力资源管理 ······ 144

9.1 项目人力资源管理概述及发展阶段 ······ 145

9.2 组织设计 ······ 151

9.3 激励 ······ 156

第 10 章 项目沟通管理 ······ 159

10.1 项目沟通管理概述 ······ 160

10.2 项目沟通管理方法 ······ 166

10.3 组织沟通 ······ 171

10.4 团队沟通 ··· 175

第 11 章 项目干系人管理 ··· 179
11.1 项目干系人识别 ··· 179
11.2 项目干系人需求分析 ··· 180
11.3 项目干系人管理 ··· 182

第 12 章 项目风险管理 ··· 184
12.1 项目风险管理概述 ·· 185
12.2 项目风险管理的特征 ··· 187
12.3 项目风险评价 ·· 189
12.4 项目风险控制 ·· 191

第 13 章 项目采购管理 ··· 196
13.1 项目采购管理概述 ·· 197
13.2 项目采购规划 ·· 199
13.3 项目采购实施 ·· 202
13.4 项目采购合同管理 ·· 205

第三篇 前 沿 篇

第 14 章 关键链项目管理 ··· 213
14.1 背景及意义 ·· 214
14.2 关键链项目管理的内容 ·· 218
14.3 关键链项目管理方法 ··· 223
14.4 关键链项目管理实践 ··· 226

第 15 章 组织内部项目监理 ·· 232
15.1 启动项目 PPQA 并进行培训 ·· 233
15.2 编制 PPQA 计划 ··· 234
15.3 执行并维护 PPQA 计划 ·· 238
15.4 PPQA 工作有效性验证 ·· 240
15.5 PPQA 过程引用的规程 ·· 243

附录 ··· 249

参考文献 ··· 254

第一篇

基 础 篇

第一篇

微生物

第 1 章

项目与项目管理

【教学目标】

1. 理解项目的定义、特征、项目集与子项目、项目生命周期等概念。
2. 走进项目管理,掌握项目管理的基础知识,为后续学习奠定基础。
3. 了解项目经理的地位和角色、职责与权力,以及能力要求。
4. 形成一定的项目管理思维,使所学知识能够应用于项目实践。

《西游记》作为经典的项目管理案例故事被多次引入项目管理课堂,该项目的任务就是西天取经,唐僧相当于项目经理,他做事谨遵原则、性格坚韧、善用人才,领导着孙悟空、猪八戒和沙和尚,三人各司其职,作为一个团队共同完成了项目。西天取经具有临时性,取完经,该项目就结束了,其独特性在于任务无法重复。从逐渐完善性上看,该项目前期团队之间存在一段磨合期。例如,在孙悟空三打白骨精的故事中,唐僧曾被白骨精变作的村姑、妇人、白发老公公迷惑,错怪孙悟空伤人性命、违反戒律,将孙悟空赶回花果山,后来误会消除,师徒四人继续上路。取经项目的目标十分明确,且具有制约性,师徒四人的经费更是少得可怜,常常还要靠救济度日,因此,可以用项目管理的思维分析费用问题。如果说取经是一个项目的整体,那路途所经过的九九八十一难则可以被看作 81 个子项目,最终师徒四人取到真经,项目也圆满完成。

资料来源:一抹书香. 西游记是历史上最成功的项目管理案例[EB/OL]. (2022-03-18) [2023-10-01]. https://www.sohu.com/a/530708644_121119344.

1.1 项　　目

"项目"这个词对每个人而言肯定都不陌生,如工程项目、水电项目、科研项目、智能化项目、软件项目等,种类繁多,但听上去似乎都很专业化,给人一种距离感。殊不知,正如"生活中并不缺少美,只是缺少发现美的眼睛"一样,项目在生活中也无处不在,人们每天都会接触项目、经历项目,小到为美好的周末准备丰盛的午餐,或是在晴朗的日子里结伴出游;大到为家庭购置房产,甚至筹备一场盛大的婚礼,各行各业、各种身份的人都要处理、完成各种各样的项目。

1.1.1 项目的定义

对项目的定义,学界有很多不同的版本和看法,流传较为广泛的有美国项目管理协会(project management institute,PMI)对项目的定义:"A project is a temporary endeavor undertaken to create a unique product or service."其中文可理解为:"项目是为创造特定产品或服务而进行的临时性努力。"这句话看似简单,却包含着项目的关键信息,temporary 是"临时"的意思,表明项目有始有终,需要在规定的时间内完成;endeavor 可被翻译为"努力"的意思,说明完成项目需要有一定人力、物力、时间等投入;unique 说明项目是一次性的,每一个项目都是唯一且独特的;从 product or service 可以看出这个定义的严谨性,项目不一定都像建造桥梁、生产手机或计算机这样会有实体产品产出,它也可以产出虚拟产品或服务,如发表学术论文、申请专利,或提供客户回访等服务。除此以外,英国项目管理协会(association of project management,APM)对项目的定义是:"项目是为了在规定的时间、费用和性能参数下满足特定目标而由个人或组织实施的、具有规定的开始和结束时期、相互协调的、独特的活动集合。"而我国项目管理协会对项目的定义则是:"项目是由一组有起止时间的、相互协调的、受控制的活动所组成的特定过程,最终达到符合规定要求的目标,包括时间、成本和资源约束条件。"

具体而言,组织一场生日聚会、完成一项科学实验、开发一款软件、建造一座立交桥等都属于项目的范畴。说到这里可能有同学会问,项目明明可以被复制,为什么说它是唯一的呢?例如,为同学甲组织了一场生日聚会,难道不能在同学乙过生日的当天将这种"项目"完全照搬过来吗?古希腊哲学家赫拉克利特曾说过,"人不能两次踏进同一条河流",尽管生日聚会的流程、模式可以被完全复刻,但它的时间、地点、人物、目的等已然发生了根本性的转变。因此,甚至可以说,在当今社会中,一切都是项目,一切也将成为项目。

1.1.2 项目的特征

1. 临时性

项目的临时性指项目应有始有终,有明确的起始和截止日期,而不是周而复始或多次重复的。人对项目临时性的理解往往存在两个误区:①项目的临时性并不是限制项目的持续时间,像修桥造路这样的工程项目,从计划到完工必然不能朝种暮获,而是需要足够长的时间。例如,我国著名的三峡项目从启动到结束历经了 15 年的周期。当然,也确实有很多耗时较少的项目,例如,组织一次郊游、完成一轮答辩等,但一定不能混淆概念,将时间短和临时性画上等号是错误的。②项目产出的产品和服务不是一次性的,所交付的项目成果会在项目的终止后依然被使用、存在。例如,手机研发项目可能会历时一年以上,设计并制作一台手机的样机,在项目终止后,可以依据生产、设计的蓝图大批量生产手机产品;又如,建造高铁,建成通车后在未来的几十年它都可以一直使用,具有延续性。另外,项目的临时性也体现在所面临的市场机遇和组织团队,市场机遇往往会具有临时性。这里可以通过案例来具体分析一下:2008 年北京举办了夏季奥运会,根据项目需要组建了奥运项目团队,该项目具有临时性,当项目结束后项目组也随之被解散。奥运会的举办为当时奥运纪念品制造厂商等商家带来了庞大的市场机遇,虽然 2008 年北京夏季奥运会这个项目结束了,但在此过程中人们积累的经验、文件资料等依旧具有参考价值,包括纪念品制造厂商等商家所制造出来的一部分商品等。其中,纪念币等时至今日也依旧具有收藏价值。14 年后,2022 年北京举办了冬季奥运会,冬奥会能顺利开展,在很多方面都归功于对 2008 年北京夏季奥运会项目组织情况的借鉴。首先,从人文精神、文化底蕴的角度来看,奥运会的举办旨在通过体育竞技展现人的体质、精神和意志,号召通过体育运动达到个人乃至国家的全面均衡发展。每座举办城市都有着不同的风土人情,如何让奥运会成为城市连接世界的窗口则是筹划中的关键一环,因此,2008 年的项目资料与经验就显得尤为关键。其次,2008 年为夏季奥运会建设的场馆中有 8 个场馆被 2022 年北京冬奥会沿用,而 2022 年冬奥会打造的场馆在冬奥会结束后则从可持续发展的角度继续被充分利用,发展体育、休闲、旅游等产业,实现了四季运营。因此,尽管 2008 年夏季奥运会和 2022 年冬季奥运会是两个独立的项目、都具备临时性,但也要注意其与项目交付成果延续性的区别。

2. 独特性

"龚古尔"文学奖的发起人、法国著名自然主义小说家龚古尔兄弟有这样一句名言:"一切都不曾重复,一切都独一无二。"项目的独特性指其所产生的产品或服务是独一无二的,与其他的产品、服务或多或少都会有一定的区别,不存在完全相同的情况。独特与重复是对立的,批量生产的商品不具备独特性。虽然某些项目可交付成果中可能存在重复的元素,但这种重复元素并不会改变项目本质上的独特性。依然以北京 2008 年夏季奥运会和 2022 年冬季奥运会为例,尽管二者都在北京举办,但两者的举办时间、参与人、举办地点、竞赛类别甚至吉祥物等都发生了变化,这就体现出了项目独特性的特征。再如,两个建筑项目即使采用相同或相似的材料、由同一个项目团队建设,甚至建筑物的图纸都是相同的,但每个建筑项目的地理位置、施工时间、工程设计、内外部环境、所需成本、参与项目人员等方面不可能完全一致,所以这两个建筑项目仍旧是独特的。事实上,双胞胎即使长得再相像也依旧不是同一个人,两个项目即使复刻得近乎一致,从多方面看它们也并不会毫无二致。

3. 逐渐完善性

项目是在特定情境下的待完成任务,其过程往往比结果更重要。项目的逐渐完善性指项目前期存在不确定性和风险因素,只能大致计划和定义,只有在执行过程中,项目流程和成果才能逐渐得以清晰和完善,所以,在项目执行过程中,需要根据项目实际发展情况和外部环境因素采取相应的处理措施,不断优化、迭代和改善才能顺利达成项目目标。

仍旧用 2022 年北京举办冬奥会作为案例,2015 年 7 月 31 日,在吉隆坡举行的国际奥委会第 128 届全体会议上,北京以 44 票支持获得了冬奥赛事的举办权,自此成为全球唯一一座"双奥城市"。起初,冬奥会的筹备遵照先前的经验按部就班,依流程进行,但 2020 年初,突如其来的新冠疫情给全球各大体育赛事(如东京奥运会)造成了冲击,北京冬奥会也受到了较大影响。例如,疫情时期,各地不得已为之的"封城"策略不可避免地带来了大范围的停工、停产；许多企业的生产、经营和销售都受到影响，大量的基础设施建设进度也明显滞后于原定计划，因停工停产而增加了额外的成本。为了降低疫情风险，相应的防控成本也有所增加。另外，对大型体育赛事活动来说，赞助收入是十分重要的经济来源，突发的新冠疫情对赞助收入也产生了一定程度的负面影响。不过好在，由于冬奥会举办于2022年，在这两年的时间里，组委会对项目各方面做了相应的调整。例如，及时评估疫情对冬奥会可能带来的影响，调整筹备工作的内容与重点，及时与赞助商沟通协调，保障赞助商的权益，尽可能减少疫情带来的冲击。经过了不断修正和逐渐完善的过程，2022年北京冬奥成功举办，这不仅为世界奥林匹克运动发展作出了新贡献，也树立了中华民族伟大复兴道路上一座值得关注的里程碑。

4. 目标确定性

在项目启动之初，项目经理必须为项目设置边界，边界内的工作要严格执行，因为它们是为项目的目标服务的。对项目实施没有协同效应的工作则应该被视为边界外工作，设计项目时要懂得取舍。项目的目标明确性指项目有确定的目标，如时间、功能、特性、效益等，是为实现特定组织的目标服务的。为了达到项目的目标，项目经理在项目实施以前必须进行周密的计划，而项目实施过程中的各项工作都是为项目的预定目标执行的。项目的目标通常包括项目的工作目标和项目的产出物目标。例如，修建一条绕城高速公路，工期、成本、人员安排、质量等属于项目的工作目标，而最终绕城高速的使用年限、特性等则属于项目的产出物目标。

5. 制约性

任何项目都是在一定条件下进行的。例如，规定项目必须在多长时间内完工，或项目组能够聘请的专家一共有多少名，整个项目可用多少预算，又或者项目的施工地点选址，这些问题分别对应进度约束、资源约束、成本约束和环境约束。实际上，项目的约束条件还有很多，如人力资源、技术资源、信息资源约束等。在所有的约束条件中，范围、进度及成本是项目管理的三重约束，是在项目管理实践中总结出的、能对项目产生较大影响和制约的重要因素，且这些因素彼此关联，一项因素发生变化就会带动另外两项因素发生相应变化。目前也有项目管理是第四约束的说法，指的是质量。质量与进度、范围和成本之间也存在一定的联系，人们常常听到的"慢工出细活"正体现了进度与质量的关系。项目的制约性决定了项目的成败，只有有所制约、遵守制约，项目才能被按时保质地完成。

想致富，先修路。作为基建强国，我国许多地区受益于修桥造路，从而实现了经济的发展与飞跃。许多国家都对我国的基建能力称赞不已，邻国印度更是希望通过基建来实现国力的提升。阿苏大桥跨越恒河两岸，是印度近年来的重点基建项目，大桥全长3160米，能够缩短恒河两岸居民的通行时间和通行距离、加快经济发展，从2015年开始兴建起，全印度人民对其寄予厚望，原本计划用3年时间修建完成，但由于在建设过程中面临多项突发事件（如恒河洪水、占地问题），大桥完工时间一度被推迟到2019年。在此之后，大桥建设又受新冠疫情影响，竣工期限一推再推，从开建至今已耗资近200亿卢比，折合人民币近18亿元。而就在2023年6月，这座大桥又受到雷雨影响局部坍塌，梁体塌落。幸运的是，当时阿苏大桥仍属于在建项目，还未通车，坍塌时没有造成人员伤亡，否则后果将会更加严重，不堪设想。耗资近 200 亿卢比的印度重点项目仅因雷雨就造成巨大损失，可谓是"豆腐渣工程"。在本案例中，虽然项目投入的成本很高、进度也很慢，却并没有达到"慢工出细活"的效果，反而质量较差。究其原因，也许与印度较为严重的腐败有关，项目管理者也行只拿一部分经费用在修桥上，因此导致了造出的桥不堪一击。在印度，这样的倒塌事故并不少见，例如，比哈尔邦投资了 26 亿卢比左右修建大桥，但通车一个月未到大桥就被洪水冲垮。类似的案例还有大坝、天桥等，因洪水坍塌造成过许多伤亡，许多工程项目在建设过程中因偷工减料、鱼目混珠，在监管失职或缺位的情况下工程质量得不到应有的保障，大大增加了项目的风险系数，产生了较大的安全隐患。

1.1.3　项目集与子项目

　　项目与项目集之间是被包含和包含的关系，项目是项目集的子集。美国项目管理协会（PMI）把项目集定义为"经过协调管理以便获取单独管理这些项目时无法取得的收益和控制的一组相关联的项目"。项目集管理是管理一个项目的集合，也可能包括各单个项目范围之外的相关工作，如持续运作的部分。与项目集紧密相关的内容有战略、计划、项目、子项目等，运用知识、技能、工具与技术满足项目集的要求就可以通过协调管理的方式获得对单个项目而言无法通过独立管理达到的控制及收益。任何一个项目集都包含一定的项目，但一个项目可能不属于任何一个项目集。近些年，项目集管理在大型设备制造和软件行业炙手可热，是项目管理办公室（project management office，PMO）和多项目管理的工作指导，同时也为许多大型复杂项目管理提供了一套完善、完整的科学方法。例如，在通信工程建设领域的项目有两个十分重要的特征：网络性和系统性。基于这两个特点，通信建设工程必须拥有综合的、严密的、完整的系统，同时也考验着多专业、多系统之间的协调协作。其可以被理解为，正是因为通信网络天生具备多项目协同的要求，所以项目集管理在这一行业的应用十分广泛。

　　子项目是在较大项目框架内的小项目，是项目内部相对独立的管理单元。子项目被要求在一定的成本、质量或其他限制范围内，在一段固定时期内执行一系列计划好的、相互关联的、有交付标准的任务。子项目通常在项目层次结构中位于中高水平，是更广泛项目的结构元素，是主项目不可或缺的部分。工作分解结构（work breakdown structure，WBS）是将项目成果、范围等细分为多个工作包；子项目则可以是多个工作包的集合，是基于合同管理与项目治理的角度对项目的划分。WBS 并不完全等同于子项目划分，但子项目的划分属于 WBS。从本质上讲，子项目与项目之间的区别是：①子项目依赖同属于一个项目的其他子项目；②子项目一般是高级（主项目或投资组合）项目或项目集。那么，为什么要使用子项目呢？情况通常不外乎：①由于大项目难以管理，分解为子项目更为清晰简洁，便于理解；②在一个项目或项目集中存在资源约束，分解成数个子项目可以有效分配资源。

1.1.4　项目生命周期

　　项目生命周期指项目从启动到完成的一系列阶段，其为项目管理提供了基本框架。项目生命周期由项目阶段组成，项目阶段是具有逻辑关系的项目活动的集合，这些阶段与活动之间可能存在顺序或交叠关系。项目生命周期通常分为四个阶段：启动阶段、计划阶段、实施或执行阶段、收尾阶段，如图 1-1 所示。阶段数量取决于项目复杂程度和外界环境，每个阶段还可再被分解成更小的阶段。项目阶段有起始点、结束点或控制点。在控制点，管理者需要根据当前环境重新审查项目管理情况，将项目实际执行情况与项目管理计划比较，以确定项目是否应该变更、终止或按计划继续执行。

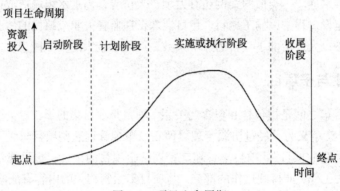

图 1-1　项目生命周期

1. 启动阶段

在项目启动阶段，项目发起人会明确项目的目标和范围，并确定项目的可行性。接着，项目团队将收集需求、分析利益相关者的期望和需求，进行初步的风险评估。

项目启动阶段是项目工作最重要但是容易被很多人忽视的阶段。很多人会把大部分的时间成本投入项目执行的阶段，却草草地启动项目，最终导致了大量的试错、返工。所以，项目管理者要能够在项目前期发现并处理隐藏的问题，这才有助于实现项目最佳成果。

2. 计划阶段

在计划阶段，项目团队制订详细的项目计划，包括任务分解、时间安排、资源分配和风险管理计划等。他们还会制订沟通和沟通管理计划，以确保项目成员之间的信息流畅。这个阶段的重点是确保项目的组织和资源安排合理，并且有一个清晰的沟通管理机制。

3. 实施或执行阶段

实施阶段是项目的执行阶段，此阶段团队将按照项目计划开始执行工作。项目经理负责协调团队成员的工作、监督项目进展，并解决项目执行中的问题和风险。这个阶段的关键是保持项目进展顺利，解决可能出现的问题和风险，确保项目按时达成目标。

4. 收尾阶段

最后，收尾阶段是项目的结束阶段。在这个阶段，项目团队完成项目的交付物，并验收和测试。同时，他们会进行项目总结和评估，以从项目中获得经验教训。这个阶段的重点是确保项目的交付物符合质量标准，并且从项目中吸取宝贵的经验教训，为未来的项目提供参考和改进。这一阶段还能够从客户获取反馈信息,以了解客户满意度和项目是否达到了客户的期望等。

总体而言,项目生命周期的不同阶段各有其重要性和目标。项目启动和计划阶段旨在确保项目目标和可行性的明确,并制订详细的计划和管理机制。实施阶段旨在将计划付诸行动,收尾阶段则是项目结束和总结的阶段。以上每个阶段都有其特定的任务和挑战,但这些阶段的有机衔接和顺利进行是确保项目成功的关键。

1.2 项 目 管 理

1.2.1 项目管理的发展历程

项目管理是应运而生的,并不是有意为之,其在生活中有确实的需要才得以发展成熟。不论是国外还是国内,项目管理的实践早已有之。比如,设计精巧、计算精密,作为陵墓用处而修建的埃及金字塔。之所以叫作金字塔,是因为它的外形很像我国的汉字"金"。"金"字的结构十分巧妙,如果不用"金"字结构而是换成立方体结构,那么一百多 m 高的建筑无疑会把出入口压塌。但"金"字结构能够把巨大的压力均匀分散,造就了这世界级的奇观,令人赞叹。可以说,没有运用项目管理的思想就不可能完成这样的惊人之作。如果看到这里还认为这只是一个巧合,那么接下来的内容一定更有说服力。以胡夫金字塔为例,建筑奇观只是它的一个闪光点,更令人惊讶的是在其之上的"数字奇迹"。经过测量,胡夫金字塔的底部周长是其高度的两倍与 3.14159(也就是圆周率的乘积),相当精确。另外,金字塔内部的各直角三角形厅室的边之比为 3∶4∶5,刚好符合勾股定理!这些巧妙的结合充分体现出它的规划性,融入了古埃及人的项目管理智慧。对我国而言,项目管理思想也是早已有之。比如,位居朝代之首的夏朝已经出现了几个规划得当的典型城池:王城岗遗址、东赵遗址、新砦遗址、二里头遗址等。它们都有如下特点:①大部分依水而建;②已有宫殿区、祭祀区、墓葬区、平民居住区、手工业作坊等功能性分区,在夏朝后期分区更为明显;③不管是宫殿区还是小城或大城,建筑形制基本为长方形或正方形;④大多数城池都具备防御功能,拥有城墙、城壕;⑤宫殿建筑中轴对称,坐北朝南,庖厨居东,中央突出,四围向心,严密封闭。若非通过项目管理的思维进行系统地规划、逐步完善,则无法实现系统的城池建设。尽管以上的案例都能充分说明项目管理的悠久历史,可遗憾的是,这些优秀的案例并没有相关的文字记载。

现代的项目管理概念通常被认为应该来源于 20 世纪初计划和控制技术之父的亨利·甘特(Henry Gantt)发明的甘特图,20 世纪五六十年代网络计划技术在美国航天及军事技术上的应用开始广为人知。甘特图又被叫作横道图,在第一次世界大战时甘特图的应用极大地缩短了建造货轮的时间,其形象直观易懂,绘图简单明了,不仅在当时,在现在也广受欢迎。20 世纪五六十年代,美国兰德公司和杜邦公司首先提出了关键路径法(critical path method,CPM)。1958 年,美国海军特种计划局、艾伦和哈密尔顿咨询公司、洛克希德系统工程部联合提出了计划评审技术(program evaluation and review technique,PERT),由于这一技术的实施,北极星导弹核潜艇项目提前两年完成。1962 年,美国国家航空航天局引入了一种新系统，着重于 WBS。1963 年，美国空军采用了项目生命周期（project life cycle）和挣值分析法（earned value analysis，EVM）。20 世纪 70 年代，项目管理逐渐发展，成长为一个多学科的专业，国防、建筑工业以外的其他公司（高科技公司居多）也开始使用项目管理系统。随着项目率的逐步提高及独特项目管理工具、技术等的全方位改进，美国项目管理协会（PMI）和英国项目管理协会（APM）双双开始把项目管理确定为一个事业。

项目管理诞生于 20 世纪初，在 20 世纪 60 年代蓬勃发展，70 年代得到调整。到了 80 年代，时间、成本和质量已经不再是项目管理的全部考量因素，项目管理的对象增加了项目的范围、组织分解结构及外部环境因素，项目管理的重心也被转移到了项目的计划和准备阶段。个人计算机的出现、普及使项目管理软件得到了逐步发展。20 世纪 80 年代末，PMI 公布了 PMBOK，它是第一个项目管理综合知识体系，一直被沿用至今，为项目管理学科的发展奠定了坚实的基础。

1.2.2 项目管理的概念和内涵

总体而言，项目管理是通过项目经理和项目成员的共同努力，运用系统的理论和科学的方法对项目进行计划、组织、领导、控制，以实现特定目标的管理方法。在《项目管理知识体系指南》（project management the body of knowledge，PMBOK）中将项目管理定义为"在项目活动中应用知识、技能、工具和技术以满足项目要求"。虽然这个定义听起来简单易懂，但在工作中，人们只有在拥有了大量的知识积累和工作经验之后才能熟练地应用这些技能、工具和技术。项目管理过程中，首先需要创建一个小型项目团队，使之作为大型组织的一个缩影。一旦团队产生了想要的结果，就可以解散这个小型的组织结构，再着手下一步了。

1.2.3 项目管理的知识体系

项目管理知识体系是项目管理知识领域的总称，PMBOK 从知识领域的角度将项目管理划分为项目整体管理、项目范围管理、项目进度管理、项目成本管理、项目质量管理、项目资源管理、项目沟通管理、项目风险管理、项目采购管理、项目干系人管理等十大知识领域，各个知识领域相互联系、相互补充，融为一个整体，为掌握项目管理的理论体系提供了途径。

1. 项目整体管理

项目整体管理是为了确保项目各项工作能够有机地协调和配合而展开的综合性和全局性的项目管理工作和过程，它包括项目集成计划的制订、项目集成计划的实施、项目变动的总体控制等。

2. 项目范围管理

项目范围管理是为了实现项目的目标，对项目的工作内容进行控制的管理过程。它包括范围的界定、范围的规划、范围的调整等。

3. 项目进度管理

项目进度管理是为了确保项目最终能按时完成的一系列管理过程，包括具体活动界定、活动排序、时间估计、进度安排及时间控制等各项工作，目的是保证项目在规定时间内完成，合理分配资源、发挥最优工作效率。

4. 项目成本管理

项目成本管理是为了保证完成项目的实际成本、费用不超过预算成本的管理过程，包括资源的配置，成本、费用的预算及费用的控制等项工作，目的是全面管理和控制项目成本，防止出现项目成本超支的问题。

5. 项目质量管理

项目质量管理是为了确保项目达到客户所规定的质量要求而实施的一系列管理过程，包括质量规划、质量控制和质量保证等。

6. 项目资源管理

项目资源管理是为了保证所有项目关系人的能力和积极性都得到最有效地发挥和利用而做的一系列管理措施，它包括组织的规划、团队的建设、人员的选聘和项目班子的建设等一系列工作。

7. 项目沟通管理

项目沟通管理是为了确保项目的信息的合理提取、收集、传播、存储和配置所需要实施的一系列措施，它包括沟通规划、信息传输和进度报告等。项目沟通是在人、思想和信息之间建立联系，是成功的必须要素。

8. 项目风险管理

项目风险管理是项目涉及可能遇到的各种不确定因素时所需要实施的一系列措施，包括风险识别、风险量化、制定对策和风险控制等，目的是把有利事件的积极结果尽量扩大，而把不利事件的后果降低到最低限度。

9. 项目采购管理

项目采购管理是为了从项目实施组织之外获得所需资源或服务而需要采取的一系列管理措施，包括采购计划、采购与征购、资源的选择及合同的管理等项目工作。

10. 项目干系人管理

项目干系人是参与该项目工作的个体和组织，或利益会直接或间接受项目的实施与成功影响的个人和组织。项目管理工作组必须识别哪些个体和组织是项目的干系人，确定其需求和期望，然后设法满足和影响这些需求、期望以确保项目成功。

1.2.4 项目管理的基本方法论

1. 项目管理知识体系指南

在 20 世纪中期，项目经理开始努力将项目管理确立为一个独立的职业领域，其中一个关键的任务是对项目管理知识体系的内容形成共识。这个知识体系后来被称为"项目管理知识体系"（PMBOK）。为了统一和规范项目管理的术语和内容，项目管理协会（project management institute，PMI）制定了一套关于项目管理知识体系的图表和词汇基准。然而，项目经理们很快认识到，仅仅一本书无法全面涵盖项目管理知识体系的所有内容。因此，PMI 制定并发布了《项目管理知识体系指南》（简称《PMBOK 指南》）。PMI 将 PMBOK 定义为描述项目管理专业领域内知识的术语集合，它不仅包括经过验证并广泛应用的传统做法，还涵盖了项目管理领域最新的创新实践。

2. 关键路径法

CPM 是一种循序渐进的、用于项目进度安排的方法，其适用于具有相互依赖性的活动项目。项目进度计划一般可以用以下三种形式展现。

（1）甘特图。甘特图也称横道图，其由横道表示活动，活动的开始与结束日期会被明确地标示出来，活动的持续时间也将显示。甘特图简单易懂，在向管理层汇报情况时十分方便。

（2）项目进度网络图。网络图一般针对项目管理专业人士，较为复杂，但其对多项活动而言更为精确。

（3）里程碑图。里程碑图与甘特图十分相像，但更为简单，只标示主要的可交付成果和关键外部接口的计划开始/完成日期。

3. 关键链项目管理（critical chain project management，CCPM）

以色列的高德拉特（Goldratt）博士在其专著《关键链》（*Critical Chain*）中提出了一种项目管理新方法——关键链项目管理方法。自提出以来，CCPM 就引起了企业界和学术界的广泛关注，业内人士出版了相关书籍并发表了大量文献。它被认为是一种全新的、革命性的方式方法，能够提高项目满足进度与预算约束的能力，有效缩短工期。与 CPM 不同的是，CCPM 更关注项目资源的使用，考虑了资源约束条件，本质上处理的是具有不确定性的资源受限项目管理问题。CCPM 引入了缓冲（buffer）的概念，通过插入缓冲吸收项目中的不确定性以保护关键链，有效保障项目按计划进行。这种方法在第三篇第 14 章作详细介绍。

4. 动态系统开发法（dynamic systems development method，DSDM）

DSDM 以业务为核心，能够快速、有效地支持系统开发。在通常情况下，DSDM 被看成一种控制框架，强调快速交付并补充如何应用这些控制的指导原则。DSDM 是一套完整的方法论，包括项目管理、配置管理、风险管理、测试、软件开发内容和实践、组织结构、估算、工具环境、重用等各个方面的内容。

5. 六西格玛法（six sigma）

六西格玛法更像是一种管理策略。它是由工程师比尔·史密斯（Bill Smith）（当时任职于摩托罗拉）于 1986 年提出的。六西格玛法主要着重于通过制定极高的目标、收集数据并分析结果,从而减少产品和服务的缺陷。其支持在检测到缺陷后对缺陷进行一定程度的规避,使项目趋于完善。

6. 敏捷法（agile）

敏捷法常被各大公司作为一种开发流程而采用,是一种以用户需求为导向的迭代、循序渐进的项目管理方法。敏捷法常用于软件开发,该方法下项目在构建初期常被切割成多个子项目,经过测试,各个子项目的成果都具备可视、可集成和可运行等特征。敏捷法具有高度交互性,在整个项目中能够进行快速地调整。许多软件开发项目之所以青睐敏捷法,主要在于其不必完成全部测试就能够快速识别问题,使项目的早期变更具备很强的灵活性。敏捷法能够及时反馈、快速周转,在很大程度上防范了风险,降低了项目的复杂度,提供了可重复的过程,允许即时的反馈,能够提供快速的周转,且在此过程中,软件可以一直处于可使用状态,因此其具备其他方法不可替代的优势。

1.2.5 项目管理过程组

项目管理是通过合理运用与整合 42 个项目管理过程来实现的,因此,可以根据逻辑关系把这 42 个过程归类为 5 个大过程组,即启动、规划、执行、监控、收尾,使之贯穿项目的整个生命周期。

1. 启动过程组

项目启动过程组指定义一个新项目或新阶段,授权开始项目或阶段的一组过程,目的是协调相关方期望与项目目的,告知相关方项目范围和目标。在启动过程中需要定义项目范围和落实资源,识别关键相关方。一旦项目章程获得批准,项目将被正式立项。启动过程组的主要作用是确保只有符合组织战略目标的项目才能被立项,因此,在项目开始时就应认真考虑项目效益和相关方。

2. 规划过程组

规划过程组包括明确项目全部范围、定义和优化目标,并为实现目标制定行动方案的一组过程。在项目规划过程中,随着收集和掌握的项目信息和特征越来越多,项目很可能需要进一步完善规划。在项目生命周期中发生的重大变更可能引发重新开展规划的过程,甚至项目重新回归启动过程。这种对项目管理计划的持续精细化叫作"渐进明细",项目规划是迭代或持续开展的活动,其将在项目动态执行过程中不断优化改善,最终确定项目的行动方案。

3. 执行过程组

执行过程组包括完成项目管理计划中明确的工作内容,需要按照项目管理计划来协调资源、管理相关方参与、执行项目活动。执行过程组是项目生命周期的重点阶段,大部分项目预算、资源和时间将用于开展执行过程组。开展执行过程组可能导致变更请求,一旦变更请求获得批准,就可能触发规划过程,以修改管理计划、建立新的基准。

4. 监控过程组

监控过程组包括跟踪、审查和调整项目进展与绩效、识别必要的计划变更、并启动相应变更过程。监督是收集项目动态实时数据、计算项目指标、记录实时数据并整理输出项目报告。控制是比较实际项目情况与计划的偏差、评估项目趋势并改进优化的过程。监控过程组按既定时间间隔、在异常情况发生时对项目实际情况进行测量和分析，以识别和纠正与项目管理计划的偏差。监控过程组还涉及分析项目变更情况并制定合理处理措施、对照项目管理计划和项目基准监督进行中的项目活动。

5. 收尾过程组

收尾过程组包括正式完成或关闭项目的过程，其目的是确认完成项目所需的所有过程组的活动均已完成，并正式宣告项目的结束，以确保阶段和项目的妥善关闭。

各个过程组在项目中的相互作用如图 1-2 所示。

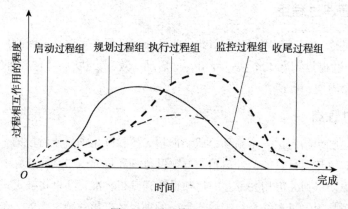

图 1-2　项目管理过程组

1.2.6　项目管理的范围

项目范围（project scope）包括项目的最终产品或服务，以及为实现该产品或服务所需要做的各项具体工作。从这种意义上讲，项目范围的确定就是为成功地实现项目的目标，规定或控制哪些方面是项目应该做的、哪些是不应该做的，也就是定义项目的范畴。

项目管理的范围主要包括，①组织工作，如组建项目管理部、确定项目经理、提出工作目标、制定工作制度、明确各方关系等；②合同管理，主要包括合同撰写与修改、参加谈判、协助完成合同签订及执行；③质量控制与质量管理，按项目总体质量目标及质量要求对各项目的质量进行科学、有效的管理、监督及验收工作，并处理好在此过程中出现的质量问题；④进度控制与进度管理，主要包括编制进度计划，将实际进度与计划进度进行对比，根据实际情况及时调整，确保项目按计划实施；⑤成本控制与成本管理，包括编制项目投资计划及成本估算等，目的是对项目成本进行预测预控；⑥其他与项目高度相关的管理工作。

1.2.7 项目管理环境

项目管理环境的概念范围很大，通常来看，它是加总项目管理的视野、经验、知识等可能对项目产生影响的各方因素的综合概念。比如，它包括项目的阶段和生命周期、项目利益相关者、与项目有关的管理方法知识和项目组织机构等。想成为一名优秀的项目管理人员，就必须做到对项目管理内环境、外环境、显性环境和隐性环境都具有充分的认知和理解。

在项目管理环境中，内环境与外环境常常作为更高级别的因素被加以考量，因为项目所处的内外部环境可能对项目产生有利或不利的影响。内环境主要指项目组织内部的环境，包括组织文化、组织结构、领导风格、组织章程等，良好的内部环境能使组织各层级间沟通渠道畅通、问题反馈及时、决策流程简单科学、处理问题效率较高，当内部环境存在缺陷时，须对内环境进行及时调整与控制，避免其对项目结果产生负面影响。外环境主要指组织外部的环境，如地缘政治、社会文化、经济形势、市场状况等客观存在的、难以改变的环境因素，对这些因素，项目团队往往无法直接控制，只能尽可能地调整、适应以使项目正常运行。比如，从 2018 年左右开始的中美贸易摩擦，由于美国单方面对中国正当权益发起多次无理挑衅，中美关系遭遇前所未有的困难。中国的产品畅销世界各地，为很多国家和地区带来了质优价廉的好产品，相关企业也表现出良好运转的态势，如果把一次出口看作一个项目，项目的总完成率相当可观。2018 年 6 月，美国对中兴通讯开出了史上对企业最严格的处罚。2020 年 8 月，美国商务部工业和安全局发布了对华为的修订版禁令，进一步限制了华为使用美国技术和软件生产的产品。除此之外，美国政府对中国企业采取具有单边制裁性质的贸易保护主义"337 调查"，凡是被认定"侵犯知识产权"的产品将被禁止出口到美国。类似这样的外环境必然会导致相应的项目受到影响与波及，因此，在项目的计划初期，对项目的外环境管理就应该被纳入考虑范畴。

1.2.8 项目管理的意义

项目管理是将知识、技能、工具与技术应用于项目活动，以满足项目的要求，使组织能够有效且高效地开展项目的工作。项目是组织创造价值和效益的主要方式，在当今商业环境下，组织领导者需要应对预算紧缩、时间缩短、资源稀缺，以及技术快速变化的情况。商业环境动荡不定，变化越来越快，为了在全球市场保持竞争力，企业日益广泛地利用项目管理持续创造商业价值。

随着科学技术进步和生产力发展，市场竞争越发激烈，现代项目也日趋复杂，在保证进度目标的基础上，经济高效成为重要的要求。然而，项目本身或执行环境存在的各种风险往往会导致项目工程延期、计划成本超支，企业为了控制工期和成本甚至可能牺牲计划规模。项目风险越复杂，发生进度延误和成本超支的可能性就越大。面对这些问题，管理者往往疲于奔命却收效甚微。采取科学合理的项目管理方法能够改善当前的局面、提高项目成功率。项目管理知识体系提高了标准化的方法和流程，使管理工作更具执行和操作可能性，同时，其也对风险管理、机遇把控、项目预测提出了系统化的建议，因此，项目管理的实际应用能提高项目的成功概率。

1.2.9 项目管理最新发展

自 1987 年 PMI 公布了第一个项目管理知识体系后,它就成了一个综合的、系统的项目管理方法。20 世纪 90 年代,项目管理的应用领域越来越多,其在电子、通信、计算机、金融、制药、软件开发等行业乃至政府机关都实现了覆盖,发挥了越来越大的作用。综合项目管理技术的全面质量管理(total quality management,TQM)和信息技术在项目管理中的应用开始发展,同时,一系列新型的项目运作模式(如项目加速投资和资产支持证券化等)也因为适应项目大型化、复杂化和提高项目融资质量的需要应运而生。项目管理的理论、方法随着时间的推移都在不断地迭代,变得更为科学。截至目前,在项目实施过程中,项目管理思想已得到广泛应用,在理论层面,多学科整合、方法开发、软件编制等也都日趋完善。

1.3 项目经理

1.3.1 项目经理的地位和角色

在生活中,由于许多项目经理都是从工程师、程序员或科研人员等身份转变而来的,所以很多人都对项目经理的角色有着极大的误解——把项目经理看作是一个技术性岗位。每个项目都要创造产品或服务,项目管理确实离不开对技术的了解,但每个人的精力都是有限的,项目经理也不例外。如果既要负责管理项目,又要负责处理技术问题,那么项目的最终结局必然是失败。所以,项目经理到底应该扮演什么样的角色呢?

项目经理的首要作用是管理项目,而不需要对技术亲力亲为。项目经理是保证项目目标实现的项目负责人,负责项目的组织、计划,以及处理实施过程中遇到的各种问题。项目经理是项目团队的核心人物,在某种程度上甚至可以说他决定了项目最终能否成功。因此,对项目经理的选拔与任用十分重要。

在日常生活中,并非所有项目负责人都能够得到项目经理的称号,人们往往在不知不觉间就担任了项目经理的角色。比如,一次会议的承办人全权负责会议的安排和开展,其虽然可以被认定为担任项目经理的工作,但往往不被严格地称为项目经理,而是主承办人或主负责人。

每一个项目都具有独特性和不确定性,项目经理要努力创造良好的环境,作为负责人,项目经理需要具备整合资源、统筹协调、正确决策等能力,将项目的计划、组织、领导和控制等多种职能集于一身,保证项目顺利实施。

1.3.2 项目经理的职责与权力

作为项目的灵魂,项目经理肩负着全面又繁杂的职责。要成为一名优秀的项目经理,不仅要把控好项目的整体,还要对众多细节有所关注。一般而言,项目经理的职责主要包含以下内容。

（1）根据项目目标做好项目各阶段的目标计划。

（2）组织、协调项目各个任务的实施过程。

（3）对项目实施情况进行监督与控制。

（4）对项目干系人进行管理与领导，做好统筹与决策工作。

（5）防范与化解项目风险，确保项目盈利。

（6）在时间、成本、资源等现实约束下确保项目顺利完成。

以工程项目为例，项目经理的职责由实施施工计划、组织管理、监督控制，以及在工程质量、技术、消防及施工安全、进度、成本等方面组成。具体包括：代表公司负责工程项目管理，完成项目目标；负责规划及编制项目管理方案和实施规划；策划、组织、协调、监控项目施工进度；对项目的综合治理、行政等工作负责；负责项目合同从签署到收尾的主要工作；撰写项目报告。

来自职权的权力是管理者在组织中所处的地位赋予的，并由法律法规与制度明文规定，职务大小决定权力大小。换言之，就是公司赋予管理层的、符合自己职位的管理权力。董事长有董事长的权力，项目经理也有项目经理的权力。在生活中，有些项目经理会对自己的权力产生错误的认识，认为自己高高在上，权力至高无上，自己的话对项目团队的其他人员来说就像圣旨，无论如何都得服从，不允许出现质疑或对抗，这种想法是非常错误的。管理者的权力指管理者在权限范围内对下级人员的行为所拥有的支配权，支配权不是控制权，员工依然享有自主权、自由权。项目经理拥有的职权主要是服务于实现组织目标，是其领导能力的体现。许多项目经理正是因为对权力理解存在错误、行使权力超出范畴，最终导致了项目的失败。那么项目经理究竟有哪些权力呢？

（1）参与项目招投标及合同签订权。

（2）项目经理团队组建权。

（3）项目工作主持及决策权。

（4）一定范围内对项目资金投入和使用的决定权。

（5）内部计酬办法的制定权。

（6）分包人的选择权。

（7）物资供应单位的参与选择权。

（8）项目干系人的组织、协调权。

（9）法定代表人授予的、项目经理职权范围内的其他权力。

1.3.3　项目经理的能力要求

如同所有管理对管理者的要求一样，管理是一门科学，也是一门艺术。怎样能够把项目管理好、令各方尽可能满意，最终有效地实现项目、顺利完工是考核项目经理的关键。项目管理协会 PMI 对项目管理者的能力素质要求主要通过"人才三角"实现，也就是项目经理能力模型。它分为技术项目管理、领导力、战略与商务管理三个层级。

进一步讲，它主要包括对行业背景、专业技术、市场信息等方面的充分了解，对战略管理、运营管理和项目管理都要有充分的认知，包括项目的财务、营销、生产、市场、质量、技术水平等各方面。从项目启动、规划、执行、监控，到最后的收尾全程跟踪。

优秀的项目经理不仅要会观察、思考、分析，还要有想象能力和决策能力。当然，不是所有人都能成为项目经理，一个人的性格、思想、习惯、态度决定了他的人生观、世界观、价值观，而正确的三观是优秀项目管理者应当具备的首要条件。另外，优秀的人际交往能力也必不可少，不会与人打交道的人很难成为优秀的项目经理。很多人认为，对项目经理而言，专业性是最重要的，这一点不可否认，但与此同时，项目经理必须完成从专家到管理者的转变，把专业性视角转为系统性视野，拥有系统思考的能力和大局意识。与此同时，很多大型项目涉及的项目干系人都往往复杂多面。因此，项目经理必须具有换位思考的沟通能力。在满足己方利益需求的同时也要关注他人的利益诉求、获得共识，实现多方共赢的目标。最后，项目经理必须严于律己。项目经理只有对自己高要求，才能够在管理的过程中以身作则、积极影响他人，才会有更多的追随者。只有当整个项目团队都拥有了向心力和凝聚力，才能在执行项目的过程中化解可能面临的各种冲突和问题，最终实现共同的项目目标。

复习思考题

1. 请读者说说对项目的理解，举一个生活中的项目例子。
2. 项目的生命周期可分为哪些阶段？各阶段在资源投入上分别需要注意什么？
3. 简述项目经理的责任和权力。

第 2 章

项目组织与项目团队

【教学目标】

1. 理解项目组织管理的基本知识，掌握项目组织结构类型。
2. 了解项目团队的概念、特点、组成、发展阶段，学习如何建立高效团队。
3. 能够运用所学知识，进行项目组织管理和团队建设。
4. 能够在团队中发挥自身优势，提升与他人沟通协作的能力，协同完成项目任务。

苹果公司想必很多人都耳熟能详，现在一起来看看一段采访苹果公司前 CEO 史蒂夫·乔布斯关于团队建设的内容，相信会有所感触。

问：你一直在向苹果公司、NeXT 公司和 Pixar 公司输送人才，你认为他们是什么样的人才？

史蒂夫·乔布斯：我想我一直在寻找真正聪明的人，与他们一起共事。在我们所从事的这些重要工作中，没有一项是可以由一两个人或三四个人完成的。为了把这些一两个人不能完成的任务做好，你必须找到杰出的人。我在这其中的总结发现是，对生活中的大多数事情，一般的和最好的相比，一个最好的能抵两个一般的。但是，在我所感兴趣的这个领域，最初是硬件设计，我发现一个最优秀的人完成工作的能力能抵 50~100 个一般水平的人。鉴于此，我们一直在追求精华之中的精华。这就是我们所做的事情。我们组织一个团队，保证里面的成员都是 A+水平。一个都是 A+水平的小团队能抵上 100 个都是 B 或 C 水平的巨型团队。

问：你的所有才能都归功于善于发现人才吗？

史蒂夫·乔布斯：并不只是发现人才。在招到人才后，你要创造一个团队氛围，让大家都感到周围都围绕着跟他一样有才能的人，而且工作是第一的。要让他们知道，他们的工作成绩代表了一切，这是一个深刻的、明白的认识——这就是全部。招募人才并不是你一个人能干得了的，你需要更多的帮助，所以我发现大家一起推荐、培养出唯才是举的文化氛围才是最好的方法。

问：但是对于一个创业公司，管理者并不会有那么多时间花在招募人才的事情上。

史蒂夫·乔布斯：我完全不赞同，我认为那是最重要的工作。在一个创业公司里，最初的十个人决定了这个公司的成功与否。

资料来源：JAGER R D, ORTIZ R. In the Company of Giants: Candid Conversations with the Visionaries of the Digital World[M]. New York: McGraw-Hill, 1997.

2.1　项目组织管理

2.1.1　项目组织管理的概念

从广义上看，由多种不同要素依据特定方法加以联系所形成的系统就是组织。从狭义上看，组织是人类为实现一定的目的而形成的互相协作的集体，如国际组织、党团组织、企业组织、军事组织等。没有完美的个人不代表没有完美的组织，人多力量大。在社会生活中，组织是社会的基础，是社会中每一个个体的集合，对组织的有序管理能够实现社会的科学运转与有序传承。管理学中对组织（organization）的定义是：一个具有明确的目标导向和精心设计的结构与有意识协调的活动系统的社会实体，它同外部环境时刻保持密切的联系。

由此可以根据项目的定义将组织的概念推及项目组织的定义：项目组织是为了完成某个特定的项目而建立的组织机构。项目组织具有如下特点。

首先，几乎所有项目工作人员都服从项目经理，向其汇报、听其指挥；其次，项目组织在人员和行政管理机构上是独立的；再次，在项目组织中，项目经理是主要负责人，对资源具有支配和控制的权力；最后，项目经理负责项目组织中的资源分配，对内要使各岗位明确相应的职责，对外要快速回应客户的需求，最终使项目在项目经理的把控下顺利完成。

项目组织管理是用科学有效的手段对工程等项目实施管理。在此过程中，管理者应对每个重点环节、每项关键工作有更好的把握。做好项目组织管理不仅是一门科学，同样是一门艺术。例如，对人员安排应有所规划。对新组建的项目团队而言，要看重团队中个人的工作能力，根据个人情况安排在项目中应当承担的责任和付出的义务。更重要的是让个人融入团队，将个人的贡献体现在团队的成就当中。再如，在工作内容方面，管理者需要解决体制问题，利用充分的激励机制调动团队的工作积极性。工作计划需要被详细制订，按计划落实核查、有效推进，在过程中注意监督到位。在项目组织管理中，项目经理是项目成功路上不可忽视的角色，他们不仅要协调内部的人事安排情况，外部的各种资源，对项目运转现状也要心中有数。尽管项目经理的权力较大，但他们仍然要明确，权力与责任是相呼应的，权力越大，责任越大，项目经理的一切权力的行使都要以顺利完成项目为准则，不可擅用。

2.1.2　项目组织管理的类型

项目组织的结构有职能型、项目型、矩阵型、事业部制等。

（1）职能型组织结构指企业以各职能、业务部门结构为主体，不是另设特定项目团队，而是将项目任务分配到各部门，如图 2-1 所示。职能型组织结构适用于规模较小的、以技术为重点的项目，不适用于时间限制性强或要求对变化快速响应的项目。在职能型组织结构中，部门经理往往承担着部分项目经理的职责，但各部门分别代表不同群体的利益，因此最终一般由上层管理者经过多方考量,最终做出安排和决策。例如,在电子产品生产企业中,售后部门通过网络评价获知客户的反馈,发现大部分客户认为产品价格太高、希望产品降价,于是提出降低价格的观点。但市场部门根据大数据调研结果发现本产品与竞品的价格没有太大差别,结合采购、生产等部门对成本的控制情况,最终报由企业高管对整体定价进行小幅调整,既满足了客户的要求,也将利益最大化,为企业带来了丰厚的回报。

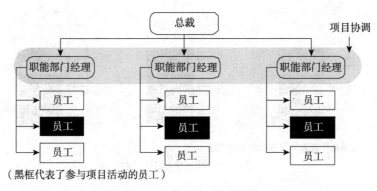

(黑框代表了参与项目活动的员工)

图 2-1 职能型组织结构

职能型组织的优点:①无须单独设立项目团队,成本压力较小,当有人员离开项目组甚至离开企业时,职能部门可成为保持项目技术连续性的基础;②工作安排依然以部门为单位,任务与责任明确;③企业组织基本不变,可降低协调成本与出错概率;④员工各司其职,职业发展路径与晋升途径明确,不因项目而发生变化,同一部门的专业人员在一起易于交流知识和经验,可以增强团队稳定性与凝聚力;⑤在人员的使用上具有较大的灵活性,技术专家可以同时为不同的项目服务。

职能型组织的缺点:①没有某个人承担项目的全部责任,项目常常得不到很好的对待;②工作方式常常是面向本部门的活动而不是面向项目,缺乏强有力的整体协调性;③对共享稀缺资源的调度能力不足,调配给项目的人员积极性也往往不是很高;④职能部门有它自己的日常工作,项目及客户的利益往往得不到优先考虑;⑤对客户要求的响应迟缓和艰难;⑥技术复杂的项目需要多个职能部门的共同合作,交流沟通比较困难。

(2)项目型组织(project organization)指以项目为中心开展一切工作、通过项目创造价值,从而实现最终战略目标的组织形式,如图 2-2 所示。项目型组织和项目部是不同的,其是一种特定的组织结构,是为达到某一特定目标而将所必需的所有资源按确定的功能结构进行划分并建立的、以项目经理为首的自控制单元。项目型组织适用于投资额很大,长期的、大型的、重要的和复杂的项目。比如,生活中的企业、政府、大型项目公司如建筑业、航空航天业等较常应用项目型组织,在此类组织结构中,项目经理可以调动整个组织内部或外部的资源,每一个项目的运行都像建立并运营一个微缩公司。所有项目完成所需要的资源都会得到充分分配给,项目是一切的核心。与职能型组织里,项目经理虽然拥有项目权力,但当具体到分配下属人员到项目岗位上时,职能经理仍然具有一定的行政、技术等权力。所不同的是,项目型组织由于经营业务就是项目,因此项目经理对项目团队拥有绝对的领导力。尽管听起来,项目型组织具有诸多优点,但从整体来看,项目型组织无疑是成本低效的，不论项目所处阶段员工的任务难度大小，团队薪金始终不能缩减。因此，为了更好地将项目资源加以利用、保证项目不超预算，一个详尽而准确的计划和有效的控制系统就显得极其重要了。

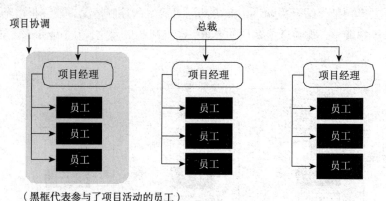

图 2-2　项目型组织结构

项目型组织的优点：①目标单一；②命令协调；③决策速度快；④结构简单灵活，易于操作。

项目型组织的缺点：①由于资源独占，可能造成资源浪费；②临时项目结束时的工作保障问题；③各部门之间的横向联系少；④人员离开会导致项目无法保持技术连续性。

（3）矩阵型组织也是一种比较常见的结构，它是美国日裔学者威廉·大内在 1981 年出版的《Z 理论》中首次提出的概念。矩阵型组织是为了使项目能够最大程度地利用组织中的资源、能力等而产生的，是由职能型组织结构和项目型组织结构组合而成的混合形式。矩阵型组织在直线型职能组织结构的基础上加入了横向的领导关系，将按职能划分的部门和按产品划分的部门结合起来以矩阵的形式呈现。这样一来，员工既能满足原有业务的需要，又可以项目组成员的身份完成项目任务，每个小组分设负责人，受到组织最高负责人的领导。

与职能型组织不同的是，矩阵型组织具有专门负责的项目经理，通常来自相关项目部门。在满足要求的条件下，一个项目经理能同时管理几个小项目，但大项目一般都会聘请专职的项目经理。在人员安排上，由项目经理与职能部门经理共同商定，从各职能部门选派工作人员，在一定时期内配合完成项目任务。与项目经理一样，某个部门的员工可能需要同时负责几个小项目，通过工作时间的合理调配使资源能够被充分利用，降低项目成本。当一个项目结束后，项目经理和员工可以很快被调配到新的项目，实现用工灵活。与此同时，员工在项目间不断转换也提高了自身的适应能力，减少了员工的闲置时间。在职能型组织中，员工仅向职能经理汇报任务完成情况，各职能经理间的有效沟通也较少，甚至存在互相推责的可能性。但在矩阵型组织里，每个职员都有两个上级经理，即项目经理和职能经理。项目经理可类比于总经理，负责统筹企业资源，从而完成项目目标。职能经理则可以被理解为技术专家，负责细化落实产品任务的质量要求。有关项目事宜员工应向项目经理汇报；有关职能事宜则应向职能经理汇报。因此，在矩阵型组织中，关系更加一目了然，员工不仅可以向职能经理反馈问题，同样也可以向项目经理反馈，这样，在面对问题时便可以更快地发现它们,更好地解决它们。

虽然矩阵型组织适合同时承接多项目多任务,但在多项目工作环境中反馈问题时,要注意优先级排序、避免冲突。矩阵型组织适合各项目资源能够互相共享的企业,将核心与基础的技术等资源进行全项目调配可以实现企业资源利用率的有效提升。职能部门内部与各职能部门之间能通过交流与学习得到全方位的业务能力拓展、增进横向与纵向的交流、得到长远发展。按项目特点及项目经理权力大小等因素,矩阵型组织可以分为弱矩阵、平衡型矩阵和强矩阵。在弱矩阵中,项目经理的权力较小,常常作为协调辅助的角色存在,因此弱矩阵有更多职能型组织的影子,延续了职能型组织的某些特点,如图2-3所示。一些技术简单的项目的各部门工作任务明确、职责明晰,跨部门需求较少,因此采用弱矩阵型组织是十分便捷的。平衡型矩阵顾名思义项目经理的权力趋于平衡,需要在管理程序和人员配备上优中选优才能实现组织的良好运转,如图2-4所示。强矩阵组织中项目经理具有较大权限,一般都是专职的管理人员,如图2-5所示,因此技术复杂、跨部门需求大、时间紧迫的项目适合采用强矩阵组织,因为强矩阵承袭了项目型组织的诸多特点。虽然矩阵型组织的现实实施中存在多方面的操作难点,但这种组织结构高效、便捷,在西方国家的运用中已证实取得了较好的效果,对我国企业的科学管理而言,想必也会带来巨大的优势及现实意义。

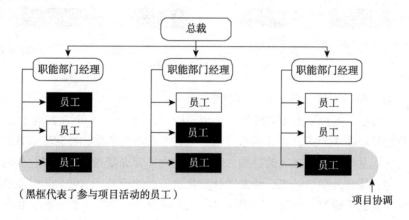

图2-3 弱矩阵型组织结构

矩阵型组织结构的优点:①当有多个项目同时进行时,企业可以对各个项目所需的资源、进度和费用等进行总体协调和平衡;②通过项目协调员或项目经理使各自项目目标平衡、各个功能部门条块之间工作协调,以及使项目目标具有可见性;③能够避免资源的重置;④对客户要求的响应快捷灵活;⑤当项目进行时可以投身项目,项目结束后可以回到职能部门。

矩阵型组织结构的缺点:①双头领导,当有冲突时,可能处于两难困境,处理不好会出现责任不明确、争抢功劳的现象;②要实现多重目标,不得不分享资源;③对项目经理要求较高,要处理好项目管理的问题,还要协调好与职能部门的关系。矩阵型组织结构的适用情况:只适用于需要利用多个职能部门的资源而且技术相对复杂的大型项目,特别是当几个项目需要同时共享某些技术人员时。

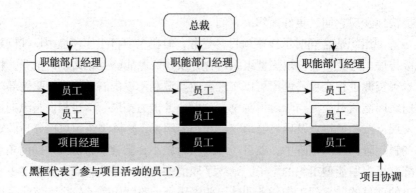

图 2-4　平衡矩阵型组织结构

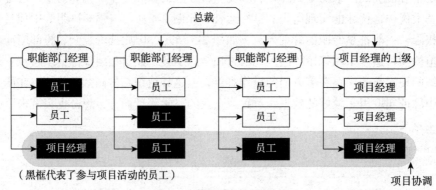

图 2-5　强矩阵型组织结构

（4）事业部制组织是一种常见的组织结构形式，也叫作 M 型组织结构、分公司制结构，如图 2-6 所示，其最早起源、应用于美国通用汽车公司。20 世纪 20 年代初期，通用汽车公司收购了许多小公司，企业迅速扩张意味着产品种类增多，经营项目日趋复杂。这对企业的发展既是红利也是巨大的挑战，因为企业内部管理变得越发困难。当时 P.斯隆在通用汽车公司担任常务副总经理，他参考杜邦化学公司的经验于 1924 年对原有组织以事业部制的形式完成了改组。由此，通用汽车公司的隐患得以消除，良好的整顿给企业带来了巨大的发展机遇，获得了成功。此后，这个案例就成了事业部制组织组建的典型。事业部制组织是为满足企业规模持续扩大、进行多元化经营，对组织结构的要求而产生的一种组织形式，在这种模式中，企业在统一领导下按照产品、区域或顾客划分进行生产经营活动，有较大的自主权，下设生产部、市场部、营销部等，但各事业部并非完全子公司。一方面，部分事务仍然在全公司的管理范围，例如，有的大公司财务及信息系统由总公司统一处理；另一方面，事业部仍然具有为全公司服务的义务。

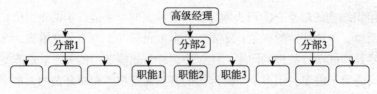

图 2-6　事业部型组织结构

总体而言，事业部制是在总公司的领导下，按照企业所经营的事业（如按产品、按市场、按地区等）来划分多个部门、设立多个事业部，将分权管理与独立核算良好结合，事业部拥有完全的经营自主权。每个事业部都拥有自己的产品和特定市场，是受公司控制的利润中心，能够完成某种产品从生产到销售的全部职能。事业部不是独立的法人企业，但实行独立核算、自负盈亏，是产品责任单位或市场责任单位。从经营的层面上来看，事业部与一般的公司没有什么太大的不同。

事业部制组织结构的优点：①将某一产品或服务的责任全部明确由分部经理承担，解决了在职能型组织责任不明的问题；②有利于总部集中精力考虑企业未来长期的发展战略；③是培养高级管理人才的有效形式。

事业部制组织结构的缺点：①管理费用高，每个分部相对独立（财务部门等）使资源使用上存在浪费；②各分部之间缺乏有效沟通，甚至会激发矛盾。

上文介绍了组织的类型，包括职能型组织、矩阵型组织（弱矩阵、平衡矩阵、强矩阵）、项目型组织和事业部制组织。在这些组织中，项目的特点各不相同。例如，项目经理的权力由小到大；组织中全职参与项目工作的职员比例由小比例到大比例；项目经理的职位从部分时间到全部时间；项目经理的一般头衔从项目协调员/项目主管上升到项目经理/项目主任再到项目经理/计划经理；项目管理行政人员也由部分时间参与到全程参与，具体如表 2-1 所示。

表 2-1　各组织类型的项目特点

组织类型 项目特点	职能型组织	矩阵型组织			项目型组织	事业部型组织
		弱矩阵型组织	平衡矩阵型组织	强矩阵型组织		
项目经理的权力	很小和没有	有限	小～中等	中等～大	大～全权	取决于事业部与项目之间的关系
组织中全职参与项目工作的职员比例/%	0	0～25	15～60	50～95	85～100	取决于项目在事业部中的地位
项目经理的职位	部分时间	部分时间	全时	全时	全时	全时或部分时间取决于项目的重要性
项目经理的一般头衔	项目协调员/项目主管	项目协调员/项目主管	项目经理/项目主任	项目经理/计划经理	项目经理/计划经理	项目经理/项目主管
项目经理的行政人员	部分时间	部分时间	部分时间	全时	全时	部分时间或全职，取决于项目的规模和复杂性

2.1.3　项目组织管理的分工

在组织结构规划完成后需要做的就是项目组织的分工，而项目组织管理分工包括任务分工和管理职能分工。

任务分工主要是对各部门或个体的职责进行分工，它是对组织结构的补充说明，是项目管理组织规划的重要环节,主要工作就是将组织结构中各部门或个体职责进行更加细致的扩展。任务分工能够充分体现组织结构中各部门及个体的职责范围,能够为各部门及个体指示明确的工作方向,将多方力量集中起来办大事。

管理职能分工与任务分工一样也是组织结构的补充,是组织结构规划的又一重要环节。一般管理过程的基本管理职能可分为策划（planning）、决策（decision）、执行（implement）、检查（check）四种。管理职能分工表是用来记录在某项任务中组织内部各负责人之间这四种职能的分配情况的,它规定了任务相关部门对此任务承担的管理职能,是以项目任务为中心的。

以项目经理为例,项目经理在任务分工中是企业法人在项目管理中的全权代表,对项目的实施和目标负有最高的责任；在职能分工中,项目经理的最根本责任是控制并确保项目目标的实现,具体责任包括科学地组织和协调,以及制订和实施优化的方案和计划,有效地控制费用、进度和质量。项目经理的工作特征是与项目经理的素质息息相关的,这些特征是由项目的特征和项目管理职能所决定的。具体包括：①专业性；②工作负担繁重性；③及时决策和应变性；④工作的挑战性和创造性；⑤工作的信息性。那么,优秀的项目经理都应该具备哪些条件呢？美国企业界提出成功的领导者应具备的条件是：①善于说服和影响别人,善于团结别人共同合作；②有组织能力,善于把人力、物力和财力合理组织起来；③具有高瞻远瞩的能力,善于预测未来,正确决策；④善于授权,能够充分发挥下属的作用；⑤善于随机应变,适应各种复杂的局势；⑥对人对事都有高度的责任心；⑦对新鲜事物有敏感性,勇于创新,敢于革新；⑧不怕风险,敢于对风险承担责任；⑨有民主作风,不专横武断,能容忍和采纳不同的意见；⑩有高尚的品德,有崇高的威信,为下属考虑。日本企业界则认为成功的领导者应具备的条件是：①有健康的体格,精力过人；②意志坚强,感情成熟,胜而不骄,败而不馁；③有高度的责任心；④有广博的知识面；⑤有容人之量,善于团结持不同意见的人；⑥有不断创新的进取精神；⑦能够以身作则,成为下属的表率；⑧有崇高的道德品质,受到下属的爱戴。

2.1.4　项目组织管理的文化

组织项目管理文化主要涉及三个层面,分别为组织的战略决策层、流程制度层和管理执行层。

战略决策层指从组织的战略方向和实现手段方面仔细地考虑分析,是否需要在组织里采用项目管理的方法、是否需要把项目管理的能力作为提升整个组织的相对竞争优势来对待、发展。如果回答是肯定的,则需要站在组织全局的高度制定并运用统一的项目管理方法论,有机地将项目管理方法和企业价值观结合,并且考虑将项目经理的职位作为员工的职业发展通道。

流程制度层指制定适合项目管理的相关流程制度,建立适合项目管理的组织结构,能够使大小项目都遵照统一的规范的流程开展立项、计划、实施、控制和收尾等工作。项目经理的队伍应该是一支专业化的团队,可以根据个人的经验和能力划分级别进行管理,项目的大小和复杂程度,也可以根据项目经理的级别、专业背景等来委任。在各个部门之间和项目之间有清晰的职责划分、协调机制及利益分配的制度，也就是说要有一套"游戏规则"让大家去遵守和评判。在项目运作过程中，持续不断地优化，从而完善流程制度。

管理执行层指通过在组织内各个管理层不断地普及项目管理的知识方法让项目管理深入人心，特别是要在管理层形成共识；在绩效考核、业绩评定等过程中积极推行项目化绩效考核制度。与此同时，通过安排职能部门的管理者担任项目经理，与项目经理进行岗位轮换等方式让普通员工能够实际感觉到项目经理的职业前途和组织对项目经理的重视程度；形成一种良性的项目管理文化氛围，加强项目经理与部门经理之间的沟通、协调、配合。

1. 战略决策层要素

重视项目管理应该从组织决策层开始，把提高项目管理能力当作提高组织的执行力来对待的同时，要从全局的角度和观点进行统筹考虑。

因此，对在组织里建设项目管理文化，决策层应该主要从以下的五个方面来思考和衡量。

（1）在制定和调整组织整体战略时，要经常思考项目管理对组织实现战略目标的重要程度，确定组织是否要把项目管理能力作为核心竞争力。

（2）将项目管理体系的规划和构建完全纳入组织的战略发展计划，并且设定组织项目管理体系建设的长期、中期和近期目标。

（3）成立专门的项目管理卓越中心来推动组织项目管理水平的提高，负责规划、开发组织内部统一的项目管理方法，负责向全体员工（首先是向组织的中高层管理人员）宣传普及项目管理的理念和知识，作用是持续推进建设决策层的项目管理文化。

（4）建立经验教训的总结机制，将组织内、外部的问题项目、失败项目作为研究对象，由项目管理卓越中心定期进行研究、分析，找出出现问题并且导致失败的根本原因，提出进一步的方法应对这些问题，从流程制度上和管理水平上根本性地减少失败项目发生的可能性。

（5）建立一套所有员工都愿意遵循的企业价值观。这是优秀企业文化的重要的组成部分。在与客户交往的时候，价值观的作用甚至可以超过道德观念、士气、操作手册等。只有建立一种好的价值观，并且把这种价值观用于解决由于流程制度所带来的（如推诿责任、沟通不畅等）弊端。比如，国际商业机器公司（International Business Machines corporation，IBM）企业文化中的第一个价值观就是"成就客户"，所以在各方利益发生矛盾和冲突的时候，IBM 放在第一位的会是客户最感兴趣的事，放在第二位是公司最感兴趣的事，放在第三位则是部门最感兴趣的事。这样，员工们会将注意力集中在"什么是对客户最好的事情"上，而不是仅考虑什么事对本部门最好。

2. 流程制度层要素

作为一种文化，项目管理在制度层面是什么？其实就是"游戏规则"或者制度语言。文化价值观念需要通过制度传达思想、规范行为，而制度就是文化价值观念的直接载体，离开了制度的文化价值观念就会悬在半空，项目管理也是如此。如果缺乏有效传递价值观念信息和统一行为的流程制度，那么员工们就会各行其是。

所以从流程制度的层面，组织需要考虑以下四个方面。

（1）在组织里必须建立项目管理的流程制度，并通过持续的改进不断地完善这些流程制度。

（2）在项目管理的过程中运用绩效评估手段考核、评估业务绩效，让基层员工了解组织追求的共同目标是项目最终交付成功，而不是个人的技术业绩或个别团队的销售业绩。

（3）组建专业的项目经理队伍，凡是具有一定规模的项目，项目负责人必须由专业的项目经理担任。

（4）应该清晰地规划项目经理队伍对应的职业生涯道路，通过一系列科学的培养计划和课程，不断地提高他们的实战能力及专业水平，学会逐步运用项目管理客观的各项绩效指标对项目经理队伍进行考核。

3. 管理执行层要素

推行项目管理文化的关键层面是组织的管理执行层，管理执行层只有在深刻地理解项目管理的战略价值后才能在日常的工作过程中认真地参照流程制度进行项目管理，从而通过自身影响基层员工对项目管理的接受程度和行为习惯，最终提升组织的核心竞争力，实现项目管理体系的价值。在组织的管理执行层，项目管理文化的建设需要从以下三个方面考虑。

（1）在职能部门经理与项目经理之间创造合作、协作、相互信任、有效沟通的优良氛围，使各个职能部门之间不是相互"拆台"而是相互之间合作，鼓励项目经理与职能部门经理之间的轮岗机制。

（2）创建学习型组织的氛围，鼓励项目经理把项目的经验、教训分享给其他团队，让大家在认同项目经理价值和作用的同时建立知识、经验共享的知识库。

（3）采用先进的IT系统，推进项目管理信息系统建设、高效地对项目进行管理。

通过上述三个方面的努力，在组织的战略决策层、流程制度层和管理执行层才能真正地形成组织内部良好的项目管理文化氛围，从而影响基层员工的行为准则。

2.1.5 项目管理办公室

项目管理办公室是企业内部一个职能机构的名称，其也可叫作项目管理部、项目管理中心或项目办公室等。项目管理办公室在组织内部是将实践运作等过程标准化的部门，其将根据业界科学方法、最优实践，以及专业的项目管理知识体系，结合企业自身的能力及特点逐步提高组织管理能力、保证项目成功率、贯彻落实组织的战略目标。

项目管理办公室最早出现于20世纪90年代初。刚刚兴起的初代项目管理办公室能够提供的服务及支持工作很少，大多数的存在意义只是为了约束项目经理，并不能起到提供科学项目管理的方向、指导意见的作用。到了20世纪90年代末，随着项目管理理念不断深入，其价值也在日益凸显，人们发现项目管理对提高企业的经济效益和利润收益能够产生非常巨大的影响，更多企业领导者意识到项目与企业的共存与整合十分必要，开始以项目为单元进行企业的任务分解与战略执行。由此，企业的任务分工开始专业化、细化，当跨专业的项目出现在企业任务的清单中时，如何进行资源优化匹配、管控可能出现的项目风险和项目进度等成为新问题。企业为了更好地规范项目管理，就设立了具有执行标准的现代项目管理办公室。它在企业中担当着匹配最优资源、建立标准规范、培养项目经理及团队、总结实践经验、评审项目，以及建设项目管理体系的角色。随着企业管理的发展，项目管理办公室的地位逐渐开始提高，作用也逐步增大。在实践中，项目管理办公室不断地证明了自己存在的作用与意义，其可以根据商业策略对项目进行评估排序、科学的分配所需资源、为企业打造执行商业策略的最优平台。

项目管理办公室的人员配备主要关注两方面，一是项目管理办公室被授予的权力大小；二是项目管理办公室所能提供支持的职能范围。如果项目管理办公室仅被授予较小权力，在日常管理中又起到辅助作用，那么人员配备相对精简，甚至配备几人即可。比如，经验丰富的项目主管、一两位项目管理专业人员和能够负责文字处理档案管理的文秘就能够处理日常事务、和其他部门互通有无。而如果项目管理办公室被赋予较大权力，那么此时就凸显出其重要地位了，人员配备上应更为充分复杂，主管、专业人员、行政管理人员都必须聘用，专业人员应具有广泛的经验和技巧（如计算机软件、数据库维护等），对新手应给予基于一定预算的技术支持，在项目管理中更应具备科学性、有效性与严肃性。当然，项目管理办公室的人员配备也要随着其项目、企业运营的变化而动态调整。

项目管理办公室的责任与功能有以下五点。

（1）编列项目各类报表及清单，为项目经理和项目团队提供支持。

（2）匹配最优资源，提供项目管理咨询与顾问服务。

（3）整合企业项目管理实践与专家评述，修订工作手册供相关人员借鉴。

（4）提供项目管理所需技能的培训。

（5）配置项目经理，对重点项目给予更多关注及支持。

根据不同组织结构、组织文化、项目管理能力，项目管理办公室可分为以下三种类型。

1. 保证型

保证型项目管理办公室可被看作低配版的项目管理办公室，主要作用是为项目经理提供管理及行政支持、顾问咨询服务、培训、技术支持、知识管理等，起到辅助作用。这种类型不容易引起太多反对和权力纷争，易于执行，重要事项需要向项目经理汇报。

2. 控制型

控制型管理办公室较多出现在强矩阵组织结构中，代表公司的管理层对项目进行系统管控，拥有较大的权力，具有保证项目顺利执行的责任。这类型的项目管理办公室起到的作用包括资源匹配、项目经理的任命、立结项审批、数据分析、项目经理培训及项目检查等，可直接向总经理汇报。

3. 战略型

战略型项目管理办公室是普通项目管理办公室的高级形态。这类项目管理办公室的主要作用是企业项目筛选、确定及分解战略目标等任务，具有承上启下的双重使命。其需要进行项目群管理，确保所有项目有序按照组织目标展开，为公司带来相应的收益，可直接向最高管理者汇报。

2.2 项目团队

2.2.1 项目团队的概念

现代项目管理认为：项目团队是由一组个体成员为实现一个具体项目的目标而组建的协同工作队伍。项目团队的根本使命是在项目经理的直接领导下为实现具体项目的目标完成具体项目所确定的各项任务而共同努力，协调一致和有效地工作。项目团队通常由一个或几个职能部门构成，一个跨专业的团队的成员多来自多个部门或组织，通常会涉及矩阵组织结构的管理。

从项目管理的过程看，项目团队可被理解为：一个团队的成员（全职或兼职）为项目可交付成果，以及项目目标负责而工作，他们必须对工作有充分的理解与认识，甚至对被指派的活动进行周密计划，从而能够在规定的时间和预算范围内保质保量完成受托工作。另外，项目团队应该积极主动参与项目的管控。例如，主动与项目经理沟通项目状态、计划变更及各种风险，让项目经理对相关问题、范围变更、有关风险和质量的事宜有所了解，从而对预期事件进行管理。

2.2.2 项目团队的特点

项目团队的特点有以下八点。

（1）项目团队是为完成特定的项目而设立的，项目具有既定目标，需要满足客户的多样化要求，因此项目团队具有很高的目的性。

（2）项目团队有既定的生命周期，随着项目的产生而开始，待项目完成而结束，是一种一次性的临时组织。

（3）由项目工作人员、项目管理人员和项目经理构成，在一般情况下项目经理是项目团队的领导。

（4）项目团队强调的是团队精神和团队合作。

（5）团队成员在一些情况下需要同时接受双重领导。

（6）不同组织中的项目团队由不同的人员构成、不同的稳定性和不同的责权利构成。

（7）团队成员的增减具有渐进性和灵活性等多方面的特性。

（8）项目团队建设是项目获得成功的组织保障。

2.2.3 项目团队的组成

项目团队也可以被叫作项目组，项目组的每一位个体成员需要为实现某具体项目的共同目标而组建并协同工作，由此成为一个正式群体。项目团队在项目经理的直接领导下将实现具体项目目标作为根本使命，共同努力完成项目中确定的各项具体任务，高效并协调一致地工作。项目团队本身和项目一样是一种临时性的组织，具备自己的生命周期，一旦项目完成或中止，项目团队即宣告解散，任务完成或任务终止。

项目团队的力量不是"1+1=2"，而是"1+1+1>3"，单纯把一部分人员分配、集中在一个项目中工作并不意味着他们能够形成团队，如果没有良好的协调与目标愿景，团队成员极有可能各行其是，无法统一。项目团队成员应该拧成一股绳，朝同一方向共同努力，为满足客户的不同需求进行良好的分工与合作、承担不同责任。团队的力量必须大于个人力量的总和，不存在完美的个人却可能存在完美的团队。在项目团队中，平凡的人也可以做出不平凡的事。

2.2.4　项目团队的发展阶段

项目团队因项目而生，随项目而终，项目组成员通常来自不同的职能部门，拥有不同的专业，甚至在很多情况下，成员们从未在一起工作过。项目团队是一次性的临时组织，在项目团队的生命周期中具有特定的发展阶段。任何项目团队的组建和发展都要经历四个阶段：形成阶段、震荡阶段、规范阶段和辉煌阶段。项目成员之间的关系、项目团队的特点在这四个不同阶段中是不同的。

1. 形成阶段（forming stage）

在项目团队的形成阶段中，项目团队会感到兴奋、焦虑、有主人翁的意识，这是项目团队的初创和组建阶段。在此阶段，互相之间并不熟悉的团队成员开始磨合，由个人融入集体，大家都十分积极，希望尽快开展工作。这个过程会发生很多可能，包括成员对自己的职责定位不清，对工作的理解不到位，或者互相之间的沟通协调不畅通，大家会有一种摸着石头过河的感觉。因此，在这一阶段，项目经理的职责就包括对团队的建设进行指导、答疑解惑。一个好的项目经理能够在项目团队的形成阶段向成员充分解释清楚项目的最终目标，确定工作范围、进度安排、预算计划、质量要求及资源制约等情况，使成员深入了解项目任务与各自工作、放下心中的疑惑、拥有共同愿景。在此之后，项目团队会与管理人员有进一步的沟通，确保自身对任务的理解和任务的需求一致，同时与他人探讨项目团队的未来工作模式、项目方针政策，这些都是今后工作能够顺利展开的必要条件。

2. 震荡阶段（storming stage）

在项目团队的震荡阶段中，工作气氛往往十分紧张，项目中的各种问题会暴露出来，内部爆发出各种冲突。随着工作的开展，团队成员可能会发现理想与现实具有较大差距，互相之间的合作也并不如预想得那么简单。有的成员可能会由于争抢资源而发生冲突，有些成员可能因为责任落实而产生罅隙和不愉快，当预算限制性强而进度又不及预期时，人们难免感到任务困难重重，各方问题逐渐暴露的情况在这一阶段是非常正常的。但必须认识到，项目成员之间的冲突与摩擦需要及时消除，否则可能影响整个团队的进度和绩效，从而拖后任务的完工时间，影响项目目标的实现。因此，在震荡阶段中，项目经理面临着较大考验，需要引导团队成员快速适应自己的角色和岗位、做好协调工作，使每一位项目团队成员都明确自身目标和在团队中的定位、权限和职责，消除团队配合中的不利因素，使团队走向正轨。

3. 规范阶段（norming stage）

项目团队的规范阶段能形成凝聚力、产生团队感，是团队逐步完善的阶段。经过一段时间的工作，团队成员逐步熟悉工作流程和操作标准，对整体制度和团队成员的配合逐步适应起来，团队成员之间的人际关系也逐步改善，理解、关心和友爱等情感与日俱增，团队凝聚力有所彰显，整个项目团队进入了正常发展的规范阶段。在这一阶段，项目经理的工作侧重点有所转移，需要开始授权并关注团队精神意志的培养。

4. 辉煌阶段（glorious stage）

项目团队的辉煌阶段是团队作用最大的阶段。在这一阶段，团队结构和功效已经趋于稳定，项目团队内部能够互相理解，前期的摩擦不再是巨大的困扰，工作能够稳步有序地推进；团队成员能够开放、坦诚地沟通，互帮互助，为实现共同的项目目标积极努力工作，共同解决困扰和难题，工作效率和满意度都较高，成员也有较高的归属感和集体荣誉感。项目经理在这一阶段应注重整体的管控工作，领导团队不断总结经验、获得成长，打造一支成绩斐然的高效项目团队。

2.2.5 建立高效团队的方法

项目团队建设是项目经理及项目团队的共同职责，为了培养团队成员的能力、打造成员间的默契配合、提高项目绩效，良好的团队建设十分重要。团队建设能创造开放、包容和自信的氛围，使成员有荣誉感、归属感，发自内心地希望能为项目目标做出更多贡献。团队建设的目的主要包括：①提高项目团队成员的职业技能，使成员能够得以完成项目任务、实现项目目标；②增强团队成员之间的相互信任和集体凝聚力，从而显著提高生产力。项目经理和项目团队成员这些人的要素是项目成功的关键，项目团队的整体成效极大地影响着项目的成败。而高绩效水平的团队工作离不开优秀的项目团队建设。

要建立高效团队，需要注重以下四个方面。

（1）沟通与协调。在项目开始初期，团队成员间、项目经理和团队间的沟通协调对团队建设来说是非常重要的。通过沟通，团队成员能够明确自身的职责范围和权限，也能够站在他人立场拥有全局认识，团队成员感情会逐渐增强，逐渐消除后顾之忧。良好的沟通与协调可以减少成员之间的摩擦，有利于团队问题的解决、促进合作。创造力、影响力、团队协作等都是项目团队管理过程中十分重要的组成部分。

（2）规培。说明了团队成员的岗位职责后，规培就成了第二个重点环节，在项目团队中，大部分人可能都来自不同的专业，但并不意味着他们的工作会一成不变，而是需要和其他岗位进行融合。没有规矩不成方圆，只有将规范的工作流程和技术传授给他们，才能期望成员在工作中能够有良好表现。规培能够提高项目团队中个人及项目团队整体的能力，正式或非正式都可以，培训类型也可以多种多样，可以线下又可以线上，可以脱产也可以在职，不影响日常工作即可。培训内容应视项目而定，根据需求可以提供专业技能培训、管理课程培训或团队精神文化方面的培训等。虽然项目团队属于一次性临时组织，但为了更好地完成项目任务，应尽早给予团队成员规培，明确规则流程、获取专业技能不仅能够提高个人的工作水平，还能提升团队的合作绩效，降低项目风险。

（3）团队建设。这就像规培的方式可以正式也可以非正式一样，团队建设也可以分为正式团队建设和非正式团队建设，主要内容都是围绕实现项目团队建设而开展的相关活动。正式的团建活动有情况汇报大会上的5分钟议程、专业人士在场地外举办的相关活动等。非正式团建则相对来说较为随意，但也具有明确的存在意义。比如，团队成员间的私下的交流和沟通能够建立额外的信任，促进工作中的人际关系。

（4）表彰与奖励。实现项目目标需要项目团队成员的协作与配合，建立赏罚分明的绩效机制十分有必要。对项目目标实现进展有利的行为要予以适时适度的表彰与奖励。比如，当项目因不可抗力超期时，成员自愿加班赶工的行为应该予以表扬和奖励，但如果是成员自身错误导致的过失性加班则不应给予正向支持。在项目团队中，惩罚往往会破坏团队成员的积极性、减少凝聚力，一般不推荐采用。

复习思考题

1. 矩阵型组织结构的优点有哪些？
2. 简述职能型组织结构适用及不适用的条件。
3. 什么样的团队是好的项目团队？怎样才能建立一个高效的项目团队？

第 3 章

项目管理流程

【教学目标】

1. 理解流程管理的基本知识，熟悉业务流程再造的内容。
2. 理解项目流程规划的概念和内容，学会识别核心流程、梳理流程清单和绘制流程体系结构图。
3. 能够运用所学知识对一个项目进行流程管理。

海尔集团是中国著名的家电企业，在业界以高效的流程再造和创新管理闻名。海尔集团的流程再造经历了几个阶段，其中一个成功的案例是海尔的"零库存"管理模式。

在过去，海尔的库存量非常高，超过了1亿美元，这种过度库存导致了低效率和浪费。为了解决这个问题，海尔开始致力于流程再造，提出了"零库存"管理模式。这个模式的核心是在每个生产环节都建立一个自动供应链。在生产过程中，每个环节都向下一个环节传递产品，直至最终的销售。这种流程确保了产品的顺畅流通，同时建立了一套"零库存"的原则。在这个新模式下，每个部门都有一个需求系统以确保生产量符合实际需求。当一个部门需要产品时，它将向下一个环节提交一个订单，并指定具体的交货时间和数量。下一个环节将根据这个订单及时生产产品，并按照要求的时间和数量交货。这个流程确保了整个供应链的高效，同时也保证了海尔的库存水平一直处于低水平。

通过这种流程再造，海尔顺利地实现了"零库存"，并最终把自己转变为一个以客户需求为导向的公司。这种成功的流程再造模式，不仅带来了低库存、高效率的好处，还为海尔创造了客户驱动的企业文化。

资料来源：佚名. 海尔：整合供应链，实现零库存[EB/OL]. (2002-11-11) [2023-10-01]. https://tech.sina.com.cn/e2/2002-11-11/0949149127.shtml.

3.1 流程管理

3.1.1 流程管理的概念

流程管理（process management）指以流程为主线、以规范化地构造端到端的卓越业务流程为中心、以持续提高绩效为目的来设计组织框架进行业务流程的不断创新与再造，从而保持企业活力的管理方法。流程化管理是在管理大师哈默提出的"流程再造"的基础上发展而来的，哈默认为，流程再造有两个关键要素：顾客与整体。常见商业管理教育如工商管理硕士（master of business administration，MBA）、高层管理人员工商管理硕士（executive master of business administration，EMBA）等都包含"流程管理"相关的内容与课程。

流程管理是一个具有可操作性的定位描述，指流程定义与重定义、流程分析、时间安排、资源分配、流程质量评价、效率测评及流程优化等。流程再造定义中最重要的因素之一是"顾客"。对顾客来说，流程是一家企业的精髓，关于企业流程的观点就是顾客的观点。可能会令很多管理学学生失望的是，顾客并不清楚或关心企业的组织结构或企业经营者的管理哲学，他们只注意企业的产品和服务。但毫不夸张地说，企业所有的产品和服务都与流程息息相关。因此，业务流程再造需要管理者从顾客的实际要求出发设计任务安排。正因为业务流程再造是为了客户需求而设计，所以这样的流程管理并不是一成不变的，要随企业内外环境的变化而不断优化。

随着机械化大生产在 20 世纪的蓬勃发展和企业规模的不断扩大，企业为了实现市场的自主运作，都致力于按照分工理论将内部的任务按专业分类，"各司其职"。但需要注意的是，分工细化、使用垂直分工的结构来运作能够使生产率大为提高，但这种观点并不是让每个成员都着眼于各自孤立的单个任务，而是需要完成基于共同目的的整个任务群。在完成任务的过程中，狭隘的观点无济于事，不管这些任务完成得多么完美，只关心自身的责任都是不正确的。因为在孤立的情况中，工作中相互之间的误解、矛盾、推责或牺牲整体利益来换取局部最优不可避免，这些冲突和狭隘行为必定会对团队整体的积极性造成一定损害。分工模式在 20 世纪 70 年代末 80 年代初被推崇到极致并日臻完善，此后，经济日益趋向全球一体化，市场有效供给随着高科技信息技术及交通运输手段的发展而逐步增强，顾客的期望值日益提高，需求更加多样化，市场竞争日趋激烈，以往企业庞大的组织分工成为组织快速应对市场的绊脚石，使企业效率逐步下降。同时，现今劳动力素质大大提高，工作的主动性和灵活性是和以往不能同日而语的，人们不再愿意从事单调的重复性工作，即使愿意，随着计算机的普及和发展，重复性的工作正在以迅猛的速度被机器取代，因此，更多的人趋向成为企业决策环节的一分子。

由此，企业内部组织结构的重组成为管理者追逐的重点，流程管理也逐步成为管理界学术研究的国际热点，形成了讨论、应用的巨大浪潮。美国、日本及一些欧洲国家的企业争先恐后地开始了流程管理的实践。

3.1.2 影响流程的要素

影响流程的要素都有哪些呢？

（1）战略要素。战略决定流程，流程又反过来支撑战略的实现，战略举措要与流程一一对应。做好流程规划后，对其进行有机整合，不管是战略方案还是价值体系都必须与流程对接，接受统一管理。

（2）流程本身。企业所有的业务都要靠流程驱动，企业不同的部门、不同的客户、不同的供应商之间都要靠流程协同运转，流程在流转过程中就会带着相应部门的数据（如财务数据产品数据、客户数据、人员数据等），它就像人体的血液流动一样把信息数据依照一定的条件从一个部门输送到其他部门，得到既定结果后再返回指定部门，所以流转不畅一定会导致协同作业出现问题。因此可以说，流程是企业运作的基础，而流程管理的核心就是流程。

流程管理要从顶层流程架构建设开始，形成层级化的端对端流程体系和流程绩效指标（process performance indicators，PPI），建立中央流程库。

（3）人员要素。流程管理专业性很强，对流程管理推动者及相关人才队伍，企业要进行有意识的培养和发展。比如，注重流程管理相关的知识交流机制、做好相关学习社区的建设、进行流程管理的考试认证、推动领导者及团队成员形成以流程为中心的思考模式，为企业发展带来预期变革。

（4）工具要素。信息化管理工具的应用对流程管理的实现具有举足轻重的地位。打造并完善企业级的流程管理平台，将流程与企业的战略目标进行有机融合可有效实现企业组织的流程化发展。

（5）子流程。不同行业企业应基于行业价值链进行企业的流程框架梳理，在完善好阶段性流程定义后厘清流程与子流程的层级，待子流程执行完毕后再启动上级流程。

3.1.3　流程管理的内容

企业流程管理主要是针对企业内部的，大部分与供应商相关，如优化预测、计划、签约、补货、库存控制等不同层次的流程。供应商的效率和收益很大程度上受到采购方的流程约束，在流程管理的预测流程中，需要确定库存大小、更新频率，这些都会影响供应商的产量和按时交付状况。在补货流程中，补货多少、补货频率等也会影响供应商的库存和供应计划。

流程决定绩效，通过动员，管理层可以达到一时效果，但流程和规则的改变可以使效果长久保持。流程改进、流程管理要改变的是目标和战略，将流程落于书面并有效实施，定期评估确定相关责任人。有了这样的基础就可以建立指标体系，按既定方式运作以确保流程顺利进行、准时交货，保证合格率，从流程到绩效，再由绩效反馈给流程，形成管理圈的闭环。这里需要注意的是，每个企业都具备特定的流程基础，无法完全推倒重建，流程改进更多情况下是优化而非革命，需要通过不断地调整达到最优。

流程管理的目标通常包括业务层面目标，业务交易过程中的目标，效率和规范目标等。比如，①提高业务的秩序化、标准化；②控制企业资源在经营活动过程中存在的潜在风险；③提高企业营运的整体效率，防止资源浪费；④保证企业运转的稳健性和规范性。

3.2　项目管理流程规划

3.2.1　流程规划的概念

流程规划是企业在流程管理方面进行的一系列布局和规划，是从无序到有序、从庞杂到系统的过程，代表着企业流程管理的能力，意味着企业系统化管理的开始。有了流程规划，企业的管理能力将逐步得到提升，好的流程规划对企业的未来发展至关重要，不过目前而言，我国大部分企业依然未能实现对流程规划的重视，流程规划仅停留在了解的阶段，要得到广泛的普及依然有待时日。

具体而言，流程规划重点有二：流程与规划。流程本身的概念是横向和纵向交错的，纵向包括事项的先后顺序，横向则是部门人员之间的调用安排。规划也是纵横交错的，不仅局限于时间先后，空间上的规划同样重要。因此，流程规划就代表着：在横向上对业务运作流程进行整体结构布局和详细的模块划分，构建相互之间的逻辑关系；在纵向上根据流程开发成熟度和整体结构布局确定流程开发的时间安排。

3.2.2 流程规划的内容

流程规划所包含的内容主要有目标、路径、资源和里程碑计划。目标规划主要指短期和长期的目标，比如未来 3~5 年的战略考量。整体目标又可以细分为几个具体的目标，可以是定性的目标，也可以是定量的目标，比如利润翻一倍。但不论是定性还是定量都应该便于理解，可以描述出来，可以进行考评和衡量，这样才能评判目标的实现与否。有了目标，就应该确定好执行的路线图、时间的先后顺序和相应的实施步骤。在这之后，就可以安排资源分配。资源来源于组织内部的支持，比如，技术、人力和资金资源，未获得的资源要在任务开始前提早准备，以避免任务延期。最后，应该把所有的规划做成可视化的里程碑计划图，不需要把所有细节都补全，但必须能够大致清楚未来需要完成哪些标志性的任务、需要达到什么成果。

综上所述，流程规划的内容主要有：①定性/定量的目标；②目标的实施路径；③实施过程中的资源需求；④里程碑计划。

3.2.3 识别核心流程

企业在不同时期需要关注的问题都不一样，需要识别出的核心流程也各不相同。比如，在创立初期企业更应关注生存问题，那么在此阶段中就要更关注面向主要价值链核心业务的流程管理。在流程管理中，真正的管理工作仅需少数人参与，更多的成员往往是以执行者的身份存在。创立初期，企业规模本身不大，专业管理人员也较为匮乏，过度管理可能导致企业失去灵活性的优势，但流程管理在这一阶段也是必要的，它能够帮助企业形成核心竞争力，明确发展路径。在这一阶段，如果仅关注核心业务的流程，那么目标可以设置得低一些，方法、工具也可以尽量简略，以解决实际问题作为出发点，成功的流程规划应该可以在短时间内就能够看到较好的管理效果。而当企业逐步发展、走向成熟、规模壮大后，管理能力已经有了较大的提升，具备了一定的基础，管理的复杂度也有所提高。这一时期企业的问题往往无法从局部得到解决，流程管理侧重点应该放在系统和体系上，方法和运行机制都应该成为流程管理的重点，管理体系间的集成和整合也需要被顾及。在这一阶段，流程管理的效果需要经过较长的时间才能有所体现，要有坚定的信念，不可急于求成。

想要准确地识别企业所处阶段的核心流程，首先必须知道究竟什么才是核心流程。通常而言，核心流程就是能够直接形成、提供产品，由企业向外部客户交付从而创造价值的流程。美国马尔科姆·波多里奇国家质量奖《卓越绩效准则》将核心流程称为"价值创造流程"。一般来说，核心流程有四个：①客户关系流程，主要是识别外部顾客，吸引顾客并与其建立联系，介绍产品促使客户选购产品的流程，也可以理解成是营销流程；②新产品或新服务的开发流程；③合同履行流程，一旦客户发出了订单，就意味着产生了合同，合同履行流程也就是企业生产产品或提供服务的流程；④供应商关系流程，对产品的生产企业而言，原材料、副材料都是必须有的，如果企业自身没有相关资源，就需要供应商来提供这些材料，那么，供应商的关系就需要被纳入流程管理的考量范围。

并不是所有企业都需要具备这四个核心流程。比如，有些企业自己拥有材料就不需要供应商关系流程，甚至有的企业只有其中的一两个流程。但不论核心流程的多寡，识别、理解核心流程从而进行流程管理都是必不可少的。在进行流程管理时，企业也必须明确，不论是流程的确定或是任务总结都不应该流于形式。管理学中有一句话，"任何工作向上都无法增值，只有向下才能增值"。写好总结并呈送给上级部门，如果没有得到反馈和指导意见那就只是一纸空谈。总结必须给执行层面的相关人员传阅，使他们在日后的工作中吸取教训、逐渐得到优化。上交的总结和报告是为了让上级领导全面掌握项目进展情况，发现问题提出改进意见，找出规律和经验再反馈到下级进行推广，这才能使企业有更好的发展。另外，也有些报告或总结在撰写的时候由于担心责任落实的问题而只是避重就轻地写了些皮毛，并没有将症结完全归纳出来，这也不能使企业得到更快发展。同理，对流程的管理也不能停留在表面，而是要真正落实到位，有些公司甚至出现过先确定流程再画图的情况，这是错误的。流程图并不是走形式，先进管理工具只有落到实处才能真正对企业管理产生益处。

3.2.4　梳理流程清单

企业为什么要梳理流程清单呢？答案有两点：①流程管理的核心在于重塑以顾客为导向的业务链模式，如果没有流程清单，那么分析判断业务链是否能以顾客为导向就变得十分困难；②优秀的流程清单是规范的、独立的、完备的，可以为流程优化提供参考依据，帮助企业将自己的流程与其他企业的流程对比，提高企业的业务流程水平，从其他企业的流程模型中科学客观地审视自己的流程。

要梳理流程清单，首先要收集各方面的信息，包括企业组织架构和各部门的分工职责等情况，企业现有的规章制度、管理规范和管理办法等。对企业运营的相关工作要根据重要程度、影响范围等进行分级分类整理，结合工作范围、主要流程需要被罗列出来，要向相关部门、相关人员了解流程中按流程操作的比率和可以优化的部分。一旦发现流程流于形式就要及时调整和改进、消除隐患。收集完信息后就是优化、改进流程的过程，需要先确定原有流程是否需要被废弃，在更多情况下都是对原有流程进行一定程度的修改和调整、新增一些流程，完全废弃的比率较小。流程优化能够调整资源分配中不合理或资源被无故占用的情况，增效流程运转。也有一些流程的设置只是起到规范约束的作用，虽然部分成员对工作量的增加或工作流程化感到麻烦或刻板，但必须解释清楚流程的必要性。整体而言，流程明确虽然可能烦琐，但长期来看，它可以在很大程度上减少错误发生的概率、降低企业运营风险。当然，如果可以借助工具或系统提升流程自动化运行的效率，可以适度减少工作人员由于流程带来的工作量。在企业的流程管理体系中，每个流程都包含一种或多种工作事项，甚至有些企业的流程多达上百个，当然，这些流程并不都是冗余无意义的，它们都是根据企业的自身业务和管理制度梳理出来的，业务和制度是流程梳理的前提条件，流程是制度落地的重要实施举措。

流程梳理主要就围绕着明确管理制度、确定流程输入、明确流程处理过程和流程输出这四个层次来进行，其先后顺序如下。

（1）确定相关流程管理制度。
（2）明确流程输出。
（3）确定流程输入。
（4）明晰流程处理过程。

3.2.5　绘制流程体系结构图

流程（flow），指特定主体为了满足特定需求而进行的有特定逻辑关系的一系列操作过程。流程是自然而然就存在的，但是它可以不规范，可以不固定，可以充满问题。

流程图（chart/diagram）可以将基本固化的、有一定规律的流程进行显性化和书面化，从而有利于传播与沉淀、流程重组参考。

从定义可以看出，只要有事情和任务就会有流程，但并不是所有的流程都适合用流程图的方式表现，适合用流程图去表现的流程是一定程度固定的、有规律可循的流程，流程中的关键环节不会被朝令夕改。

3.3　项目业务流程优化

3.3.1　业务流程优化概念

业务流程优化指通过对组织内部的各种业务流程进行分析、评估和改进，以提高效率、降低成本、提升质量和客户满意度的过程。它旨在识别和解决流程中的瓶颈、浪费和低效等问题，以实现业务目标和需求的最佳匹配。

流程优化不仅指做正确的事，还包括如何正确地做这些事，它是一项策略，通过不断发展、完善、优化业务流程保持企业的竞争优势。在流程的设计和实施过程中，要对流程进行不断地改进，以期取得最佳的效果。对现有工作流程的梳理、完善和改进的过程被称为流程优化。

流程优化可以明确企业目前存在的问题和流程优化的目标，明确员工职责和优化的整体方向等。同时，和流程相关负责人沟通好责任可以提高企业的市场反应能力和竞争能力。流程优化也可以明确业务流程运作情况，以及可改进的方向，考虑和现有业务的承接和延续性。企业需要与流程相关运作部门间形成共识，确保流程可行，减少企业成员之间扯皮推诿、职责不清、执行不力等情况，从而让企业运行有序、效率提高。通过不断地优化流程，使之成为与企业业务发展相适应的优化方案，并得到各方的认同和共识，更快地增长企业经济。

3.3.2 业务流程优化方法

1. 标杆瞄准法

标杆瞄准法又叫作 benchmarking，它指企业把自己的服务、经营实践、产品及成本与很多在相关方面表现非常优秀有成效的企业做比较，提高自己的经营业绩，不间断地精益求精的过程。

2. DMAIC 模型

DMAIC 模型如图 3-1 所示，它其实是实施六西格玛法的一套操作类方法，DMAIC 管理中最经典及最重要的管理模型重点就是特别侧重已有的流程优化管理质量。

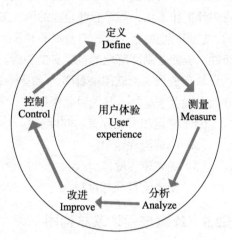

图 3-1　DMAIC 模型

3. ESIA 分析法

ESIA 分析法是一种以新的结构方式为用户提供价值增值的实用原则，反映到具体的流程设计就是尽可能减少流程中非增值活动及调整流程中的核心增值活动，如图 3-2 所示。

4. ECRS 分析法

ECRS 分析法其实是消除（eliminate）、合并（combine）、调整顺序（rearrange）、简化（simplification）的一个缩写形式。

（1）E（eliminate）：消除——在不影响品质的条件下，最有效的措施。

①不必要的工序，搬运，检验。
②取消多余的动作（身体、四肢、手等）。
③减少不规则性，取消抓、握的手动作。
④取消人、设备的闲置。

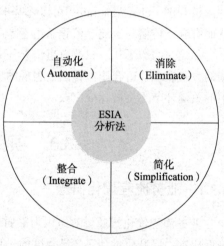

图 3-2　ESIA 分析法

（2）C（combine）：合并——两个或两个以上对象合并，消除重复。

①工序不平衡。
②相同工作在不同部门。

③工具合并,动作合并。

(3) R (rearrange):重排——改变工作先后顺序,重新组合使工作负荷均衡。

①工序对换。

②生产设备位置。

(4) S (simplification):简化——简化方法。

①减少寻找、眼睛变焦次数。

②身体在正常区域内不移动。

③物料利用惯性传递。

5. SDCA 循环

SDCA 循环如图 3-3 所示,它其实就是标准化的维持,就是标准化、执行、检查,以及调整总结的模式,它包括所有改进过有关流程的更新标准化,并且在这个流程优化过程中使它能够平衡运行下去,再进行检查的过程。而且为了确保准确性,SDCA 循环的目的就是要实现这个流程的标准化及稳定现有的流程模式,使整个过程能够满足用户的愿望及需求。

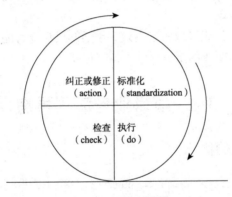

图 3-3 SDCA 循环

3.3.3 业务流程优化过程

业务流程优化通常包括以下七个主要阶段。

1. 审查当前流程

对现有的业务流程进行评估和审查,识别潜在的问题和改进机会,这可以通过流程地图、价值流分析、数据收集等方法进行。

2. 设定目标和指标

制定明确的优化目标,并确定度量指标以评估改进效果。例如,降低处理时间、提高产能、减少错误率等。

3. 识别改进机会

通过对流程细节的分析和比较确定可以改进的步骤、环节或活动,这可能包括消除冗余步骤、简化复杂流程、优化资源分配等。

4. 提出改进建议

开展团队协作和讨论，提出具体的优化方案和措施，这可能涉及流程重组、引入自动化技术、培训和提升员工能力等。

5. 测试和调整

对改进方案进行小规模测试并根据反馈进行调整，这有助于评估改进措施的效果和可行性，减少潜在的风险。

6. 实施和推广

将改进方案应用到整个流程，并与相关人员分享和推广好的实践，确保员工适应新流程并支持改进。

7. 持续监控和改进

持续跟踪流程改进的效果，并根据实际表现进行调整和优化，这可以通过指标监控、定期评估和反馈机制来实现。

通过业务流程优化，组织可以实现高效、灵活和质量优秀的业务运作，提升竞争力、满足客户需求，并在不断变化的市场环境中持续创新。

3.4 项目业务流程再造

3.4.1 业务流程再造的概念

业务流程再造（business process reengineering，BPR）是20世纪90年代由美国麻省理工学院教授哈默（Michael Hammer）和CSC管理顾问公司董事长钱皮（James Champy）在他们合著的《公司重组——企业革命宣言》中首先提出的。书中对BPR做了定义：BPR是对企业的业务流程做根本性的思考和彻底重建，其目的是在成本、质量、服务和速度等方面取得显著的改善，使企业能最大限度地适应以顾客、竞争、变化为特征的现代企业经营环境。BPR的基本思想和方法是为了更好满足顾客要求，为使作为现代企业业绩标志的成本、服务、速度、效益等得到显著的改进，在对现有机构与现有过程重新评估的基础上对企业的组织体系和职能结构进行重新设计并对生产要素重新配置，以充分发挥企业竞争优势的经营管理思想和方法。

BPR的概念自提出以后已被开发出许多实施方式，如渐进型和激进型等，相应地，不同的实施方式也有各种不同的适用工具。渐进型的BPR是哈林顿提出的，其采用的方法是将现有的过程模型化，分析并找出改进的机会。模型化所有的技术如流程图、软件系统的后事记录、角色活动图等，然后用运行和维护过程成本计算及头脑风暴等方法确定改革措施。激进型BPR是由哈默和钱皮提出的，这种方式常用于迫切需要改进的情况，是一种从上至下的推动方式，关键是设想能使竞争能力获得突破的思想过程，人们经常采用里奇图和角色扮演来模拟新设想并大量使用信息技术（IT）等方式以实施必要的改进。

3.4.2 业务流程再造特点

业务流程再造的特点主要体现在以下三个方面。

（1）彻底改变思维模式。过分强调专业化和工作细分妨碍了效率，也使机构臃肿、缺乏活力、丧失竞争力和创新力。业务流程再造强调的就是从根本上进行变革，进行彻底的再设计。为此，就必须改变传统的思维模式。

（2）以过程为中心进行系统改造。再造活动强调要把分散在各职能部门的作业整合成单一的流程、打破组织各部门之间的界限、缩短满足顾客需要所需的时间。

（3）创造性地应用信息技术。信息技术在再造活动中扮演着极为重要的角色，它使组织以完全不同的方式工作，帮助企业打破传统的制度并创建完全不同的业务流程模式。

3.4.3 业务流程再造过程

业务流程再造的步骤包括以下五个方面。

1. 确定再造目标

企业需要明确自己的目标和需求，确定需要再造的业务流程，以及再造后的目标效果，这一步需要与企业的战略和发展规划相结合，确保再造后的业务流程能够支持企业的长期发展。

2. 分析现有业务流程

企业需要对现有的业务流程进行全面的分析和评估，了解其中的问题和瓶颈，找出需要改进的地方，这一步需要与业务流程的相关人员进行沟通和交流，了解他们的需求和意见。

3. 重新设计业务流程

在分析现有业务流程的基础上，企业需要重新设计业务流程，以优化流程、简化流程、提高效率和降低成本，这一步需要与业务流程的相关人员进行深入的讨论和研究，确保重新设计的业务流程能够满足他们的需求和要求。

4. 实施业务流程再造

企业需要制订详细的实施计划和时间表，确保业务流程再造能够按照计划顺利进行，这一步需要与业务流程的相关人员进行密切的合作和协调，确保实施过程的顺利进行。

5. 监控和评估业务流程再造效果

企业需要对业务流程再造的效果进行监控和评估，了解再造后的业务流程是否能够达到预期的效果，这一步需要与业务流程的相关人员进行反馈和交流，了解他们的意见和建议，以进一步优化业务流程。

业务流程再造是企业提高效率和竞争力的重要手段，需要企业全面地规划和实施。通过以上步骤的实施，企业可以实现业务流程的优化和改进，提高效率和竞争力，为长期发展奠定坚实的基础。

复习思考题

1. 流程管理的需求是什么？为什么要进行流程管理？
2. 什么是流程再造？流程再造的意义是什么？
3. 简述流程再造的方式和特点。

第 4 章 项目整体管理

【教学目标】

1. 理解项目整体管理的概念和重要性。
2. 掌握项目章程的制定过程,包括概述和步骤。
3. 掌握项目整体计划的概述、作用、内容和制订过程。
4. 理解执行项目整体计划的原则和内容。
5. 掌握实施整体变更控制的概述、原则和过程。

希赛集团下属飞达信息技术有限公司新接到一个有关电子政务公文流转系统的软件项目,作为公司派出的项目经理,王工带领项目组开始进行项目的研发工作。王工以前是一名老技术人员,从事 Java 开发多年,是个细心而又技术扎实的老工程师。在项目的初期,王工制订了非常详细的项目计划,项目组人员的工作都被排得满满的,为加快项目的进度,王工制订项目计划后即分发到项目组成员手中开始实施。然而,随着项目的进展,由于项目需求不断变更,项目组人员也有所更换,项目组已经没有再按照计划工作,大家都是在当天早上才安排当天的工作事项,王工每天都被工作安排搞得焦头烂额,项目开始出现混乱的局面。

项目组的一名技术人员甚至在拿到项目计划的第一天就说:"计划没有变化快,要计划有什么用。"然后只顾埋头编写自己手头的程序。

一边是客户催着快点将项目完工,要尽快将系统投入生产;另一边是公司分管电子政务项目的张总批评王工开发任务没落实好。

资料来源: https://www.docin.com/p-2383267828.html.

4.1 概 述

项目整体管理强调的是大局观,大局是根本、是方向,管理者需要把握好整体利益和局部利益的关系、分清主要矛盾和次要矛盾、对待问题能够做出快速且正确的决策使整体的利益最大化。党的十八届六中全会通过的《关于新形势下党内政治生活的若干准则》强调,全党必须牢固树立政治意识、大局意识、核心意识、看齐意识。党的十九届六中全会总结了党的百年奋斗重大成就及历史经验，会议指出，要以史为鉴、开创未来，增强"四个意识"，努力为中华民族的伟大复兴做出新贡献。

4.1.1 项目整体管理的概念

项目整体管理的起源可以追溯到 20 世纪初的工程和建筑项目管理实践。在那个时期，大型工程项目（如大坝、铁路和公路等）开始呈现更加复杂和庞大的特点，需要更好地组织和协调各项工作。随着项目规模和复杂性的增加，人们开始意识到仅关注项目中的专项工作（如进度、成本、质量）不足以确保整个项目成功，因此，项目整体管理的概念逐渐发展起来，它强调将各个专项工作有机地整合在一起，以实现项目的整体目标和交付成果。

20 世纪五六十年代，军事和航空领域的项目管理实践进一步推动了项目整体管理的发展。例如，美国国防部的一些重大军事项目采用了系统工程的方法，强调将各个子系统和专业领域有机地整合在一起以实现整体目标。20 世纪 70 年代，项目管理开始成为一个独立的学科和专业，学术界和许多组织开始关注项目管理的理论和实践，项目整体管理作为项目管理的核心概念之一得到了更多的关注和研究。

随着时间的推移，项目整体管理的理念和方法不断演化和完善，在国际上得到了广泛认可，并被纳入国际项目管理标准，如《项目管理知识体系指南》（PMBOK）。本书对项目整体管理的定义如下。

项目整体管理（project integration management）指为确保项目各专项工作（进度、成本、质量等）能够有机地协调和配合而开展的一种综合性和全局性的项目管理工作，其将项目整体利益最大化作为目标，以满足客户和项目干系人的期望和需求，决定了项目的成功与否。

另外，项目的整体管理还体现在如何运用管理技巧、手段将企业文化、标准融入项目环境。

4.1.2 项目整体管理的好处

丁谓修皇宫是宋朝时期的一个重要建筑项目，它涉及修建皇宫的各个方面，包括建筑设计、材料采购、工程施工等。项目整体管理可以对这个项目的范围进行分解和定义。团队可以明确每个子任务的具体工作内容，如制定建筑设计方案、确定施工进度计划、组织材料采购等。这样做有助于确保每个任务都得到适当的关注和执行，并且能够更好地控制项目的交付成果，确保修建的皇宫符合预期的标准和要求。

云南鲁布革水电站建设是一个大型的基础设施项目，涉及水电站的设计、建设和运营等方面。在项目整体管理中，明确项目范围对任务分解和工作计划至关重要。团队可以将整个建设过程分解为不同的子任务，如水电站设计、土建施工、设备安装等，通过明确范围，团队能够确定每个任务的工作内容和所需资源，并制订详细的工作计划，确保项目按时、按质完成。同时，明确项目范围也有助于团队确定任务的优先级和重要性，将有限的资源集中在最重要的任务上，提高工作效率和成果质量。

北京新机场建设是一个复杂的城市基础设施项目，涉及土地规划、建筑设计、交通规划等多个方面。项目整体管理可以明确项目范围，帮助团队从全局的角度对项目的工作内容和目标进行分解和梳理。团队可以将整个建设过程划分为不同的阶段和子任务，如土地征收、建筑设计、机场设备采购等，明确项目范围有助于团队成员之间的沟通和合作，共同理解项目的整体目标和范围，更好地协调工作和合作、提高团队的整体绩效。

具体的好处包括以下三点。

1. 明确项目范围

首先，明确项目范围有助于任务分解和工作计划。项目整体管理将整个项目划分为可管理的任务和子任务，使复杂的项目工作被分解为可控制的部分，这样做有助于团队成员更好地理解和掌握自己的任务，确保每个任务都得到适当的关注和执行。通过明确范围，团队可以确定每个任务的工作内容、所需资源和时间要求，从而制订详细的工作计划，更好地规划项目的时间表和资源分配。

其次，明确项目范围有助于确定任务的优先级和重要性。通过了解项目的关键目标和可交付成果，团队可以确定哪些任务是最紧迫和最重要的，这样可以确保团队在资源分配和工作安排方面有效地决策，将有限的资源集中在最重要的任务上，提高工作效率和成果质量。

再次，明确项目范围还有助于控制项目的交付成果。项目整体管理可以确保项目的范围定义清晰，并且使任何变更都经过审查和批准，这有助于避免项目范围的蔓延和无限扩展，确保项目交付符合预期的成果。通过明确项目的范围，团队可以更好地控制和管理项目的目标和交付物，确保项目按时、按质完成。

最后，明确项目范围有助于团队成员之间的沟通和合作。团队成员可以共同理解项目的整体目标和范围，从而更好地协调工作和合作，这有助于减少误解和冲突，促进团队的协作和效率。通过明确项目范围，团队成员可以更好地了解彼此的工作，并在相互之间有效地沟通和协调，提高团队的整体绩效。

综上所述，明确项目范围是项目整体管理中的关键步骤，它能够为项目提供清晰的框架，帮助团队全面理解项目的目标和工作内容，并有助于更好地规划、执行和交付项目。

2. 协调项目矛盾

在项目计划阶段中，项目整体管理可以通过制订项目整体计划提前对项目人员和资源进行合理配置，避免产生冲突。在项目执行阶段，项目整体管理可以对项目执行和变更进行控制，及时协调各方矛盾，保证项目顺利完成。

3. 保证项目一致性

项目整体管理始终站在系统的角度，以项目总目标为依据对项目进行管理，控制项目各个阶段都朝着同一个目标进行，保证了项目的一致性。

4.1.3 项目整体管理知识体系

项目管理过程是为了完成事先制定的项目阶段成果而须执行的一系列相关活动。PMBOK第三版定义了44个项目管理过程，并将之分为5个过程组，包括以下5点。

（1）启动：确认项目开始。
（2）计划：制定可实现项目目标的方案。
（3）执行：实施计划。
（4）监控：跟踪并报告项目过程，必要时进行纠偏。
（5）结束：项目的有序终止，包括正式验收。

项目整体管理贯穿项目的整个生命周期，对项目整体进行计划和控制需要综合考虑项目的进度、成本、质量等要素，具有全局性、系统性和综合性的特征。项目整体管理知识体系可以依据项目管理过程进行划分，如图4-1所示。

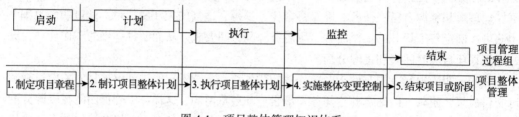

图4-1　项目整体管理知识体系

1. 制定项目章程

制定项目章程是一个正式的过程，用于编写一份批准项目的文件，并授权项目经理在项目活动中使用组织资源。项目章程是项目启动的重要文档，它明确了项目的目标、范围、可交付成果和关键约束条件。在制定项目章程的过程中，项目经理需要与关键利益相关方合作，明确项目的商业需求、期望成果和项目限制，以确保项目的成功启动。

2. 制订项目整体计划

制订项目整体计划是将项目计划的各个组成部分定义、准备和协调，并将它们整合成一份综合的项目管理计划的过程。这个过程涉及确定项目的活动、资源需求、时间表安排、成本估算、风险管理和沟通计划等方面。项目整体计划是项目管理的基础，它提供了指导项目执行的路线图，确保项目按时、按质、按成本地完成。

3. 执行项目整体计划

执行项目整体计划是管理和运行项目计划中确定的工作，并实施已批准的变更的过程。在执行阶段中，项目团队应根据项目计划执行各项任务协调资源、解决问题、监督进展并与利益相关方沟通。执行项目整体计划要求项目经理领导团队，确保项目目标的实现，并及时采取措施解决任何出现的问题。

4. 实施整体变更控制

实施整体变更控制是审查所有变更请求、批准变更，管理对可交付成果、组织过程资产、项目文件和项目管理计划的变更，并对变更处理结果进行沟通的过程。项目在执行过程中可能会需要对项目范围、进度、成本或资源进行调整，项目经理应评估变更的影响并与相关利益相关方协商，决定是否批准变更，并更新项目文档以反映变更的结果。

5. 结束项目或阶段

结束项目或阶段指终结项目、阶段或合同的所有活动的过程。当项目或阶段完成时，项目经理与相关方一起评估和审查，确保项目交付的可交付成果符合预期要求。这个过程包括收集项目经验教训、进行项目总结报告、整理项目文档、归档项目记录，以及与利益相关方最终交流和沟通。结束项目或阶段的过程可以总结经验教训，为将来的项目提供有价值的参考。

4.2 制定项目章程

4.2.1 项目章程概述

项目章程指一份正式批准项目并授权项目经理在项目活动中使用组织资源的文件，它明确了项目与组织战略、日常运营的联系，由项目发起人或项目经理与发起机构合作编制。项目章程未承诺报酬、金钱或用于交换的对价，其需要与合同有所区别。

项目章程的定义包括以下要素。

（1）项目名称：明确项目的名称，以便组织内外沟通和标识。

（2）项目背景：提供项目实施的背景信息，包括问题陈述、机遇或挑战的描述，以及为什么要开展该项目的原因和目的。

（3）项目目标：明确项目的目标和预期结果，即项目希望实现的具体成果，以便评估项目的成功与否。

（4）项目范围：确定项目的边界和所涉及的工作内容，包括项目的产品、服务、交付物，以及所不包括的内容，以确保各方对项目的期望一致。

（5）项目约束条件：列出项目的约束条件，如时间、成本、资源、法规和法律要求等，以及其他可能影响项目实施的限制因素。

（6）主要利益相关方：识别和列出项目的主要利益相关方，包括项目发起人、项目经理、项目团队成员、关键利益相关方和其他受影响方。明确各方的角色、责任和期望，以便有效地沟通和合作。

（7）项目管理组织：描述项目的管理和组织结构，包括项目经理和项目团队的角色和职责，以及项目决策和沟通的流程。

（8）风险评估：识别项目可能面临的风险和不确定性，并初步评估其潜在影响和应对措施。

（9）关键里程碑和交付成果：确定项目的关键里程碑和交付成果，即项目中具有重要意义的阶段或节点，以及相应的可交付成果和验收标准。

（10）项目计划和资源：概述项目计划的高层次时间表、资源需求和预期的项目生命周期。

制定项目章程确定了该项目在组织中的正式地位，并对该项目调用组织资源进行了授权，对项目启动具有重要意义。

4.2.2 制定项目章程的过程

制定项目章程仅需开展一次或仅需在项目的预定义点开展。项目章程制定的一般流程如图 4-2 所示。

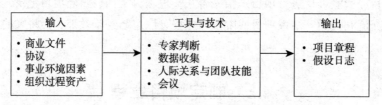

图 4-2 制定项目章程的流程

1. 制定项目章程的输入

（1）商业文件。明确关于项目目标及项目对业务目标贡献等相关信息的文件，在项目之前制定。

（2）协议。定义项目启动的初衷，包括合同、协议书、意向书、口头协议、电子邮件等书面协议。

（3）事业环境因素。影响项目章程制定过程的环境因素，包括政府或行业标准、法律法规要求、市场条件、组织文化和政治氛围等。

（4）组织过程资产。影响项目章程制定过程的组织过程资产，包括组织政策程序、项目治理框架、监督和报告方法、模板和知识库等。

2. 制定项目章程的工具与技术

（1）专家判断。具有专业学历、知识、技能、经验或培训经历的小组或个人依据其专业知识做出的关于当前活动的合理判断。

（2）数据收集。其包括头脑风暴、焦点小组、访谈等数据收集技术。

（3）人际关系与团队技能。其包括冲突管理、引导、会议管理等人际关系与团队技能。

（4）会议。指以识别项目目标、成功标准、主要可交付成果、总体里程碑等信息为目的而举行的会议。

3. 制定项目章程的输出

（1）项目章程。记录了项目相关高层级信息的文件，证明了项目的正式成立，并授权项目经理使用组织资源开展项目活动。

（2）假设日志。记录了项目整个生命周期中的所有假设条件和制约因素。

4.3 制订项目整体计划

4.3.1 项目整体计划的概述

项目整体计划是以项目目标为依据，以各单项计划为基础对项目各活动的实施进行协调安排的整体文件。由于项目的各单项计划仅依据各自的目标制订，不利于项目的整体管理，所以需要从全局角度制订项目整体计划，将各单项计划有机结合起来，为项目提供指导性的整体计划文件。

项目整体计划的制订需要考虑以下关键方面。

（1）目标和范围：项目整体计划应明确项目的目标和范围，包括所需的交付成果、工作范围和项目的关键要求，这有助于确保项目的各项计划与整体目标一致。

（2）时间管理：项目整体计划应包括项目的时间框架、关键里程碑和进度计划。时间管理应考虑项目的工期和紧迫性，确保项目按时完成。

（3）成本管理：项目整体计划应涵盖项目的预算、资源需求和成本估算。成本管理包括资源的安排和控制，以确保项目在可接受的成本范围内完成。

（4）质量管理：项目整体计划应包括项目的质量目标、质量标准和质量控制措施。质量管理应确保项目交付的成果符合预期的质量要求。

（5）人力资源管理：项目整体计划应涵盖人力资源的需求、分配和培训计划。合理的人力资源管理有助于确保项目团队的协同工作和有效沟通。

（6）风险管理：项目整体计划应包括风险管理计划，其包括风险识别、风险评估和风险应对策略。风险管理有助于预测和应对潜在的风险，以确保项目顺利进行。

（7）沟通管理：项目整体计划应包括沟通管理计划，明确项目的沟通需求、沟通渠道和沟通频率。良好的沟通管理有助于确保项目团队和利益相关方之间的有效沟通和信息流动。

项目整体计划是一个动态优化过程。在项目开始阶段，因为存在很多不确定因素，项目整体计划只能提供一个大概的计划框架。随着项目不断执行，不确定因素逐渐减少，计划通过不断更新而逐渐细化，直到项目收尾阶段，形成一个完整的、记录项目发展的项目整体计划。

4.3.2　项目整体计划的作用

制订项目整体计划是项目整体管理的重要工作之一。项目整体计划可以协调项目各单项计划和组织资源的合理利用，确保项目目标和整体利益的实现，其作用包含以下三个方面。

1. 为项目实施提供指导

项目整体计划提前考虑了项目各专项工作之间和资源利用的冲突。依据项目整体计划执行项目可以统一对项目各专项工作和资源进行协调统一，保证项目顺利开展。同时，项目整体计划提前明确了各人员的工作职责，规定了其责任范围和职权，为项目顺利开展提供了保障。

2. 为项目评估和控制提供标准

项目整体计划决定了项目各阶段的过程基准和成果标准。过程基准可以为项目控制工作提供参考，可以及时发现项目异常并采取措施；成果标准可以为项目评估工作提供参考，可以作为项目及项目工作人员的绩效考核基础。

3. 为项目干系人提供沟通平台

项目整体计划包含项目目标、项目计划安排等相关信息。通过项目整体计划，项目干系人可以对项目进行全面了解并使所有参与方达成一致，从而有效沟通交流，有利于项目目标的实现。

4.3.3 项目整体计划的内容

项目整体计划整合并综合了所有单项计划和基准，以及管理项目所需的其他信息，具体的内容依据具体项目需求而定，一般包含以下六个方面。

1. 项目整体介绍

项目整体介绍主要是对项目整体情况的介绍，包括项目名称、项目背景、项目目标、发起人名称、项目主要交付成果、项目组织结构等基本情况，举例如下。

项目名称：XYZ公司新产品开发项目。

项目背景：XYZ公司决定开发一款新产品，以满足市场需求和增加公司收益。该产品具有创新性和竞争力，将进一步巩固XYZ公司在市场中的地位。

项目目标：开发并推出一款高质量的新产品，占领市场份额、实现销售额增长，并提高公司声誉。

发起人名称：ABC部门经理。

项目主要交付成果：完成的产品原型、产品设计文档、产品测试报告、市场推广计划等。

项目组织结构：项目经理、产品开发团队、市场部门、财务部门、品质管理团队等。

2. 项目目标

项目目标主要对项目的总体目标进一步细化，确定各专项工作目标及整体协调目标等，同时还包括项目的目标利润和技术目标等，举例如下。

总体目标：开发并推出一款满足市场需求的新产品，在市场中占据竞争优势，实现销售额增长20%。

专项工作目标：设计并完成产品原型、进行产品测试和验证、完成产品设计和开发、制订市场推广计划、确保产品按时上市。

3. 项目方法

项目方法主要包括项目管理方法和技术方法，举例如下。

项目管理方法：采用敏捷项目管理方法，强调团队合作、迭代开发和及时反馈，以快速响应市场需求并保证产品质量。

技术方法：采用最新的技术和工具进行产品设计、开发和测试，确保产品性能和功能的高标准。

4. 各单项计划

各单项计划主要指各专项工作的单项计划，包括范围管理计划、需求管理计划、进度管理计划、成本管理计划、质量管理计划、资源管理计划、沟通管理计划、风险管理计划、采购管理计划、相关方参与计划等。

（1）范围管理计划：确定项目的范围、目标和可交付成果，并制定相应的变更管理措施。

（2）需求管理计划：收集、分析和管理项目需求，确保产品满足用户需求。

（3）进度管理计划：确定项目工作的时间安排、关键路径和里程碑，并制定进度控制措施。

（4）成本管理计划：制定项目的预算和成本控制措施，确保项目在可接受的成本范围内完成。

（5）质量管理计划：制定项目质量标准、质量控制措施和质量评估方法，确保产品质量符合要求。

（6）资源管理计划：规划和管理项目所需的各类资源，包括人力资源、物资设备和外部支持等。

（7）沟通管理计划：规划和管理项目内外部的沟通流程和渠道，确保信息传递和协作有效。

（8）风险管理计划：识别、评估和应对项目风险，制定风险管理策略和措施，降低项目风险带来的影响。

（9）采购管理计划：确定项目的采购需求，制订采购策略和采购计划，管理供应商关系和采购过程。

（10）相关方参与计划：确定项目相关方及其参与程度，制订相关方管理策略和参与计划，确保项目相关方的有效参与。

5. 项目基准

项目基准主要指项目部分工作需要制定的基本标准，包括范围基准、进度基准、成本基准、绩效测量基准等。

（1）范围基准：确定产品的功能和特性，确保产品开发过程中不超出范围。

（2）进度基准：制定项目工作的时间安排和里程碑，以之作为项目进度控制的依据。

（3）成本基准：确定项目的预算和成本分配，以之作为成本控制和绩效评估的依据。

（4）绩效测量基准：制定项目绩效评估的指标和方法，用于评估项目进展和成果质量。

6. 项目支持

项目支持主要指项目所需的各类支持，包括软件支持、行政支持，以及项目考评等其他支持。

（1）软件支持：提供专业的项目管理软件和工具，以便团队进行项目进度、资源和沟通管理。

（2）行政支持：提供必要的行政支持，包括办公空间、设备和文档处理等，以保障项目顺利进行。

（3）项目考评：定期进行项目评估和考核，评估项目进展、团队绩效和项目风险，及时采取改进措施。

4.3.4　制订项目整体计划的过程

制订项目整体计划是一个复杂而关键的过程，需要经历前期准备、编制和发放三个阶段。

1. 前期准备

在这一阶段，项目团队应进行充分的前期准备工作，明确项目的总体目标和范围，并收集项目所需的各种信息资料。项目团队会研究项目的背景和需求，分析项目的风险和限制因素，了解组织的政策和规定，以及收集历史数据和相关经验教训。这些准备工作将为后续的整体计划编制奠定基础。

2. 编制

在这一阶段，项目团队以前期准备阶段收集到的信息，以及各单项计划为基础，开始编制项目整体计划。项目整体计划需要协调和整合各个专项计划，确保它们相互协调一致，并能够有效地实现项目目标。在编制过程中，项目团队会制定项目的时间安排、资源分配、沟通计划、风险管理策略等内容，这些计划相互关联，构成了项目整体计划的框架和指导性文件。

3. 发放

在这一阶段，项目整体计划被发放给项目组织和项目干系人。发放项目整体计划的目的是确保项目参与者对整体计划有清晰的了解，并能够按照计划执行各自的任务。项目整体计划的发放需要遵循一定的程序流程，确保计划的准确性和及时性。同时，还需要进行后续的管理，包括更新和调整，以适应项目执行过程中的变化。

总的来说，制订项目整体计划是一个综合性的工作，需要项目团队的协作和专业知识的运用。前期准备、编制和发放三个阶段可以确保项目整体计划的准确性、有效性和可执行性，为项目的成功实施提供重要的支持和指导。

4.4　执行项目整体计划

4.4.1　执行项目整体计划的原则

执行项目整体计划的原则是确保项目按照计划顺利进行，并实现预期的结果。以下是执行项目整体计划的三个重要原则。

1. 系统性原则

在项目整体计划中，系统性原则是确保项目各项计划与项目整体目标保持一致并相互协调的重要原则。项目应该被视为一个完整的系统，其各项工作紧密相连、相互依赖。通过将项目视为一个系统，项目经理可以更好地协调和管理各项工作，以实现整体目标。这意味着项目整体计划需要考虑各项计划之间的关系和相互影响，确保它们在实施过程中相互协调，以确保项目顺利执行。

2. 透明性原则

透明性原则要求项目整体计划对项目干系人保持透明和可见。项目整体计划是指导项目各项工作执行的重要文件，因此，项目干系人需要清楚地了解项目整体计划的内容、目标和时间表。透明性确保了项目干系人了解项目的整体方向和进展情况，并能够提供反馈和参与决策过程。通过及时的沟通和信息交换，项目整体计划可以更好地指导项目的实施，减少误解和冲突，保证项目的顺利进行。

3. 制度化原则

制度化原则是确保项目整体计划执行过程遵循一定的规范和制度的重要原则。由于项目整体计划的复杂性和严谨性，建立一系列的制度和规范指导计划的实施是很有必要的，这些制度可以包括项目管理方法、流程和标准，以确保项目整体计划的执行过程具有一定的一致性和可重复性。制度化可以帮助项目团队成员更好地理解和遵守计划要求、减少个人主观性和随意性、降低项目偏差的风险。建立制度化的执行流程和控制措施可以更有效地管理项目整体计划的执行，并及时采取纠正措施以确保项目顺利进行。

这些原则的遵循可以提高项目整体计划的质量和执行效果。系统性原则确保了项目各项计划有机协调，透明性原则促进了项目干系人的参与和沟通，制度化原则确保了计划的执行符合规范。通过遵循这些原则，项目团队可以更好地掌握项目的方向和进展，实现项目的成功交付。

4.4.2 执行项目整体计划的内容

执行项目整体计划的工作内容非常重要，它涉及项目的具体实施和管理，下面将详细展开这几个方面的工作内容。

1. 编制项目工作计划和项目任务

项目整体计划为项目执行提供了初步指导，但在实际实施时还需要根据项目的执行情况编制具体的项目工作计划和项目任务，指导项目各阶段各步骤的执行。

在编制项目工作计划时，首先，需要明确项目的目标和范围，确保计划与项目目标一致。其次，将项目划分为不同的阶段，并为每个阶段制定时间表和关键里程碑，以便监控项目进展和完成情况。再次，将项目分解为具体的活动和任务，确定每个活动和任务的工期、起止时间、负责人等信息，以确保任务的安排合理，并考虑资源约束和依赖关系。然后，需要评估和确定项目所需的各种资源，包括人力资源、物质资源、技术资源、财务资源等，并合理分配和利用这些资源。在编制工作计划过程中，还需要预测项目可能面临的风险，并制定相应的风险应对策略，以确保项目能够及时得到应对和解决问题。最后，规划项目的沟通和报告机制，确保项目各方之间的信息传递和沟通顺畅。

项目任务是在项目工作计划中的具体工作项，它们被用于指导项目团队的执行。在编制项目任务时，需要做到：①详细描述每个任务的具体内容、目标和预期交付物，以确保任务定义清晰、可理解和可执行；②确定每个任务的负责人，并明确相关团队成员的角色和职责，确保任务的执行责任明确，并提供必要的支持和资源；③为每个任务确定开始时间、结束时间和工期，确保任务按照预定的时间表顺利完成；④考虑任务之间的依赖关系和资源约束，并调整工期以适应实际情况；⑤确定每个任务所需的资源，包括人力资源、技术设备、软件工具等，并评估资源的可用性和成本，分配适当的预算以支持任务的执行；⑥预测每个任务可能面临的风险，并制定相应的风险应对策略，考虑风险对任务工期和成果的影响，并制订预防措施和应急计划；⑦建立任务进度监控机制，定期跟踪任务的执行进展，并进行必要的调整和优化，以确保任务按时完成并达到预期质量。

2. 记录项目执行情况

在项目执行过程中，需要做到：①记录项目的实际执行情况并及时上报，为项目管理人员提供信息，以对项目进行更好的控制；②记录项目执行情况可以使用各种工具和方法，如项目管理软件、工作日志、会议记录和问题跟踪系统等；③关键是确保记录的及时性、准确性和完整性，以便项目管理人员能够基于实际数据做出明智的决策和调整。这些记录还可以作为项目执行的参考和学习资料，为类似项目的执行提供经验教训和最佳实践。

3. 协调控制项目执行

在项目执行过程中，需要不断协调项目各项工作，保证项目整体计划顺利进行。在发现项目实际执行情况与计划产生偏差时，应及时采取纠偏措施，保证项目按计划执行。

首先，协调项目各项工作是确保项目执行成功的关键。项目管理团队需要与各个相关方有效地沟通和协调，确保项目各个方面的工作同步进行，包括与项目团队成员、供应商、合作伙伴，以及其他利益相关者的沟通与协调。有效的沟通和协调可以解决工作中的问题、确保资源的有效利用、促进团队协作，以实现项目的目标。

其次，在发现项目的实际执行情况与计划产生偏差时，需要及时采取纠偏措施，这可能涉及调整项目计划、重新分配资源、重新评估风险和问题，并采取相应的措施处理。纠偏措施应根据实际情况灵活调整，以确保项目能够按计划执行，并达到预期的结果。

再次，项目管理团队还需要建立有效的项目监控和控制机制，以跟踪项目的进展和绩效，包括定期的项目进展报告、会议和评审，以及使用项目管理工具和技术进行项目进度、成本、质量和风险的监控。及时获取项目执行情况的信息可以帮助项目管理团队快速识别和解决潜在的问题，并采取必要的措施保持项目在正确的轨道上。

然后，项目管理团队需要积极管理项目中的变更。项目在执行过程中可能会出现各种变更请求，如需求变更、范围变更或资源变更等，团队需要对变更进行评估、控制和决策，确保变更的影响被合理管理，并及时进行相应的调整，这有助于保持项目的稳定性和一致性，同时确保项目能够适应变化的需求和环境。

最后，持续地监控和控制项目执行是项目管理团队的责任，包括对项目的整体执行情况进行评估和分析，以便做出明智的决策和调整。同时，团队还应密切关注项目风险，并及时采取相应的风险应对策略，以降低风险对项目的不利影响。

4. 项目整体计划的变更

在项目执行过程中，项目整体计划的变更是常见且必要的。项目在执行过程中可能会面临各种内外部环境变化，如市场需求变化、技术进步、资源供应问题、风险等，这些变化可能会对项目的目标、范围、进度、成本和质量等方面产生影响。

项目整体计划的变更需要经历仔细的分析和决策，同时需要与项目相关方进行有效的沟通和协调。在进行计划变更时，项目管理团队应考虑变更的必要性、影响范围、成本效益及相关方的参与和接受程度。为了有效管理计划变更，项目管理团队可以采用变更管理流程，包括变更请求的提出、评估变更的影响和可行性、决策变更的批准与优先级，并在变更实施后跟踪和评估。

4.4.3 执行项目整体计划的过程

项目整体计划的实际执行包括输入、工具和技术、输出等过程，其一般流程如图 4-3 所示。

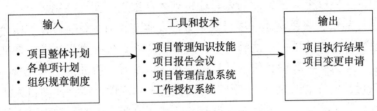

图 4-3　执行项目整体计划的流程

1．输入

已制订好的项目整体计划中的所有内容都可作为输入。

各单项计划即制订好的各专项工作的计划，如进度管理计划、成本管理计划、质量管理计划等。

组织规章制度即与执行项目整体计划相关的组织内部有关的规章制度。

2．工具和技术

（1）项目管理知识技能。合理运用项目管理知识技能对项目整体计划的执行非常重要，包括执行项目各专项工作需要的专业知识、项目经理需要具备的沟通谈判技能、对项目的组织管理技能等。

（2）项目报告会议。项目团队成员需要定期制定项目执行情况报告，并通过召开一定频次的项目会议进行报告，以帮助项目高层管理人员掌握项目进展情况并决策。

（3）项目管理信息系统。项目管理信息系统是利用计算机技术对项目进行实时、全过程管理的重要工具，它可以实现项目数据的统计分析、项目执行情况的记录、项目趋势预测、辅助项目决策等功能，是执行项目整体计划必不可少的工具。

（4）工作授权系统。工作授权系统是为了下级更好地完成工作职责的项目批准组织程序，它保证了项目按照正确的时间、顺序执行，通常以书面形式进行。

3．输出

（1）项目执行结果。随着项目整体计划的不断执行，项目各项工作都将接近尾声，产生项目整体执行结果，包括已完成与未完成的项目工作、项目执行消耗的工期及成本等。

（2）项目变更申请。在项目整体计划的执行阶段，内外部环境变化或项目干系人需求变化可能会对项目整体计划提出新的要求，此时需要对项目整体计划进行变更申请，以适应项目的实际执行情况。

4.5 实施整体变更控制

4.5.1 整体变更控制的概述

假设一个项目团队正在开发一款软件产品，并且已经制订了详细的项目计划。然而，在项目执行过程中，项目团队发现了一个重要的技术问题，该问题会影响软件产品的性能和稳定性。为了解决这个问题，就需要对项目整体计划进行变更控制。

整体变更控制指当项目整体或项目某个方面发生变化时，对项目各单项变更进行协调统一、以保证项目整体计划一致性的活动，具体包括审查所有变更请求、批准变更，管理对可交付成果、项目文件和项目管理计划的变更，以及对变更处理结果进行沟通。

项目在执行整体计划的过程中，内外部环境的不确定性可能会使项目无法按照原有计划执行，此时必须对项目变更进行整体控制。内部环境变化通常包括项目人员安排或资源供应等产生问题，造成项目偏离原有计划；外部环境变化通常包括经济环境变化、政策变化、项目干系人需求变化等造成的项目计划变更。整体变更控制贯穿于项目始终，应用于项目的各个阶段。

4.5.2 整体变更控制的原则

项目整体变更牵扯项目各专项工作，是一个系统性、全局性的工作，因此应遵循以下原则，保证项目整体的一致性。

1. 项目考评指标体系不变原则

项目考评指标体系是基于行业标准和规范的，一旦发生改变就可能导致变更前后的项目无法对接和比较，给后续的项目执行带来困难。因此，为了保持项目的连续性和可比性，项目考评指标体系应保持稳定，只在必要的情况下修订。

2. 项目成果与计划一致原则

项目计划是指导项目执行的重要依据，当项目成果发生变更时，项目计划也需要得到相应的调整，以确保项目整体计划的一致性。这包括调整项目目标、里程碑、工作分解结构等，使其与变更后的项目成果保持一致。

3. 项目整体一致原则

项目的各个专项工作是相互关联的，一个方面的变更可能会对其他专项工作产生影响。因此，在进行变更时，需要综合考虑各个专项工作之间的关系，协调好各个单项工作的变更，避免项目整体出现不一致的情况。这可以通过充分的沟通、协商和协调来实现，确保项目各专项工作在变更后能够相互衔接和配合。

4.5.3 实施整体变更控制的过程

实施整体变更控制必须充分考虑项目进度、成本、质量等各目标之间的关系并进行权衡，保证项目变更有利于项目的完成。项目变更可以通过变更控制系统进行整体变更控制，并根据变更后的结果修订项目整体计划，保证项目计划与成果的一致。实施整体变更控制的一般流程如图 4-4 所示。

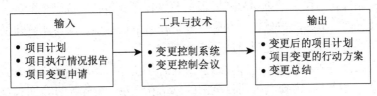

图 4-4　执行项目整体变更控制的流程

1. 输入

（1）项目计划。项目计划包括项目整体计划和项目单项计划，是项目实施整体变更控制的基础。

（2）项目执行情况报告。记录项目实际执行情况的工作报告可以为项目管理人员实施变更提供参考，包括资源可用情况、进度和成本数据、挣值报告等。

（3）项目变更申请。项目变更申请可能来自项目内部或外部，由项目团队或其他项目干系人提出，包括口头和书面、直接和间接等形式。重大变更或影响项目基准的变更需要以书面形式按照一定变更程序获得批准后方可执行。

2. 工具与技术

（1）变更控制系统。变更控制系统指对变更过程进行定义的一系列规范化、标准化程序，包括标准文档、变更流程、审批组织层次等。

（2）变更控制会议。可以与变更控制委员会（change control board, CCB）召开变更控制会议，对变更进行审查和评估，并对变更后的行动方案进行讨论。

3. 输出

（1）变更后的项目计划。实施整体变更后最主要的输出是更新后的项目计划，包括项目整体计划、项目单项计划，以及其他相关内容的最新修订。

（2）项目变更的行动方案。项目变更后需要对变更过程及新的计划制定相应的行动方案，为下一步行动提供参考。

（3）变更总结。不仅要实施项目整体变更控制，更重要的是从变更中吸取经验教训、识别变更原因，为后续项目执行提供经验借鉴。

4.6　结束项目或阶段

结束项目或阶段是项目整体管理的最后一个阶段，它涉及终结项目、合同，以及其他项目活动的全面过程。这个阶段需要完成多项工作，包括存档项目信息、完成计划工作、完成合同和管理收尾、完成项目移交及释放组织团队资源。

首先，存档项目信息是非常重要的。在项目执行过程中产生的各种文档、报告、沟通记录等必须存档，以备后续查询和参考。这些存档的信息可以包括项目计划、进展报告、决策记录、合同文件、财务记录等。妥善的存档可以保留项目的知识和经验，方便今后的项目管理和知识管理。

其次，完成计划工作是结束项目或阶段的关键任务，包括完成剩余的任务、交付剩余的可交付成果、进行最终的质量检查和验收等。在这个过程中，项目团队需要确保所有计划工作都得到妥善处理，并满足项目的目标和要求。

再次，完成合同和管理收尾工作，这涉及与合作伙伴和供应商的结算、验收，以及合同的正式结束。此外，还需要进行项目范围的总结和评估，确保所有合同和承诺都得到履行，并处理所有未解决的问题和纠纷。

然后，完成项目移交。在项目结束后，项目交付物和成果需要被移交给相应的利益相关者或维护团队，这涉及整理和归档项目文档、培训相关人员、提供必要的支持和资源，以确保项目交付物的顺利移交和维护。

最后，释放组织团队资源。一旦项目完成，项目团队的资源可以被重新分配到其他项目或任务，这包括解散项目团队、评估团队成员的绩效，以及进行团队的总结和经验分享。

除了以上工作，结束项目或阶段后还可以进行项目后评价。项目后评价是对项目成效和效益的全面评估，旨在验证项目目标的实现程度，并总结项目经验教训。项目后评价可以识别项目成功的因素和挑战，为今后的项目管理提供宝贵的经验和教训。

总的来说，结束项目或阶段涉及多个关键工作，包括存档项目信息、完成计划工作、完成合同和管理收尾、完成项目移交及释放组织团队资源。同时，项目结束后进行项目后评价可以对项目成效进行验证并总结经验，为未来的项目管理提供借鉴和指导。有效地完成这些工作可以确保项目的有序收尾，并为组织和团队的发展打下坚实基础。

复习思考题

1. 请简述对项目整体管理概念的理解。
2. 制定项目章程的意义是什么？
3. 项目后评价的目的是什么？

第二篇

专 业 篇

第 5 章

项目范围管理

【教学目标】

1. 理解项目范围和项目范围管理的概念和知识体系。
2. 掌握范围管理各个过程中的依据、技术、方法及成果。
3. 能够运用所学知识识别项目的范围,并进行项目范围管理。

小李是国内某知名 IT 企业的项目经理,负责西南某省的一个企业管理信息系统建设项目的管理。该项目的合同简单地列出了几条项目承建方应完成的工作,据此小李自己制定了项目的范围说明书。

甲方的有关工作由其信息中心组织和领导,信息中心主任兼任该项目的甲方经理。可是在项目实施过程中,有时是甲方的财务部直接向小李提出变更要求,有时是甲方的销售部直接向小李提出变更要求,而且有时这些要求是相互矛盾的。面对这些变更要求,小李试图用范围说明书来说服甲方,甲方却动辄引用合同的相应条款作为依据,而这些条款要么太粗、不够明确,要么存在歧义,使小李跟他们有不同的理解。因此小李难以简单地接受或拒绝这些变更要求,感到很沮丧。如果不改变这种状况,项目完成看来遥遥无期。

资料来源:殷焕武,周中华. 项目管理导论[M]. 北京:机械工业出版社,2010.

5.1 概 述

《孙子兵法》中提到"知彼知己,百战不殆",在项目过程中明确双方的需求是项目成功的基础。范围管理对人生规划及国家治理都有着深刻的指导意义,如果不能明确地界定一个项目的范围,那么项目的需求会无限扩张,导致项目成为"无底洞"。从个人角度来看,这极可能使项目的执行南辕北辙,如果方向错了,付出的努力越多,离正确的目标越远。只有范围清楚、目标准确才能有序地开展工作。如果把人生作为项目,就会发现这个项目有千头万绪的事情要做,但可以把它们划分为想做、能做、必须做三种情形。由于资源有限,所以一定要做好项目范围管理,界定"必须做"的事情,分清主次,有的放矢。

5.1.1 项目范围管理的概念

实施项目前要先界定项目的范围。根据 PMBOK，"范围"主要包括两层含义：一是产品范围，即项目所要生产的产品或服务所包含的功能或特征；二是项目范围，指项目生产的最终产品或服务，以及为实现该产品或服务所必须要做的各项具体工作。由此可知，产品服务范围与项目范围相互补充，产品服务范围决定项目范围，项目范围有时也包括产品服务范围。产品服务范围描述了对产品或服务等所交付成果的要求，而项目范围明确了为实现交付目标所必须做的工作。

举例说明可能会更好理解一些。假设需要负责组织一次项目管理专业人员（project management professional，PMP）考前培训，那么完全可以把这项工作当成一个项目来管理。如何确定这个项目的产品范围和项目范围呢？这次培训产生的不是有形的产品，而是无形的服务。组织 PMP 考前培训的目的是讲授项目管理知识、提高学员的项目管理理论水平、为参加 PMP 考试做准备，这就是产品范围。如果学员提出想获得提高企业核心竞争力的知识，那么便不在本项目的产品范围之内。有了明确的产品范围，接下来就可以确定为达到这个目的需要做哪些工作，即项目范围——首先，要聘请项目管理专家、拟订授课内容；其次，根据授课内容准备教材、确定合适的培训地点，开始培训后要定期与学员交流，听取他们的意见并将意见反馈给讲师。

由此可知，项目范围的确定就是为成功地实现项目目标规定或控制哪些方面是必须做的，哪些是没有必要做的，也就是定义项目的工作边界。只有准确界定了产品范围和项目范围才能实现"做正确的事"且"正确地做事"，从而最终成功实现项目目标。因此，需要进行项目范围管理。作为 PMBOK 十大知识体系之一，项目范围管理（project scope management）指为了成功地完成项目并实现项目目标而对项目的工作内容进行界定和控制，明确什么必须做什么没必要做，以确保项目做且只做所需的全部工作，其主要过程包括范围规划、范围定义、工作分解结构创建、范围确认及范围变更控制。具体到不同的行业，项目范围管理的运用有很大差别。例如，软件行业，项目范围管理主要体现在对软件项目的需求管理方面，包括如何获得和客户一致的对需求的理解、获得项目参与者对需求的承诺、管理需求变更、维护需求的双向可追溯性和识别需求与项目计划和工作产品之间的不一致等。

5.1.2 项目范围管理的过程

项目范围管理的过程主要包括范围规划、范围定义、WBS 创建、范围确认及范围变更控制，如图 5-1 所示。

1. 范围规划

范围规划是为记录如何定义、确认和控制项目范围及产品范围的过程，这一过程需要形成范围管理计划、范围说明书等文档，为后续详细明确和管理项目范围提供依据。

图 5-1 项目范围管理的过程

2. 范围定义

范围定义是制定项目和产品详细描述的过程，本过程主要是基于前序工作，更详细具体地定义和描述项目范围，输出更加清晰和具体的范围说明书及范围管理计划。

3. WBS 创建

WBS 创建是将项目可交付成果和项目工作分解为较小的、更易于管理的组件的过程。WBS 的创建使得模糊的工作变得清晰明了，明确了完成项目目标所必须做的每项工作。

4. 范围确认

范围确认是正式验收已完成的项目可交付成果的过程。在这个过程中，项目主要利益相关方需要对可交付成果进行确认，以获得一致的理解，提高最终产品、服务或成果通过验收的可能性。

5. 范围变更控制

范围变更控制是监督项目和产品的范围状态、管理范围基准变更的过程。项目的变更是不可避免的，但只要对变更进行规范的控制和管理，便能够有效避免变更带来的问题。

5.2 范围规划

项目范围规划就是分析和界定项目范围，并形成相关的项目范围说明文件和项目范围管理文件的过程。这个过程需要根据项目要求明确工作边界和任务，制作一份可管理的项目范围说明文件和项目范围管理文件，以便管理人员了解工作和掌握工作方针。

项目范围规划为项目执行阶段提供了重要的管理基础，明确了项目边界和任务，确立了工作方向和优先级，为项目提供了全面、具体和可操作的计划。完成规划阶段后，项目可以更有条理地进行下一步工作，从而使项目的成功率和工作效率更高。在范围规划中需要考虑的因素包括市场情况、组织政策、人员状况、项目目标、产品描述、项目边界等。

范围规划过程的依据、技术与方法和成果如表 5-1 所示。

表 5-1　范围规划过程的依据、技术与方法和成果

依　据	技术与方法	成　果
项目管理计划 项目章程 过程资产 环境因素 假设条件	成果分析 成本效益分析 专家判断 会议	项目范围说明书 项目范围管理计划 项目辅助细节

5.2.1　范围规划的依据

项目范围规划的依据通常包括项目管理计划、项目章程、过程资产、环境因素和假设条件。

1. 项目管理计划

项目管理计划是项目范围规划的主要参考依据，其包括已经确定的基准和子计划，这些基准和计划为项目范围规划提供了重要的基础。

2. 项目章程

项目章程是项目范围规划过程的依据，它包括项目和产品特征的概括性描述，以及项目的审批要求等内容，这些信息为项目范围制定提供了重要的信息和方向，帮助团队更好地了解项目、建立项目范围并满足项目要求。

3. 过程资产

过程资产是项目范围规划中另一个重要的依据，这些过程资产包括相关的政策、流程和指南等。过程资产对项目范围管理具有重要作用，是制定项目范围规划的重要参考。

4. 环境因素

项目范围规划还需要考虑环境因素，包括外部环境因素和内部环境因素，其中，需要重点考虑的因素包括工期约束、成本约束和质量约束。

5. 假设条件

假设条件指项目在制订计划时将一些不确定条件假定为确定因素，从而开展项目范围分析和计划。

5.2.2　范围规划的技术与方法

项目范围规划的技术与方法通常包括成果分析、成本效益分析、专家判断和会议。

1. 成果分析

成果分析可以加深项目团队对项目成果的理解，主要包括系统工程、价值工程、价值分析、功能分析和质量功能部署等技术。

2. 成本效益分析

成本效益分析指估算各种项目与产品方案选择的有形、无形成本及效益,人们通常会利用投资回报率或投资偿还期限等经济方法对各方案评估比较,进行方案决策。

3. 专家判断

专家判断是利用相关领域专家的专业知识和经验对项目的管理和计划提出意见和建议,从而为项目范围计划的编制提供指导。专家指经过专门训练或具有专门知识的集体或个人,一般来自组织内部其他部门或组织外部的其他单位、顾问、专家和技术联合会等。专家判断具有一定局限性,因此需要项目管理团队最后整合判断结果。

4. 会议

关于项目范围规划的会议参会人包括项目经理、项目发起人、项目团队成员、项目干系人、范围管理负责人等。

5.2.3 范围规划的成果

项目范围规划的成果主要是项目范围说明书、项目范围管理计划和其他辅助细节。

1. 项目范围说明书

项目范围说明书说明了项目启动的原因、实施目标和期望成果,并确定了项目的范围和边界,使项目管理团队能系统地分析项目关键问题及项目中相互作用的因素,同时对项目工作是否超出项目边界及范围变更是否在合理范围内做出评价。项目范围说明书通常包括以下五个内容。

(1)项目合理性说明:对项目的开展原因进行说明,为以后权衡各种利弊关系提供依据。

(2)项目目标:完成项目所必须达到的指标和标准,至少包括项目成本预算、项目工期和项目质量等方面的指标,在编制项目范围说明书时应对目标尽可能量化,制定项目属性、计量单位和一个绝对或相对的数值。

(3)项目需求:用于描述项目可交付成果要满足合同、标准、规范或其他强制性文档所必须满足的条件或能力。

(4)项目边界:边界严格定义了项目包括什么和不包括什么,使项目干系人和项目负责人对项目内容达成一致。

(5)项目可交付成果:对项目可交付成果的归纳性总结和描述,包括项目形成的产品、服务及附属产出物,如项目管理报告和文档等。

2. "项目范围管理计划"及其内容

项目范围说明书的辅助细节包括了范围说明书中没有涵盖的其他细节,因此可根据需要将之形成文字并编排,方便在项目管理过程中使用。

3. 项目"其他辅助细节"及其内容

项目范围管理计划属于项目管理计划的一部分,主要内容包括如何管理项目的范围,以及项目范围变更如何被纳入项目。

5.3 范围定义

项目范围定义是对项目工作和项目产出物进行全面细化与界定的项目管理活动,这一过程明确了哪些需求在项目范围内,哪些需求在项目范围外,从而确定项目产出物、服务或成果的边界。如果项目范围定义不清晰或不准确,那么最终可能会导致项目失败甚至无法完成,而清晰、准确的范围定义则为项目提供了明确的方向,帮助项目团队有序地开展项目,高效地实现项目目标。

项目范围定义是项目成本、时间和资源估算与管理的基础和前提之一,只有对项目的工作和产出物进行全面细化与界定,才能准确地进行成本和时间的估算,避免出现误差和漏项,确保项目能够按时高质量地完成。同时,项目范围定义还能够帮助项目团队准确地估计和分配资源,避免出现浪费和不合理的调配,提高项目团队整体效率。另外,项目范围定义也是工作分解结构创建的依据。工作分解结构是项目管理中非常重要的一个工具,它把项目工作细化为一系列可管理的子任务,只有经过范围定义后,才能准确、完整地制定工作分解结构,形成有针对性的任务列表和计划。

因此,项目范围定义的正确与否对项目最终能否成功具有重要影响。范围定义不仅能够保证项目目标和任务的准确性和完整性,还能够为项目的成本、时间和资源估算与管理,以及后续工作分解结构创建提供依据和支持。

范围定义过程的依据、技术与方法和成果如表 5-2 所示。

表 5-2 范围定义过程的依据、技术与方法和成果

依 据	技术与方法	成 果
范围管理计划 范围说明书 组织规章和文件	专家判断 备选方案生成与分析 多标准决策分析 产品分析	更新的范围说明书 更新的范围管理计划

5.3.1 范围定义的依据

范围定义的依据通常包括范围管理计划、范围说明书及组织规章和文件。

1. 范围管理计划

对项目的管理制度、方法做出初步界定,确定了制定、监督和控制项目范围的各种活动。

2. 范围说明书

范围说明书是对项目的范围做出初步界定，是对项目的范围进行归纳性的总结，是将来项目实施的依据。

3. 组织规章和文件

这是项目组织在项目管理过程中制定的各种规章制度、指导方针、规范标准、操作程序、工作流程、行为准则和工具方法等。项目组织在项目操作过程中所获得的经验和教训既包括已经形成文字的档案，也包括留在团队成员脑中没有形成文字的思想。项目组织在项目管理过程中形成的所有文档和历史信息包括知识资料库、文档模板、标准化的表格、风险清单等，这些都应作为确定项目范围定义的依据。

5.3.2 范围定义的技术与方法

制定项目范围定义的技术与方法通常包括专家判断、备选方案生成与分析、多标准决策分析和产品分析。

1. 专家判断

专家判断是利用各领域的专家所具有的以往项目范围管理经验，帮助项目团队定义项目范围。

2. 备选方案生成与分析

备选方案的生成需要制定尽可能多的备选方案，用于识别执行项目工作的不同方法，并以此进行项目范围定义，然后对各种方案进行评估分析。

3. 多标准决策分析

多标准决策分析是一种借助决策矩阵来使用系统分析方法的技术，目的是建立诸如需求、进度、预算和资源等多种标准来完善项目和产品范围。

4. 产品分析

产品分析可用于定义产品和服务，包括针对产品或服务进行提问并回答，以描述要交付的产品的用途、特征及其他方面。每个应用领域都有一种或几种普遍公认的方法，可以把高层级的产品或服务描述转变为有意义的可交付成果。产品分析技术包括产品分解、需求分析、系统分析、系统工程、价值分析和价值工程等。

5.3.3 范围定义的成果

项目范围规划的成果主要是更新的项目范围说明书和项目范围管理计划。

1. 更新的范围说明书

更新的范围说明书是在初步的项目范围说明书的基础上进行进一步细化和制定的结果，它更加详细地说明了项目范围、可交付成果及相关项目工作的要求，可以帮助项目团队更好地理解项目的核心目标、具体任务和可交付成果等。

2. 更新的范围管理计划

根据范围定义得到的信息，更新的范围管理计划是对范围管理计划的修订和更新，它主要是对项目范围和项目可交付成果进行更新和详细说明。更新的范围管理计划应对项目范围变化引起的时间、成本和质量等方面的更新进行明确。

5.4　WBS 创建

WBS 创建是把项目可交付成果和项目工作分解成较小、更易于管理的组件的过程，其可以为所要交付的内容提供一个结构化的视图。WBS 的制定是一个递归的过程，即只要在上一级的 WBS 分解出工作包后，就可以在这个工作包下继续分解，制定下一级的 WBS（在有必要分解的情况下）。WBS 为项目经理分配资源、进行项目参数估计、制定时间表、确定任务职责等提供参考。工作分解结构创建仅进行一次或仅在项目的预定义点开展。

WBS 创建的目的是识别项目产品并对项目的功能和应进行的工作进行分解，为估计项目规模、复杂度，识别项目风险，进行范围管理，以及估计项目所需的知识、技能等其他估计项提供信息支持。一般来说，WBS 是一种面向产品的结构，它可以围绕项目工作所支持的产品给出一个用以标志和组织安排工作各个逻辑单元的图解方案。WBS 可以作为一种参考机制或框架，用于考虑分配工作量、进度和职责，还可以用于策划组织和控制围绕该项目进行的工作。WBS 随项目的进展而演变，在项目之初，顶层 WBS 可以供项目的初始估计使用，通过 WBS 把一个整体项目划分成若干相互联系的、可管理的组成部分。

WBS 起到了一个"理头绪"的作用，它使项目在进行范围管理的时候有一个主导思维，有一条主线。WBS 主要包括两种方式，一种是基于可交付成果的划分，在这种划分方式下，上层一般以可交付成果为导向，下层一般为可交付成果的工作内容；另一种是基于工作过程的划分，在这种划分方式下，上层按照工作的流程分解，下层则按照工作的内容划分。但 WBS 的划分绝不仅限于这两种，管理者也可以把这两种方式组合在一起，或者是别的划分方式，能把所有的工作要素都找出来即可，衡量 WBS 是否正确的一个主要原则就是不漏项、不重复。

以清扫房间这一项目为例，首先要做的是把丢在地板上的衣服、玩具及其他杂物捡起来，然后用吸尘器吸地毯，再擦洗窗户和墙壁，最后擦拭家具，这些都是清扫房间的"子任务"，这个项目的 WBS 如图 5-2 所示。

在用吸尘器吸地毯时，需要将吸尘器从储物室拿出来，接上软管，插上插座，推着吸尘器吸地，最后还要把集尘盒的脏东西倒干净，把吸尘器放回储物室。这些是子任务下级更小的任务，可以被称作"吸尘器吸地毯"。

值得注意的一点是，在制作 WBS 时不必在意工作顺序，后续的工作会处理这个问题。制定 WBS 的主要目标是找出所有任务，而过于纠结工作顺序反而会使识别任务的速度减慢。

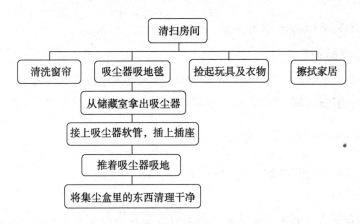

图 5-2　清扫房间的 WBS

WBS 创建过程的依据、技术与方法和成果如表 5-3 所示。

表 5-3　WBS 创建过程的依据、技术与方法和成果

依　据	技术与方法	成　果
范围管理计划 范围说明书 需求文件 事业环境因素 组织过程资产	专家判断 分解	范围基准 项目文件更新

5.4.1　WBS 创建的依据

创建工作分解结构的依据通常包括范围管理计划、范围说明书、需求文件、事业环境因素和组织过程资产。

1. 范围管理计划

范围管理计划描述了如何管理项目的范围，包括定义、验证、控制和变更的范围，为 WBS 的创建提供了方法和指导。

2. 范围说明书

范围说明书详细描述了项目的范围和目标，以及具体的可交付成果和任务，为 WBS 的创建提供了详细的内容和信息。

3. 需求文件

需求文件列出了项目的具体需求，反映了项目的期望和目标，这些需求会被转化为 WBS 中的具体工作包。

4. 事业环境因素

事业环境因素包括组织内外部环境中的多种因素，如组织文化、政策、市场条件等，

这些因素可能影响 WBS 的创建和实施。

5. 组织过程资产

组织过程资产是组织在过往项目中所积累的经验、知识、工具和模板，它们可以为当前项目的 WBS 创建提供参考和借鉴，帮助项目团队提高项目管理的效率和效果。

5.4.2　WBS 创建的技术与方法

创建工作分解结构的技术与方法通常包括专家判断和分解。

1. 专家判断

利用具有相关经验和知识的专家进行判断和评估可以为工作分解结构的创建提供重要的意见和建议。

2. 分解

分解是一种把项目范围和项目可交付成果逐步划分为更小、更便于管理的组成部分的技术。常用的项目工作分解法是工作分解结构法，工作包是 WBS 最底层的工作，可对其成本和持续时间进行估算和管理。创建 WBS 时需要先将项目分解为数个子项目，每个子项目再逐级分解成相对独立的小的工作单元，分解的程度取决于所需的控制程度，以实现对项目的高效管理。

5.4.3　WBS 创建的成果

创建工作分解结构的成果主要是范围基准和项目文件更新。

1. 范围基准

范围基准是项目管理计划的重要组成部分，它包括经过批准的范围说明书、WBS 和相应的 WBS 词典，只有通过正式的变更控制程序才能得到变更，被用作比较的基础。具体包括以下内容。

（1）范围说明书，包括对项目范围、主要可交付成果、假设条件和制约因素的描述。

（2）WBS 是项目团队为实现项目目标、创建所需可交付成果而需要实施的全部工作范围的层级分解。WBS 每向下进行一层分解，则表示对项目进行了一次更详细的定义。

（3）工作包是 WBS 的最低层级，带有独特的标识号。标识号为进行成本、进度和资源信息的逐层汇总提供了层级结构，构成了账号编码。

（4）WBS 词典是将 WBS 中的各要素和工作包按照逐个单列词条的方式进行说明的文件。它详细描述了 WBS 中每个组件的可交付成果、活动和进度信息。WBS 词典中的内容包括账号编码标识、工作描述、假设条件和制约因素、负责的组织、进度里程碑、相关进度活动、所需资源、成本估算、质量要求、验收标准、技术参考文献和协议信息等。

2. 项目文件更新

如果在创建 WBS 过程中涉及项目范围管理计划等已经批准的变更请求，则需要将批准的变更纳入其中，并同时更新假设日志、需求文件等项目文件。

5.5 范围确认

范围确认是项目干系人正式验收已完成的项目可交付成果的过程，其需要审查可交付成果和工作成果，以保证所有项目都能被准确、满意地完成。同时，其可以通过确认每个可交付成果提高最终产品、服务或成果获得验收的可能性。范围确认应根据需要在整个项目期间定期开展，其过程的依据、技术与方法和成果如表 5-4 所示。

表 5-4 范围确认过程的依据、技术与方法和成果

依 据	技术与方法	成 果
项目管理计划 范围说明书 工作分解结构 WBS 词典 可交付成果	检查 决策	验收的可交付成果 工作信息 变更请求 项目文件更新

5.5.1 范围确认的依据

范围确认的依据通常包括项目管理计划、范围说明书、工作分解结构、WBS 词典和可交付成果。

1. 项目管理计划

项目管理计划包括范围管理计划、需求管理计划和范围基准。

2. 范围说明书

范围说明书包括产品范围描述和项目可交付成果，并定义用户对产品的验收标准。

3. 工作分解结构

工作分解结构可以定义每一项可交付成果，并将可交付成果分解为工作包。

4. WBS 词典

WBS 词典可以对 WBS 中的每个要素进行详细说明。

5. 可交付成果

可交付成果即已经完成并被核实为正确的可交付成果，可以用来指导和管理项目的执行过程，包括工作结果和产品文字记载。

5.5.2 范围确认的技术与方法

范围确认的技术与方法通常包括检查和决策。

1. 检查

检查指开展测量、审查和测试等活动，判断工作和可交付成果是否符合需求和产品验收标准。检查一般在项目收尾阶段，主要使用核检清单法，核实项目范围和项目WBS。

2. 决策

决策指当由项目团队和其他干系人进行验收时，可以使用群体决策的方式来形成结论。例如，投票这一形式。

5.5.3 范围确认的成果

范围确认的成果包括验收的可交付成果、工作信息、变更请求和项目文件更新。

1. 验收的可交付成果

符合验收标准的可交付成果应该由客户或发起人正式签字确认，还要编制经项目干系人确认并接受的项目范围定义和项目阶段性工作成果的正式文件，证明其对项目可交付成果的正式验收。如果项目范围没有被项目干系人确认，则项目或项目阶段应宣告终止。

2. 工作信息

工作信息主要包括项目进展信息。例如，哪些可交付成果已经被验收，哪些未通过验收及原因。这些信息应该被记录下来并分发给项目干系人。

3. 变更请求

已经完成但未通过正式验收的可交付成果及其未通过验收的原因应该被记录在案，并提出变更请求、开展缺陷补救。变更请求经由实施整体变更控制过程进行审查与处理。

4. 项目文件更新

项目文件更新指可能需要更新的文件，包括经验教训登记册、需求文件和需求跟踪矩阵等。

5.6 范围变更控制

范围变更控制是监督项目和产品的范围状态、管理范围基准变更的过程。范围变更控制贯穿项目始终，在整个项目期间保持对范围基准的维护。引起项目范围变更的原因包括：项目外部环境变化、项目初始范围规划不周、新技术或新方案的出现、项目组织变化、项目需求变化等。范围变更控制过程的依据、技术与方法和成果如表 5-5 所示。

表 5-5 范围变更控制过程的依据、技术与方法和成果

依　据	技术与方法	成　果
项目管理计划 需求文件 工作绩效数据 组织过程资产	绩效测量 偏差分析 项目范围变更控制系统	工作绩效信息 变更请求 项目管理计划更新

5.6.1 范围变更控制的依据

范围变更控制的依据通常包括项目管理计划、需求文件、工作绩效数据和组织过程资产。

1. 项目管理计划

项目管理计划是有关项目范围总体管理与控制的计划文件，其可用于范围变更控制的主要有范围基准、范围管理计划、变更管理计划、配置管理计划、需求管理计划等。

2. 需求文件

需求应明确、可跟踪、完整、相互协调且得到主要干系人的认可。记录完好的需求文件可便于发现任何对批准的项目或产品范围的偏离。

3. 工作绩效数据

工作绩效数据一般包括两类信息或资料：一是项目的实际完成资料；二是有关项目范围、工期计划和成本预算的变更信息。

4. 组织过程资产

影响控制范围过程的组织过程资产包括现有的、正式的和非正式的，与范围控制相关的政策、程序和指南，可用的监督和报告的方法模板等。

5.6.2 范围变更控制的技术与方法

范围变更控制的技术与方法包括绩效测量、偏差分析和项目范围变更控制系统。

1. 绩效测量

绩效测量技术可以帮助项目团队评估发生偏差的程度、分析导致偏差的原因，并且做出相应的处理。

2. 偏差分析

偏差分析是一种确定实际绩效与基准差异程度及原因的技术。管理团队可利用项目绩效测量结果评估偏离范围基准的程度、确定偏离范围基准的原因和程序，并决定是否需要采取纠正或预防措施。在项目执行期间，有关偏差分析和纠正的情况应被记录下来，提供给项目干系人参考。

3. 项目范围变更控制系统

项目范围变更控制系统规定了项目范围变更的基本控制程序、控制方法和控制责任等，包括范围文件系统、项目执行跟踪系统、偏差系统、项目范围变更申请和审批系统等。范围变更控制可以根据范围的变动随时调整、补充原有的项目工作分解结构表，并以此为基础，调整、确定新项目计划，根据新的项目计划要求对项目范围的变更进行控制。变更系统具有灵活性，可以根据具体情况设立不同的控制点。

5.6.3 范围变更控制的成果

范围变更控制的成果包括工作绩效信息、变更请求和项目管理计划的更新。

1. 工作绩效信息

本过程的工作绩效信息是由项目范围变更过程中记录的工作绩效数据形成的，包括收到的变更分类、识别的范围偏差和原因、偏差对进度和成本的影响等。这些信息是制定范围决策的基础，需要被记录下来并提供给项目干系人参考。

2. 变更请求

在项目执行过程中，可以根据实际情况对范围基准或项目管理计划其他组成部分提出变更请求。项目范围变更会涉及成本、进度、质量和其他目标的调整，变更请求应当经过实施整体变更控制过程的审核和处理。

3. 项目管理计划更新

项目范围变更后，必须根据范围变更文件重新修订和发布相应的范围说明书、工作分解结构及工作分解结构词典，以反映这些批准的变更。

复习思考题

1. 范围计划的依据有哪些？
2. 应用 WBS 时任务分解的标准是什么？
3. 什么是范围核实？其与范围定义有哪些区别与联系？

第 6 章

项目进度管理

【教学目标】

1. 理解项目进度管理的概念、目的和重要性。
2. 掌握项目活动定义的过程和方法,能够进行项目活动定义。
3. 熟悉项目活动排序的方法,包括顺序图、网络图和甘特图等。
4. 掌握活动历时估算的依据和方法,能够考虑影响因素进行合理估算。
5. 熟悉项目进度计划的表示方法,包括里程碑计划、时间线和进度表等。

北京奥运会的项目分为三个阶段。

前期准备阶段:2001 年 12 月—2003 年 6 月。这个阶段的任务是:组建奥运会组织领导机构;制定并实施《北京奥运行动规划》;制订完成北京奥运会总体工作计划,与国际奥委会协调委员会正式建立工作联系,并就场馆建设、市场开发和竞赛项目等问题进行磋商;全面落实奥运场馆、设施的前期工作和施工准备;环保设施、城市基础设施及一批文化、旅游设施开始建设;市场开发工作启动运行。

全面建设阶段:2003 年 7 月—2006 年 6 月。在此期间,奥运会场馆建设、市场开发、宣传和文化、志愿者招募和培训、运动会服务、竞赛组织和技术保障等所有与举办奥运会有关的工作都将全面展开;市场开发和场馆建设两方面的工作将进入高潮,并完成 90%以上的建设和开发任务。届时,奥林匹克公园和五棵松体育文化中心及大部分场馆将以崭新的面貌展现在人们面前。

测试完善和正式运行阶段:2006 年 7 月—2008 年。在这个阶段,奥运会所有场馆和设施将达到奥运会的要求。组委会将对所有建设项目和各项准备工作进行检查、调整、测试和试运行,确保它们能被正常使用。这两年将组织一些比赛,使场馆和各类设施的运转进入最佳状态,也让管理和服务人员多积累些经验,使整个城市的生态和文化环境符合举办奥运会的要求。

来源:强茂山,王佳宁. 项目管理案例[M]. 北京:清华大学出版社,2011.

6.1 项目进度管理概述

项目进度管理是项目管理的一项重要工作,它与项目成本管理、项目质量管理等同为项目管理的重要组成部分，是保证项目如期完成或合理安排资源供应、节约工程成本的重要措施之一。在武汉承办 2019 年军运会的案例中，项目进度管理也起到了关键的作用，为了按时完成各项赛事和相关活动的准备工作，组织者需要制订合理的进度计划，并在项目实施过程中不断监控和调整进度。项目进度管理可以确保各个阶段的工作按计划有序进行，及时发现并解决进度偏差，保证整个军运会项目能够按时完成。例如，在场馆建设、设备安装、赛事组织等方面，项目进度管理能够帮助团队识别潜在的延误风险，并采取相应措施确保项目进展顺利。

同样地，北京承办 2008 年夏季奥运会和 2022 年冬奥会的场馆建设也需要进行有效的项目进度管理。这些大型体育赛事场馆的建设涉及复杂的工程过程和时间限制，要求项目团队制订详细的进度计划并进行全程监控。项目进度管理可以确保场馆建设的各个阶段按时进行，以满足奥运会和冬奥会的举办时间节点。同时，项目进度管理还能够帮助团队应对可能出现的问题和延误，并及时调整和采取补救措施，以确保场馆建设的质量和安全。

这些案例中的项目进度管理与成本目标和质量目标之间有对立统一的关系。一方面，要保证项目按时完成就需要适当投入更多的资源和人力，从而增加成本；另一方面，严格控制质量标准也可能会对项目进度产生影响，需要在保证质量的前提下进行时间调整和资源重新分配。因此，项目进度管理需要在综合考虑时间、成本和质量，找到平衡点，以实现项目整体目标，同时保证项目进度的顺利推进。

6.1.1　项目进度管理的概念

项目进度管理指在项目实施过程中对各个阶段的进展程度和项目最终完成的期限所进行的管理，是在规定的时间内拟订合理且经济的进度计划（包括多级管理的子计划），在执行该计划的过程中经常要检查实际进度是否按计划要求进行，若出现偏差便要及时找出原因，采取必要的补救措施或调整、修改原计划，直至项目完成，其目的是保证项目能在满足时间约束条件的前提下实现总体目标。

一般说来，加快项目实施进度就要增加项目成本，但项目提前完成又可能提高投资效益；严格控制质量标准就可能会影响项目实施进度、增加项目成本，但严格的质量控制又可避免返工，从而防止项目进度计划的拖延和投资的浪费。这三大目标是相互关联、相互制约的，不能只片面地强调对某一方面的管理，而是要相互兼顾、相辅相成，这样才能真正实现项目管理的总目标。

6.1.2　项目进度管理的内容

项目进度管理的内容主要有项目进度的计划编制，以及后续的技术控制，所以在具体应用的过程中，需要根据实际情况进行内容拆解，进而才能为后续工作的开展做好基本保障。

项目进度管理包括两大部分的内容，即项目进度计划的制订和项目进度计划的控制。

1. 项目进度计划的制订

在项目实施之前必须制订一个合理的进度计划，然后按照计划按部就班地实现既定目标。进度计划不仅可以为之后的进度控制提供依据，也能为项目所需的各种资源配置提供依据。此外，不同项目的进度计划具体内容可能不同，但是其制订步骤大致相似，主要包括信息收集、项目结构分解、活动时间估算和项目进度计划编制等过程。

2. 项目进度计划的控制

在项目进度管理中，制订出一个科学、合理的项目进度计划只是为项目进度的科学管理提供了可靠的前提和依据，但并不等于项目进度的管理就不再存在问题。项目在实施过程中由于外部环境和条件的变化，实际进度与计划进度往往会发生偏差，若不能及时发现这些偏差并加以纠正，项目进度管理目标的实现就一定会受影响。所以，必须实行项目进度计划控制。项目进度计划控制指项目进度计划制订以后，在项目实施过程中对实施进展情况进行的检查、对比、调整，以确保项目进度计划总目标得以实现的活动。

在进行项目进度计划控制时，必须明确针对项目的实际变化情况采取相应的对策，对原有的进度计划进行调整。同时，应该明确，影响项目进度的因素很多，既有人为因素也有自然因素，因此应该制定不同的对策以应对不同的进度风险。最后，要有动态管理的思想，即在项目实施的过程中要依据变化后的情况，在不影响进度计划总目标的前提下对项目计划进行修正、调整，不能完全拘泥于原进度计划的完全实施。

6.2 项目活动定义

活动定义是对工作分解结构中规定的可交付成果或半成品之产生所必须进行的具体活动进行定义，并形成文档的活动，其主要依据是项目目标、项目范围的界定和工作分解结构，另外还需要参考各种历史信息和数据，考虑项目的各种约束条件和假设前提条件。

6.2.1 项目活动定义过程

无论规模大小如何，项目都是由多个"活动"组成的，只有准确识别和定义各个活动才能为估算活动资源和制订进度计划提供依据。

"活动"就是为了完成工作包所需进行的工作（也是对WBS中工作包的进一步细分），是实施项目时安排工作的最基本的工作单元。活动和工作包是"1对1"或"多对1"的关系。定义活动过程就是识别和记录为完成项目可交付成果而需采取的所有活动。项目活动是将工作包分解为活动，使之成为对项目工作进行估算、进度规划、执行、监督和控制的基础，主要内容如表6-1所示。

表 6-1　项目活动定义的主要内容

依　据	工具和方法	结　果
范围基准 项目的制约因素 组织积累的相关资源	项目活动分解技术 模板法 滚动计划法 专家判断法	项目活动活动清单 项目活动活动属性 里程碑清单

6.2.2　项目活动定义的工具方法

1. 项目活动分解技术

项目活动分解技术是依据 WBS 通过进一步分解和细化，将项目的工作分解成具体活动的一种结构化、层次化的活动分解方法，如图 6-1 所示。

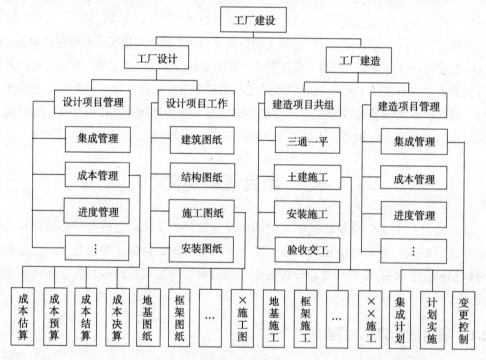

图 6-1　使用项目活动分解结构进行项目活动分解的示意图

2. 模板法

模板法也叫原型法，是使用一个已完成的类似项目活动清单作为新项目活动定义的平台或原型，通过增减项目活动而定义新项目的各项活动的一种活动，如表 6-2 所示。

3. 滚动计划法

滚动计划法是一种迭代式规划技术，即近期要完成的工作在 WBS 最底层详细规划，而计划在远期完成的工作，在 WBS 较高层粗略规划。

表 6-2　项目活动清单平台示意图

编号	名称/编号	名称/编号	名称/编号	名　　称	内　　容
0	工厂建设项目				
1	设计子项目				
		1.1	设计项目管理		
			1.1.1	设计成本管理	
				1.1.1.1	成本预算管理	×××
				1.1.1.2	×××	×××
		1.2	项目设计工作		
			1.2.1	建筑图纸设计	
			×××	×××	
2	建造子项目				
		2.1	项目实施工作		

4. 专家判断法

擅长制定详细项目范围说明书、WBS 和项目进度表并富有经验的项目团队成员或专家可以提供活动定义方面的专业知识。

6.2.3　项目活动定义的结果

1. 项目活动清单

项目活动清单是一份包含项目所需的全部活动的综合清单，它还包括每个活动的标识及工作范围详述，使项目团队成员知道自己需要完成什么工作，每个活动都应该有一个独特的名称。

2. 项目活动属性

项目活动属性是活动清单中的活动描述的扩展，包括活动标志、编号、名称、紧前活动、紧后活动、逻辑关系、提前与滞后时间、资源要求、强制性日期、制约因素等。

3. 里程碑清单

里程碑是项目的重要时点或事件，里程碑清单列出了所有项目里程碑，并指明每个里程碑是强制性的还是选择性的，为后期的项目控制提供了基础。里程碑是项目周期中的时刻，其持续时间为 0，既不消耗资源又不花费成本，通常指一个主要可交付成果的完成。一个好的里程碑最突出的特征是：达到此里程碑的标准毫无歧义；里程碑计划的编制可以从最后一个里程碑即项目的终结点开始，反向进行；先确定最后一个里程碑，再一次次逆向确定各个里程碑。在确定项目里程碑时可以使用头脑风暴法。

项目活动定义的目的是将项目工作分解为更小、更易管理的工作包（也叫活动或任务），这些小的活动应该是能够保障完成交付产品的、可实施的详细任务。因此，项目活动定义可以将所有活动列成一个明确的活动清单，并且让项目团队的每一个成员能够清楚有多少工作需要处理。

例如，某电子商务平台案例，已经完成了对活动的定义，总共定义了7项任务。

（1）比较现有电子商务平台异同。

（2）向最高层管理层提交项目计划和项目定义文件。

（3）设计电子商务平台设计需求。

（4）开发电子商务平台数据库。

（5）开发和编写实际网页代码。

（6）开发和编写电子商务平台表格码。

（7）测试，修改。

6.3 项目活动排序

活动排序指识别与记载计划活动之间逻辑关系的工作。在按照逻辑关系安排计划活动顺序时，可考虑适当的紧前关系，亦可加入适当的时间提前与滞后量，只有这样，之后才能制定符合实际且可以实现的项目进度表。

6.3.1 项目活动排序概述

所谓项目活动排序就是根据项目活动间的依存关系及各种其他依据，通过反复优化而编制项目活动顺序的项目时间管理工作，可以识别项目活动清单中各项活动的相互关联与依赖关系，并据此安排及确定它们的先后顺序。

为了制订科学合理的项目进度计划，人们必须科学合理地安排项目各项活动的先后顺序，并据此确定项目的路径，以及由这些项目路径所构成的项目活动网络，这都属于项目活动排序。可借助计算机完成，也可手工完成。确定后的项目活动顺序关系一般以网络图或文字描述的方式表示，需要的信息主要包括项目活动清单和支持细节、项目产出物描述、项目活动之间的逻辑关系、项目活动之间的组织关系，以沏茶为例，如图6-2所示。

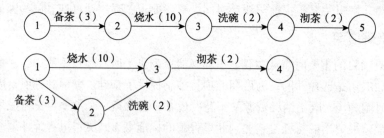

图6-2 沏茶项目活动排序示意图

6.3.2 活动间逻辑关系分析

在甘特图中，各项活动之间的逻辑关系是通过代表各项活动的横道在时标中的前后位置确定的；而在网络图中，各项活动之间的逻辑关系是由箭线的箭头方向表示的，其逻辑关系十分清晰。如下为网络图的各项活动的基本概念和逻辑关系。

1. 基本概念

（1）紧前工作（predecessor activity）：紧排在本工作之前的工作。
（2）紧后工作（successor activity）：紧排在本工作之后的工作。
（3）平行工作（concurrent activity）：可与本工作同时进行的工作。
（4）先行工作（preceding activity）：自起点节点至本工作之前各条线路上的所有工作。
（5）后续工作（succeeding activity）：本工作之后至终点节点各条线路上的所有工作。
（6）虚工作（dummy activity）：虚拟的、实际并不存在的工作，它不占用时间、也不消耗资源，是双代号网络图中为了正确表示各工作间逻辑关系而人为设置的，以虚线表示。

2. 逻辑关系

（1）完成到开始关系（finish to start，FTS）：某一工作完成后或完成一定时间后，其紧后工作才开始的顺序关系（图6-3）。

（2）开始到开始关系（start to start，STS）：某一工作开始一定时间后，其紧后工作才开始的顺序关系（图6-4）。

图 6-3　从完成到开始（FTS）　　　　图 6-4　从开始到开始（STS）

（3）完成到完成关系（finish to finish，FTF）：某一工作完成一定时间后，其紧后工作才完成的顺序关系（图6-5）。

（4）开始到完成关系（start to finish，STF）：某一工作开始一定时间后，其紧后工作才完成的顺序关系（图6-6）。

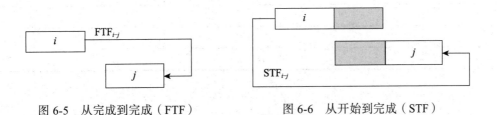

图 6-5　从完成到完成（FTF）　　　　图 6-6　从开始到完成（STF）

6.3.3　项目活动排序的方法

编排和描述项目活动顺序关系的方法和工具主要有节点法和箭线图法。

1. 节点法

单代号网络图也被称为"节点图",其以节点及其编号表示工作,以箭线表示工作之间逻辑关系,并在节点中加注工作代号、名称和持续时间,因其活动只用一个符号就可代表,故被称为单代号网络图,具体如图6-7和图6-8所示。

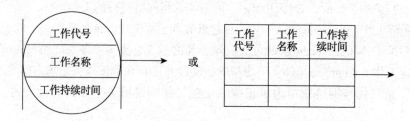

图 6-7　单代号网络图表示

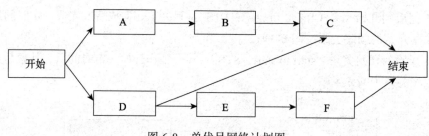

图 6-8　单代号网络计划图

设有甲项目,该项目的紧前活动和紧后活动关系如表6-3所示,则可以将其绘制成单代号网络图,如图6-9所示。

表 6-3　甲项目的活动关系表

活动名称	紧前活动	紧后活动
A	—	B,E
B	A	C
C	B	D
D	C	F
E	A	F
F	D,E	—

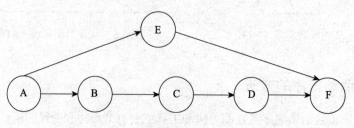

图 6-9　甲项目单代号网络图

绘制节点图时要注意如下规则。
（1）只允许出现单箭头。
（2）不能有循环回路。
（3）不能出现无节点的箭头。
（4）箭头要避免交叉。
（5）只能有一个起始节点和一个终止节点。

2. 箭线图法

双代号网络图也被称为"箭线图"，其用箭线表示活动，并在节点处将活动连接起来表示依赖关系，仅用结束—开始关系及用虚工作线表示活动间逻辑关系。其中，箭线是用来表示活动的，有时为确定所有逻辑关系，可使用虚拟活动，具体如图 6-10 和图 6-11 所示。

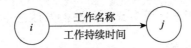

图 6-10 双代号网络图标示例

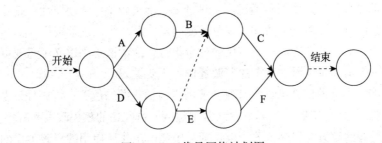

图 6-11 双代号网络计划图

若将表 6-3 所示的甲项目绘制成双单号网络图，则如图 6-12 所示。

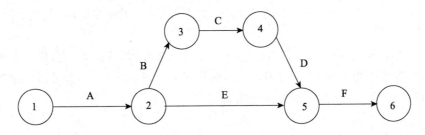

图 6-12 甲项目双代号网络图

6.4 活动资源估算

活动资源估算是执行各项活动所需的材料、人员、设备或用品的种类和数量的估算过程。活动资源估算的主要作用是明确完成活动所需的资源种类、数量和特性，以便做出更准确的成本和持续时间估算。

6.4.1 资源的概念

1. 资源的分类

（1）按资源性质可分为：自然资源、社会经济资源、技术资源。

（2）按资源用途可分为：农业资源、工业资源、信息资源（含服务性资源）。

（3）按资源可利用状况可分为：现实资源、潜在资源、废物资源。

2. 项目资源

项目资源对项目来说指一切具有使用价值、可以为项目接受和利用，且属于项目发展过程所需求的客观存在。在实际工作中，项目只能得到有限的和相对固定的资源支持，因此，对每项活动应该在什么时候使用多少资源必须做有效估算。

6.4.2 活动资源估算的依据

估算活动资源的输入主要包括进度管理计划、活动清单、活动属性，此外还考虑资源日历、风险登记册、活动成本估算、事业环境因素，以及组织过程资产。其中，进度管理计划确定了资源估算的准确度和所使用的计量单位。活动清单则定义了需要资源的活动。而活动属性则为估算每项活动所需的资源提供了主要输入。

能够影响活动资源估算过程的事业环境因素包括资源的位置、可用性以及技能水平。而组织过程资产方面，能够产生影响的因素则包括人员配备的相关政策和程序。关于租用、购买用品和设备的政策与程序；关于以往项目中类似工作所使用的资源类型的历史信息。

1. 资源日历

资源日历是确定每种具体资源的可用工作日或工作班次的日历。在估算资源需求情况时，需要了解规划活动进行期间内哪些资源（如人力资源、设备和材料）可用、何时可用，以及可用多久。

资源日历需要记录每个项目团队成员在项目上的工作时间段。必须很好地了解每个人的可用性和时间限制（如时区、工作时间、休假时间、当地时间、当地节假日和在其他项目目的工作时间等）才能编制出可靠的进度计划。

2. 风险登记册

风险登记册产生于识别风险的过程。最初的风险登记册包含已经识别的风险清单和潜在应对措施清单。编制风险等级则需要先经过风险定性分析过程，输出的风险登记册需要将识别的风险进行分类和优先级排序；再经过风险定量分析过程，包括量化的应急储备金和时间，以及风险发源的趋势。

风险登记册也是组织过程资产的重要组成部分。风险事件可能影响资源的可用性及对资源的选择，从规划风险应对过程得到的项目文件更新应包含对风险登记册的更新。

3. 活动成本估算

资源的成本可能影响企业对资源的选择。活动成本估算是对完成项目工作可能需要的成本的量化估算，可以是汇总的或详细分列的。成本估算包括直接人工、材料、设备、服务、设施、信息技术及一些特殊的成本种类（如融资成本、通货膨胀、汇率或成本应急储备）。如果间接成本也能包含在项目估算中，则可在活动层次或更高层次上将之列出。

6.4.3　活动资源估计的方法

能够实施项目活动资源估算的方法包括专家判断、备选方案分析、估算数据发布、自下而上估算及项目管理软件估算。

1. 专家判断

在项目中经常需要利用专家判断评价本过程与资源有关的输入。具有资源规划与估算专业的小组或个人可以为项目提供相关的专家判断。

2. 备选方案分析

很多计划活动都可利用多种形式完成，包括利用各种水平的资源能力或技能，各种大小或类型的机器，各种工具（手工操作或自动化工具），以及有关资源自制或购买的决策。备选方案分析是一种对已识别的可选方案进行评估的技术，用来决定选择哪种方案或使用何种方法来执行工作。与备选方案分析对应的是备选方案生成，它是一种用来制定尽可能多的可选方案的技术，目的在于识别执行工作的不同方法。

3. 估算数据发布

有许多企业定期更新并出版不同国家与各国不同地理位置资源的生产率与单价，这些数据涉及门类众多的工种劳动力、材料与设备。

4. 自下而上估算

自下而上估算是一种项目持续时间、成本或资源的估算方法，可通过从下到上逐层汇总 WBS 组件的估算而得到项目估算。如果无法以合理的可信度对活动进行估算，那么应将活动中的工作进一步细化，然后资源需求估算，接着再把这些资源需求汇总起来，得到每个活动的资源需求。活动之间可能存在或不存在会影响资源利用的依赖关系，如果存在，就应该对相应的资源利用方式加以说明，并将之记录在活动资源需求中。

这种方法的缺点在于要保证所有的工作和任务都被考虑到，而且它可能会对每个工作单元有过高估算的倾向，往往导致最后的资源估算无法被接受。但这种方法的优点在于比起高层管理人员，直接参与项目工作的人员更清楚工作所需资源的种类和数量，估算更为精确。

5. 项目管理软件估算

项目管理软件能够协助规划、组织与管理备用资源，并完成资源估算。软件的复杂程度彼此之间相差悬殊，它们不但可被用来确定资源日历，还可以确定资源分解结构、资源的有无与多寡,以及资源单价。

6.4.4 活动资源估计的结果

活动资源估算的输出是活动资源需求、资源分解结构及项目文件更新。

1. 活动资源需求

活动资源需求明确了工作包中每个活动所需的资源类型和数量。把这些需求汇总成每个工作包和每个工作时段的资源估算,资源需求描述的细节数量与具体程度因应用领域而异。每个活动的资源需求文件都应说明每种资源估算的依据,以及为确定资源类型、可用性和所需数量所做的假设。

2. 资源分解结构

资源分解结构(resource breakdown structure,RBS)是根据资源平衡,以及编制资源约束型进度方案所需要的资源类别和类型而对资源进行分类的层级结构,它有助于结合资源使用情况组织与报告工程的进度数据(活动资源估算的输出),可用于识别和分析工程人力资源配备。资源分解结构对项目成本追踪很有用,并可与组织的会计系统对接,可以包含人力资源以外的其他各类资源。

通过 RBS 可以在资源需求细节上制定进度方案,并可以汇总的方式向更高一层汇总资源需求和资源可用性。RBS 是资源依类别和类型的层级展现,是项目成本预算的基础。内部资源应该通过建立的 RBS 在早期的项目方案中分配,这种结构可以应用到这个项目,以及那些使用这些资源的类似的项目,这将有助于资源分配和合理安排项目进度。在项目的早期阶段,RBS 和预算可能不是特别准确,所以,可以利用这种标准化的 RBS 来实现项目预算的持续改良。当有更多的项目信息可以利用时,这种预算就能够很容易地得到分析和改良。

3. 项目文件更新

可能需要更新的项目文件包括活动清单(列出了项目所需的全部进度活动)、活动属性(描述了事件之间的必然顺序或确定的紧前紧后关系)、资源日历(确定了每种具体资源的可用工作日或工作班次)。

6.5 活动历时估算

项目活动时间是一个随机变量,在项目实际进行时其将处于何种环境在事前是不清楚的,所以无法在事前准确地知道活动实际进行所需要的时间,只能进行近似的估算。

活动历时估算是根据资源估算的结果估算完成单项活动所需工作时段数的过程。活动历时估算应该渐进明细,且取决于输入数据的数量和质量。例如,在工程与设计项目中,随着数据越来越详细、越来越准确,历时估算的准确性也会越来越高。

6.5.1 活动历时估算的依据

活动历时估算的依据有进度管理计划、活动清单、活动属性、活动资源需求、项目范围说明书、风险登记册、资源分解结构、事业环境因素及组织过程资产等。

进度管理计划规定了用于活动历时估算的方法和准确度，以及其他标准（如项目更新周期）。活动清单列出了需要进行历时估算的所有活动；活动属性为估算每个活动的历时提供了主要输入；风险登记册提供了风险清单，以及风险分析和应对规划的结果；资源分解结构按照资源类别和资源类型提供了已识别资源的层级结构；事业环境因素包括历时估算数据库和其他参考数据、生产率测量指标、发布的商业信息、团队成员的所在地；组织过程资产包括关于历时的历史信息、项目日历、进度规划方法论、经验教训。

1. 活动资源需求

估算的活动资源需求会对活动历时产生影响。活动资源需求对活动历时的影响体现在以下四点。

（1）项目活动资源数量对项目时间管理的影响。
（2）项目活动资源质量（能力）对项目时间管理的影响。
（3）项目活动资源需求节奏对项目时间管理的影响。
（4）项目活动资源类型对项目时间管理的影响。

增加资源数量、提高资源质量或改变资源类型都可以减少项目活动所需的时间，但这种减少都不是无限度的，也不一定都是有效的。

2. 项目范围说明书

项目范围说明书是项目文档中较重要的文件之一，它进一步并且正式明确了项目所应该产生的成果和项目可交付的特征，并在此基础上进一步明确和规定了项目利益相关者之间希望达成共识的项目范围，为未来项目的决策提供了一个管理基线。

详细的项目范围说明书应包含项目的目标、产品范围描述、可交付物、边界、产品验收标准、约束条件。在活动历时估算时，需要考虑项目范围说明书中所列的这些假设条件和制约因素。

6.5.2 活动历时估算的方法

1. 历时确定时的方法

项目活动历时的估计方式为，首先估算该项活动所需的资源量，然后基于资源量计算该项活动的历时，具体计算如下。

$$P_i = \frac{g_i}{S_i} \tag{6-1}$$

式中，P_i 表示完成活动 i 所需的资源量；g_i 表示活动 i 的工作量；S_i 表示单位资源量在单位时间内所完成的工作量。

$$D_i = \frac{P_i}{N_i \cdot K} \tag{6-2}$$

式中，D_i 表示完成活动 i 的历时；P_i 表示完成活动 i 所需的资源量；N_i 表示当完成活动 i 时单位时间内所能投入的资源量；K 为时间利用系数，该系数可根据有关规定及实际情况确定。

2. 历时不确定时的方法

当项目活动比较确定，即工作量和单位时间投入的资源量比较明确时，通过公式（6-1）和公式（6-2）可以较为准确地估算项目活动时间。但是当项目活动的不确定因素较多时，投入的资源量和活动的工作量难以被确定，此时根据以上公式计算出的活动时间就是不准确的，基于此编制的项目进度计划也是不可靠的。在这种情况下，利用德尔菲（Delphi）法和计划评审技术（PERT）中的三时估计法估算活动时间更为合适。

（1）德尔菲法是采用背对背的通信方式征询专家小组成员的预测意见，经过几轮征询，使专家小组的预测意见趋于集中，最后做出符合市场发展趋势的预测结论。德尔菲法又名专家意见法，其可以依据系统的程序、采用匿名发表意见的方式（即团队成员之间不得互相讨论，不发生横向联系，只能与调查人员发生关系）以反复地填写问卷，集结问卷填写人的共识及搜集各方意见，构造团队沟通流程并应对复杂任务难题。

（2）三时估计法是在进度计划中确定工作历时的一种方法，就是把活动时间分别估算为以下确定活动完成的三种可能时间。

最乐观时间：假设活动所涉及的所有时间均对完成该活动最为有利，则可以给出活动最快完成所需的时间，记为 a。

正常时间：一般情况下完成活动所需的时间，这相当于活动时间随机分布的均值，记为 m。

最悲观时间：假设现实中总是遇到不利因素，使活动的完成被延误，则可以给出该活动在最糟情况下所需的时间，记为 b。

根据随机过程分析，该活动出现各种历时的频率分布曲线如图 6-13 所示。

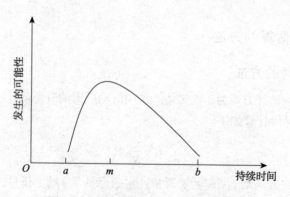

图 6-13　三时估计法的频率分布曲线

在得到这三种估计后,通过概率的方法得到平均值和均方差(即项目活动所需时间)是一个随机变量,当某种活动重复进行时,实际完成时间一般会表现为一种随机分布的形式,取平均时间为活动历时。

完成该项活动的平均历时 d 为

$$\frac{a+4m+b}{6} \tag{6-3}$$

均方差 σ 为

$$\frac{b-a}{6} \tag{6-4}$$

6.5.3 活动历时估算的影响因素

无论采用何种估算方法,项目活动实际所花费的时间和事先估算的结果总是会有所不同,总有一系列因素会对项目各项活动实际完成时间产生影响,主要是下列七种。

(1)突发事件。

(2)人员的熟练程度和工作效率。

(3)人员沟通及其他因素。两个分力在恰当的方向可以获得大几倍的合力,在不恰当的方向就可能内耗至 0。在实际的活动历时估算过程中,还要加上其他一些因素,包括非项目活动消耗的时间、兼职工作影响、人们完成工作时的沟通损失和冲突损失。

(4)活动的细节层次。

(5)有效时间的估算。对工作人员的工作效率进行各种研究,结果表明典型的工作效率为 66%~75%。

(6)工作加班。项目经理和项目管理人员在估算有效工作时间时要充分意识到长时间加班工作的效率会低于正常工作的效率。

(7)工作效率。一个人可能具有较多的精力,但是这种精力的利用率却可能很低,所以估算时需要加以一定的宽放。

由于上述的因素的影响,在进行任何项目活动历时估算(或计划)时都不可能完全符合实际,应包括一项活动所消耗的实际工作时间加上备用时间。

某一简单项目由三个活动 A、B、C 组成,其项目网络结构,以及每项活动对应的三种可能时间如图 6-14 和表 6-4 所示。

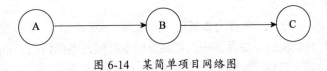

图 6-14 某简单项目网络图

表 6-4 项目各项活动的三种可能时间

活动	最乐观时间/天	正常时间/天	最悲观时间/天
A	15	20	28
B	16	18	30
C	20	24	36

根据三时估计法,各项活动的历时如下所示。

A:(15+4×20+28)/6=20.5(天)
B:(16+4×18+30)/6=19.7(天)
C:(20+4×24+36)/6=25.3(天)

6.6 项目进度计划编制

项目进度计划的编制是通过项目活动定义、活动排序和活动时间估算,在项目资源和其他制约因素的综合考虑前提下确定各个项目活动的起始和完成日期、具体的实施方案和措施,进而制订整个项目的进度计划。

6.6.1 项目进度计划的表示方法

1. 里程碑图

里程碑图用于表示项目中关键事件或节点的时间进度关系,其通过标注重要的时间节点或事件,以及它们之间的关联和依赖关系,展示项目的整体进展和关键里程碑的达成情况。里程碑图帮助项目团队更好地理解和掌控项目的关键节点和时间节点,以便进行有效的规划和控制,确保项目按时完成,里程碑图示例如图 6-15 所示。

里程碑事件	1月15日	2月20日	5月30日	7月1日
产品定义完成	◆			
源程序编码		◆		
子系统测试			◆	
系统联调测试完成				◆

图 6-15 里程碑图

2. 甘特图

甘特图(Gantt chart)又被称为横道图、条状图(bar chart),其通过条状图来显示项目、进度和其他时间相关的系统进展的内在关系随着时间进展的情况,如图 6-16 所示,以提出者亨利·劳伦斯·甘特(Henry Laurence Gantt)的名字命名。

第 6 章 项目进度管理

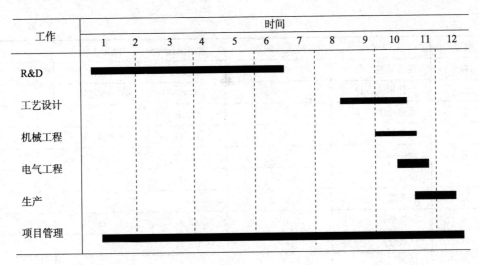

图 6-16 甘特图

甘特图以图示通过活动列表和时间刻度表示出特定项目的顺序与持续时间。以线条图为例，横轴表示时间，纵轴表示项目，线条表示期间计划和实际完成情况，可以直观地表明计划何时进行，进展与要求的对比，便于管理者弄清项目的剩余任务、评估工作进度。

3. 网络图

网络图是以箭线和节点表示各项工作及其流程的有向、有序的网状图形，其按表示方法的不同又分为单代号网络图和双代号网络图，如图 6-8 和图 6-11 所示。

6.6.2 进度计划编制方法

1. 工作清单

工作清单又叫活动清单，其作为工作分解结构的补充，确保了项目所要进行的所有活动，并且排除了超过项目范围的活动。同时，活动清单对每个活动进行了简要说明，从而保证项目团队能够全面、正确地理解，如表 6-5 所示。工作清单是工作排序确定的基础。

表 6-5 工作清单

编号	工作名称	持续时间/月	紧前工作	紧后工作	……
	开始		—	A	
A	可行性研究	1	—	B、C	
B	审批	1.5	A	D、E、F、G、H	
C	任务书设计	0.8	A	D、F、H	
D	改建设计	2	B、C	I	
E	改建筹资	1.5	B	I	
F	设备设计	3	B、C	J	

续表

编号	工作名称	持续时间/月	紧前工作	紧后工作	……
G	设备筹资	2	B	J，K	
H	软件系统设计	1.5	B，C	K	
I	改建施工	6	D，E	L	
J	设备制造	7	F，G	L，M，N	
K	软件编程	4	G，H	N	
L	设备安装	1.5	I，J	O	
M	职工培训	1	J	—	
N	软件调试	1	J，K	O	
O	试运行	1	L，N	—	
P	投产			—	

2. 项目描述

项目的特性通常会影响到工作排序的确定，因此，在工作排序的确定过程中更应明确项目的特性。

3. 强制性逻辑关系的确定

强制性逻辑关系的确定是工作排序的基础。逻辑关系是工作之间所存在的内在关系，通常是不可调整的，一般主要受技术方面的限制，因此确定起来较为明确，通常由技术人员同管理人员的交流就可完成。

4. 组织关系的确定

对无逻辑关系的项目工作，由于其工作排序具有随意性，故将直接影响项目计划的总体水平。

5. 外部制约关系的确定

外部制约关系在项目工作和非项目工作之间通常会存在一定的影响。

6. 实施过程中的限制和假设

为了制订良好的项目计划，必须考虑项目实施过程中可能受到的各种限制，同时应考虑项目计划制订所依赖的假设和条件。

6.6.3 网络图的绘制

1. 网络图的绘制规则

网络图是网络进度计划的基础和核心，要正确绘制网络图，除保证各工作间逻辑关系的正确外，还必须遵循以下规则。

（1）网络图中不允许出现无头箭线和双头箭线。

（2）网络图中不允许出现循环回路。

（3）网络图中不允许出现无节点的箭线。

（4）网络图中只允许有一个起点节点和一个终点节点。

（5）网络图中应尽量避免出现交叉箭线。

2. 网络图的节点编号

在绘制完正确表达各工作之间逻辑关系的网络图后，还必须为网络图中的节点编号，节点编号应遵循以下两条规则。

（1）每根箭线箭头节点的编号（j）必须大于其箭尾节点的编号（i），即 $i<j$。

（2）同一网络图中的所有节点不得出现重复编号。为了避免在网络图中增减工作而必须改动全部节点编号，在编号时可采用不连续编号方法，这样可以预留出一些备用编号以供网络图调整改正。

3. 网络计划的时间参数

网络计划需要进行计算的工作时间参数如下。

1）工作最早开始时间（ES）

工作最早开始时间指各紧前工作全部完成以后，本工作有可能开始的最早时刻。工作 $i-j$ 的最早开始时间可用 ES_{i-j} 表示。工作最早开始时间等于其各个紧前工作的最早开始时间加上该紧前工作持续时间所得之和中的最大值，即

$$\text{ES}_{i-j} = \max[\text{ES}_{h-i} + D_{h-i}] \tag{6-5}$$

式中，ES_{i-j} 表示工作 $i-j$ 的最早开始时间；ES_{h-i} 表示工作 $i-j$ 的紧前工作 $h-i$ 的最早开始时间；D_{h-i} 表示工作 $i-j$ 的紧前工作 $h-i$ 的持续时间。

以网络计划的起点节点为开始节点的工作，其工作最早开始时间为 0。以网络计划终点节点 n 为完成节点的各工作，其最早开始时间与该工作的持续时间之和的最大值为网络计划的计算工期，即

$$T_c = \max[\text{ES}_{m-n} + D_{m-n}] \tag{6-6}$$

式中，T_c 表示网络计划的计算工期；ES_{m-n} 表示以网络计划的终点节点 n 为完成节点的工作的最早开始时间；D_{m-n} 表示以网络计划的终点节点 n 为完成节点的工作的持续时间。

2）工作最早完成时间（EF）

工作最早完成时间指各紧前工作全部完成后完成本工作的最早可能时刻。工作 $i-j$ 的最早结束时间可用 EF_{i-j} 表示。工作最早完成时间等于本工作的最早开始时间加上本工作的持续时间，即

$$\text{EF}_{i-j} = \text{ES}_{i-j} + D_{i-j} \tag{6-7}$$

式中，EF_{i-j} 表示工作 $i-j$ 的最早完成时间；ES_{i-j} 表示工作 $i-j$ 的最早开始时间；D_{i-j} 表示工作 $i-j$ 的持续时间。

3）工作最迟开始时间（LS）

工作最迟开始时间指在不影响整个项目按期完成的条件下，本工作最迟必须开始的时刻。工作$i-j$的最迟开始时间可用LS_{i-j}表示。最迟开始时间等于其紧后工作的最迟开始时间减去本工作持续时间所得之差的最小值，即

$$LS_{i-j} = \min[LS_{j-k} - D_{i-j}] \tag{6-8}$$

式中，LS_{i-j}表示工作$i-j$的最迟开始时间；LS_{j-k}表示工作$i-j$的紧后工作$j-k$的最迟开始时间；D_{i-j}表示工作$i-j$的持续时间。

以网络计划的终点节点为完成节点的各项工作，其最迟开始时间等于网络计划的计划工期减去该工作的持续时间，即

$$LS_{m-n} = T_p - D_{m-n} \tag{6-9}$$

式中，LS_{m-n}表示以网络计划的终点节点n为完成节点的工作$m-n$的最迟开始时间；D_{m-n}表示以网络计划的终点节点n为完成节点的工作$m-n$的持续时间；T_p表示网络计划的计划工期。在项目已经规定了工期T_r时，$T_p = T_r$；在未规定完成工期时，$T_p = T_c$。T_c为网络计划的计算工期。

4）工作最迟完成时间（LF）

工作最迟完成时间指在不影响整个项目按期完成的条件下，本工作最迟必须完成的时刻。工作$i-j$的最迟结束时间可用LF_{i-j}表示，最迟完成时间等于工作最迟开始时间加本工作持续时间，即

$$LF_{i-j} = LS_{i-j} + D_{i-j} \tag{6-10}$$

式中，LF_{i-j}表示工作$i-j$的最迟完成时间；LS_{i-j}表示工作$i-j$的最迟开始时间；D_{i-j}表示工作$i-j$的持续时间。

5）工作的总时差（TF）

工作的总时差指在不影响整个项目完成总工期的前提下某工作所具有的机动时间。工作$i-j$的总时差可用TF_{i-j}表示，工作的总时差等于本工作最迟开始时间减去本工作的最早开始时间，即

$$TF_{i-j} = LS_{i-j} - ES_{i-j} \tag{6-11}$$

式中，TF_{i-j}表示工作$i-j$的总时差；LS_{i-j}表示工作$i-j$的最迟开始时间；ES_{i-j}表示工作$i-j$的最早开始时间。

6）工作的自由时差（FF）

工作的自由时差指在不影响紧后工作最早开始时间的前提下，本工作所具有的机动时间。工作$i-j$的自由时差可用FF_{i-j}表示，工作的自由时差等于各紧后工作的最早开始时间分别减去本工作的最早完成时间之差的最小值，即

$$FF_{i-j} = \min[ES_{j-k} - EF_{i-j}] \tag{6-12}$$

式中，FF_{i-j}表示工作$i-j$的自由时差；ES_{j-k}表示工作$i-j$的紧后工作$j-k$的最早

开始时间；EF_{i-j} 表示工作 $i-j$ 的最早完成时间。

4. 网络计划时间的计算步骤

（1）确定网络计划的计划工期 T_p。

（2）以网络计划起点节点为开始节点的工作，其最早开始时间为 0，按照箭线方向可以依次计算各项工作的最早开始时间和最早完成时间。

（3）从网络计划的终点节点开始逆着箭线方向可以依次计算各项工作的最迟完成时间和最迟开始时间。

（4）计算各项工作的总时差。

（5）计算各项工作的自由时差。

（6）确定网络计划的关键线路。

计算结果应如图 6-17 和图 6-18 所示，可以将各参数按照规定标至网络图。

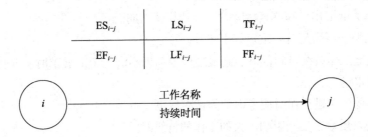

图 6-17 双代号网络计划的时间参数标注方法

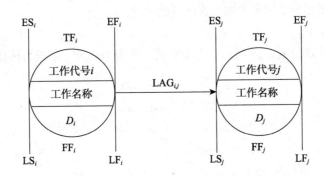

图 6-18 单代号网络计划的时间参数标注方法

5. 关键工作与关键路径

在网络计划中，总时差最小的工作被称为关键工作，因为这些工作一旦拖期就会影响网络计划总工期目标的完成，它们对进度计划的实施起着关键作用。

在网络计划中，自始至终全部由关键工作组成的路径或路径上总的工作持续时间最长的路径叫关键路径。一个网络计划中至少应有一条关键路径，也可能有多条关键路径。为易于识别、以利管理，通常可以采用双箭线或粗箭线将关键路径标出。

6.7　项目网络计划优化

网络计划优化指在满足既定约束条件下，按某一目标不断改善网络计划，寻找最优方案。项目网络计划优化的目标主要有工期优化、资源优化及费用优化，具体优化目标应按项目的计划需要和条件选定。本节将针对这三个目标分别讲解优化过程与案例。

6.7.1　工期优化

工期优化有以下六步。
（1）计算工期并找出关键线路及关键工作。
（2）按要求工期计算应缩短的时间。
（3）确定各关键工作能缩短的持续时间。
（4）选择关键工作，调整其持续时间，计算新工期。
（5）当工期仍不满足时，重复以上步骤。
（6）在关键工作持续时间都已达到最短极限却仍不满足工期要求时，应调整方案或对要求工期重新审定。

选择被压缩的关键工作时应考虑的因素有以下三点。
（1）缩短对质量、安全影响不大的工作的持续时间。
（2）缩短有充足备用资源的工作的持续时间。
（3）缩短所需增加费用最少的工作的持续时间。

优化示例一如下。
某项目网络计划如图 6-19 所示，若要求其工期为 100 天，请进行优化。

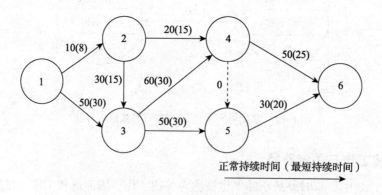

图 6-19　某项目网络计划图

（1）计算并找出关键路线及关键工作，如图 6-20 所示。

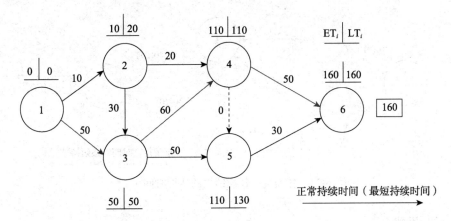

图 6-20 关键路线及关键工作

（2）按要求工期计算应缩短的时间。
$$160 - 100 = 60 \text{ 天}$$
（3）确定各关键工作能缩短的持续时间，如图 6-21~图 6-23 所示。

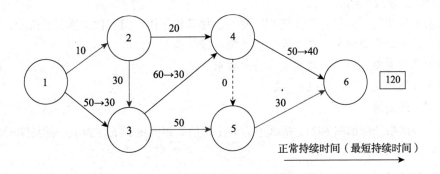

图 6-21 各关键工作能缩短的持续时间（1）

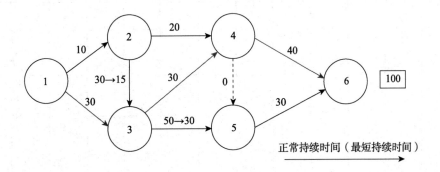

图 6-22 各关键工作能缩短的持续时间（2）

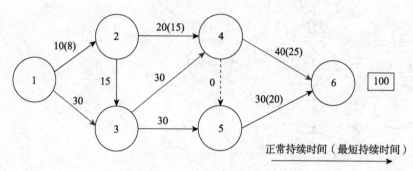

图 6-23 各关键工作能缩短的持续时间（3）

6.7.2 资源优化

资源优化有两种类型，一种是资源有限，使工期最短，另一种是工期固定的情况下均衡资源，以下将分别对两种情况做出解释与梳理。

1. 资源有限——工期最短优化步骤

（1）网络计划某些时段的资源用量超过供应限量时，需要优化资源，即延长某些工作的持续时间，导致工期增加。

（2）若所缺资源为平行工作使用，则可后移某些工作，但应使工期延长最短。

（3）若所缺资源仅为一项工作使用，则可延长该工作持续时间。

（4）重复调整、计算，直到资源符合要求。

（5）计算公式：$\Delta T_{m,n} = EF_m - LS_n$

优化示例如下。

某工程网络计划如图 6-24，箭线上方为工作的资源强度，下方为工作的持续时间，假定资源限量 $R_a=12$。

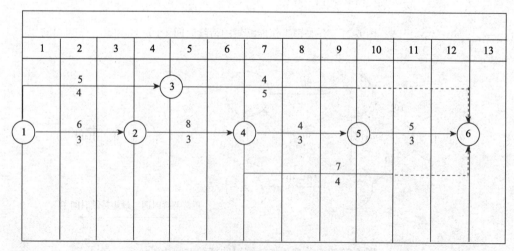

图 6-24 某工程网络计划

（1）计算并绘制资源需用量的动态曲线，如图 6-25 所示。

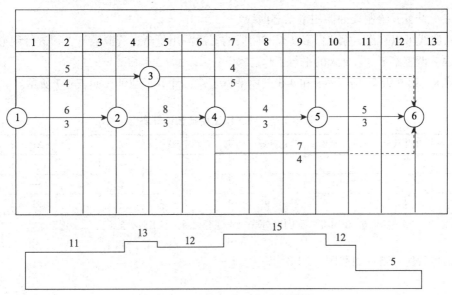

图 6-25 资源需用量的动态曲线

从曲线可知,第 4 天和第 7~9 天的资源需用量超过资源限量,须调整。

(2)调整第 4 天的平行工作。

第 4 天有 1-3 和 2-4 两项平行工作,计算工期延长,如表 6-6 所示。

表 6-6 三项工作工期延长计算表

工作序号	工作代号	最早完成时间(天)	最迟开始时间(天)	$\Delta T_{1,2}$	$\Delta T_{2,1}$
1	1-3	4	3	1	—
2	2-4	6	3	—	3

注:$\Delta T_{1,2}$ 最小,说明将 2 号工作安排在 1 号工作之后进行时工期延长最短,只延长 1 天。

调整后的网络计划如图 6-26 所示。

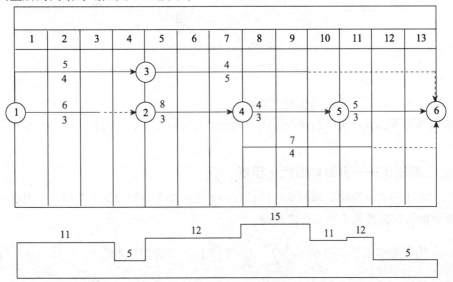

图 6-26 调整后的网络计划

（3）计算并绘制资源需用量动态曲线。

从曲线可以看出，第8、第9天时间段的资源需用量超过资源限量，须进行调整。

（4）调整第8、第9天的平行工作。

第8、第9天有3-6、4-5和4-6三项平行工作，计算工期延长如表6-7所示。

表6-7 三项工作工期延长计算表

工作序号	工作代号	最早完成时间	最迟开始时间	$\Delta T_{1,2}$	$\Delta T_{1,3}$	$\Delta T_{2,1}$	$\Delta T_{2,3}$	$\Delta T_{3,1}$	$\Delta T_{3,2}$
1	3-6	9	8	2	0	—	—	—	—
2	4-5	10	7	—	—	2	1	—	—
3	4-6	11	9	—	—	—	—	3	4

注：$\Delta T_{1,3}$最小，为0，说明将3号工作安排在1号工作之后进行工期不会延长。

调整后的网络计划如图6-27所示。

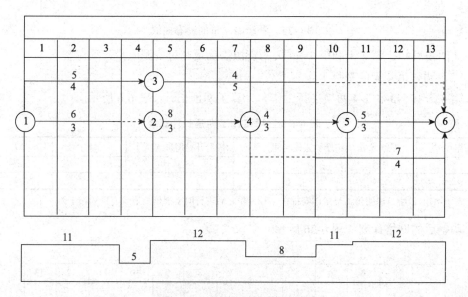

图6-27 调整后的网络计划

（5）计算并绘制资源需用量动态曲线。

从曲线可看出整个工期的资源需用量均未超过资源限量，已为最优方案，最短工期为13天。

2. 工期固定——资源均衡优化步骤

（1）上述网络计划的资源用量虽然没有超过供应限量，但分布不均衡，如出现短时间的高峰或低谷则需要优化资源使之均衡。

（2）用资源需求量方差 $\sigma^2 = \dfrac{1}{T}\sum_{i=1}^{T}(R_i - R_m)^2$ 描述资源的均衡性。

（3）要保持工期固定，只能调整有时差的非关键工作，即左移或右移某些工作。

（4）多次调整，直至所有工作不能再被移动。

（5）左移或右移一项工作是否使资源更加均衡应按以下方法判断。

设 k 工作从 i 时间单位开始，j 时间单位完成，资源强度为 r_k，R_i 为 i 时间单位的资源用量。

k 工作右移一个时间单位能使资源均衡的判据如下。

$$R_{j+1} + r_k \leqslant R_i \tag{6-13}$$

k 工作左移一个时间单位能使资源均衡的判据如下。

$$R_{i-1} + r_k \leqslant R_j \tag{6-14}$$

优化示例如下。

某工程网络计划如图 6-28 所示，箭线上方为工作的资源强度，下方为持续时间。试进行"工期固定，资源均衡优化"。

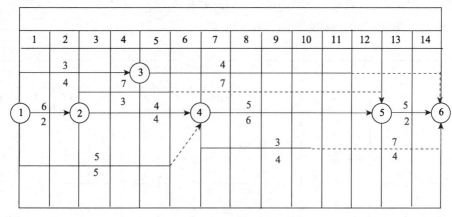

图 6-28 某工程网络计划图

（1）计算并绘制资源需用量动态曲线，如图 6-29 所示。

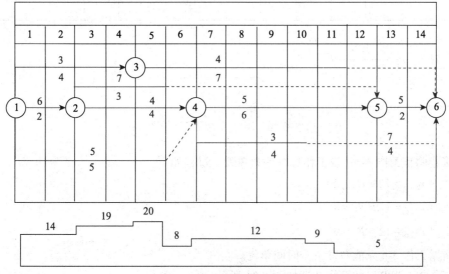

图 6-29 资源需用量动态曲线

工期 14 天，资源需用量平均值如下。

$R_m = (2×14 + 2×19 + 20 + 8 + 4×12 + 9 + 3×5)/14 = 11.86$

（2）对节点 6 未完成节点的工作进行调整。

以终点节点 6 为完成节点的非关键工作有工作 3-6 和 4-6，先调整开始时间晚的工作 4-6。

根据右移工作判别式：$R_{j+1} + r_k \leq R_i$

$R_{11} + r_{4-6} = 12 = R_7 = 12$

$R_{12} + r_{4-6} = 8 < R_8 = 12$

$R_{13} + r_{4-6} = 8 < R_9 = 12$

$R_{14} + r_{4-6} = 8 < R_{10} = 12$

所以工作 4-6 可以右移 4 个时间单位，总时差有效用完。

工作 4-6 调整后的网络计划如图 6-30 所示。

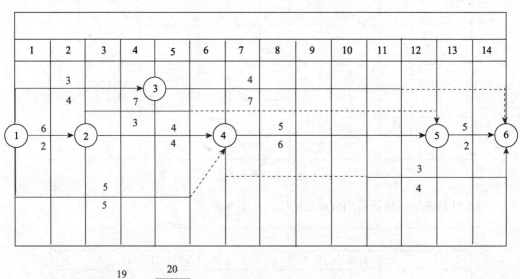

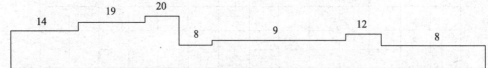

图 6-30　调整后的网络计划图

接着调整工作 3-6，该工作总时差为 3 天，过程如下。

$R_{12} + r_{3-6} = 12 < R_5 = 20$

$R_{13} + r_{3-6} = 12 > R_6 = 8$

$R_{14} + r_{3-6} = 12 > R_7 = 9$

所以工作 3-6 只能右移一个时间单位。

工作 3-6 调整后的网络计划如图 6-31 所示。

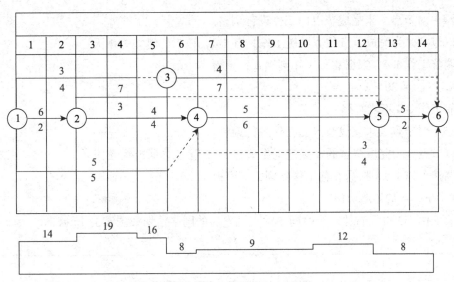

图 6-31 调整后的网络计划图

（3）对节点 5 未完成节点的工作进行调整。

以节点 5 为完成节点的非关键工作只有 2-5，该工作时差为 7 天。

调整工作 2-5，根据右移工作判别式可得

$R_6 + r_{2-5} = 15 < R_3 = 19$

$R_7 + r_{2-5} = 16 < R_4 = 19$

$R_8 + r_{2-5} = 16 = R_5 = 16$

$R_9 + r_{2-5} = 16 > R_6 = 8$

所以工作 2-5 可以右移三个时间单位，调整后的网络计划如图 6-32 所示。

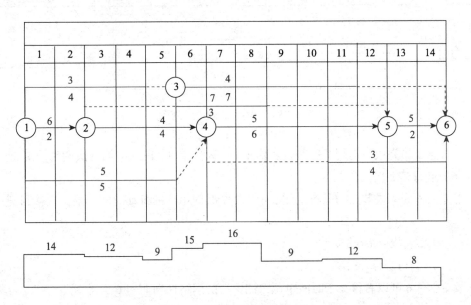

图 6-32 调整后的网络计划图

（4）对节点 4 未完成节点的工作进行调整。

以节点 4 为完成节点的非关键工作只有 1-4，该工作时差为 1 天。

调整工作 1-4，根据右移工作判别式，可得

$R_6 + r_{1-4} = 20 > R_1 = 14$

故工作 1-4 不能右移。

（5）对节点 3 未完成节点的工作进行调整。

以节点 3 为完成节点的非关键工作只有 1-3，该工作时差为 1 天。

调整工作 1-3，根据右移工作判别式，可得

$R_5 + r_{1-3} = 12 < R_1 = 14$

故工作 1-3 可以右移一个时间单位，调整后的网络计划如图 6-33 所示。

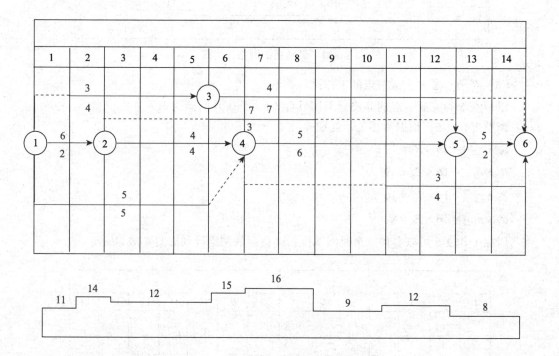

图 6-33 调整后的网络计划图

以节点 2 为完成节点的只有关键工作 1-2，不能移动，因此，第一次调整结束。

（6）进行第 2 次调整。

以节点 6 为完成节点的只有工作 3-6 有 2 个时间单位的机动时间，根据右移判别式，可得

$R_{13} + r_{3-6} = 12 < R_6 = 15$

$R_{14} + r_{3-6} = 12 < R_7 = 16$

故工作 3-6 可以右移 2 个时间单位，调整后的网络计划如图 6-34 所示。

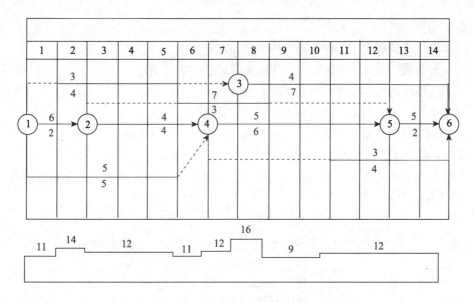

图 6-34 调整后的网络计划图

由图 6-34 可知,所有工作左移或右移均不能使资源需用量更加均衡,因此该方案即为最优方案。

(7) 比较优化前后的方差值。

初始方案方差值:$\sigma^2 = \dfrac{1}{14}\sum\limits_{i=1}^{14}(R_i - R_m)^2 = 2434$

优化方案方差值:$\sigma^2 = \dfrac{1}{14}\sum\limits_{i=1}^{14}(R_i - R_m)^2 = 277$

方差降低率:(2434 − 277)/2434×100% = 88.62%

6.7.3 费用优化

项目总成本=直接费+间接费,工期与费用关系如图 6-35 所示。

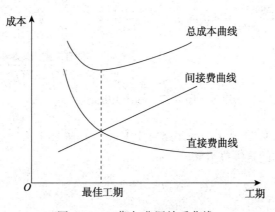

图 6-35 工期与费用关系曲线

费用优化步骤有以下 5 步。

（1）选用直接费用率低的关键工作为压缩对象。
（2）多条关键线路应压缩组合直接费用率最小的关键工作。
（3）压缩时间时应考虑间接费用减少的费用。
（4）缩短时间的关键工作不能变成非关键工作。
（5）最小组合直接费用率大于间接费用率说明已不能再优化。

优化示例如下。

某项目网络计划如图 6-36 所示，该项目间接费用率为 0.8 万元/天，试对其进行费用优化。（单位：万元/天）

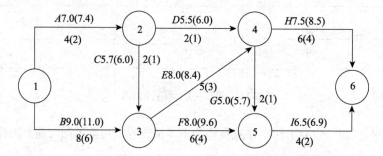

图 6-36 某项目网络计划图

（1）计算工期、找到关键路径，如图 6-37 所示。

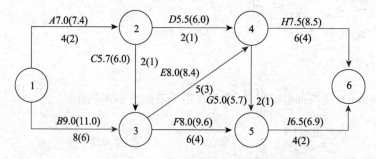

图 6-37 标注关键路径

正常时间下，工期为 19 天，关键路径为 1—3—4—6 和 1—3—4—5—6 两条。
（2）计算各工作的直接费用率。

$\Delta C_{1-2} = \dfrac{7.4 - 7.0}{4 - 2} = 0.2$ 　　$\Delta C_{1-3} = 1.0$ 　　$\Delta C_{2-3} = 0.3$

$\Delta C_{2-4} = 0.5$ 　　　　　　　$\Delta C_{3-4} = 0.2$ 　　$\Delta C_{3-5} = 0.8$

$\Delta C_{4-5} = 0.7$ $\qquad \Delta C_{4-6} = 0.5 \qquad \Delta C_{5-6} = 0.2$

直接费用和：$C_d = 62.2$

间接费用和：$C_i = 19 \times 0.8 = 15.2$

工程总费用：$62.2 + 15.2 = 77.4$

（3）压缩费用，如图6-38所示。

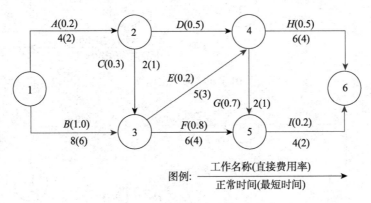

图6-38 压缩费用

压缩方案有4种：B、E、$G+H$、$H+I$，对应的直接费用率为1.0、0.2、1.2、0.7万元/天。工作E直接费用率最小，选工作E作为压缩对象，压缩至最短时间3天，变为非关键工作，因此压缩至时间4天，保持为非关键工作，如图6-39所示。

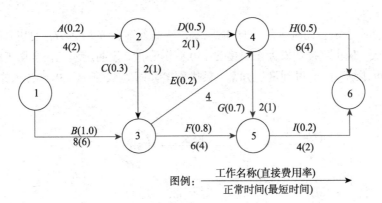

图6-39 压缩方案

（4）第二次压缩（3条关键路径）。压缩方案有B、$E+F$、$E+I$、$F+G+H$、$H+I$，对应的直接费用率为1、0.4、2、0.7万元/天。直接费用率最低的为工作$E+I$，所以压缩E、I各1天，此时E已经达到最短时间。关键路径变成2条，G变为非关键活动，如图6-40所示。

（5）第三次压缩。压缩方案有B、$F+H$、$H+I$，对应的直接费用率为1、1.3、0.7万元/天，所以同时压缩H和I，此时I已达到最短时间，如图6-41所示。

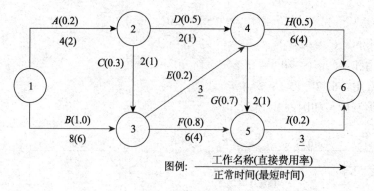

图 6-40　第二次压缩

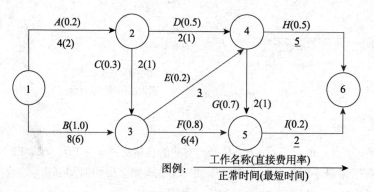

图 6-41　第三次压缩

（6）第四次压缩。此时 E、I 均不能压缩，压缩方案有 B、$F+H$，对应直接费用率为 1、1.3 万元/天，最小直接费率大于间接费率 0.8 万元/天，说明压缩工作会使工程总费用增加，不需要再压缩，已经得到最优方案。最优方案如图 6-42 所示，标示各工作持续时间、直接费。

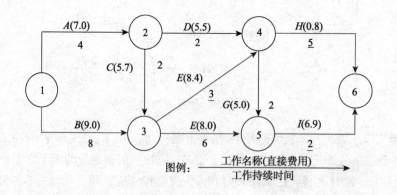

图 6-42　第四次压缩

（7）计算优化后的项目总费用。

直接费和：$7.0 + 9.0 + 5.7 + 5.5 + 8.4 + 8.0 + 5.0 + 8.0 + 6.9 = 63.5$

间接费和：$0.8 \times 16 = 12.8$

项目总费用：$63.5+12.8 = 76.3$

6.8 项目进度控制

在项目进度管理时，制订科学合理的项目进度计划只是为项目进度的科学管理提供了可靠的前提和依据，但并不意味着项目进度的管理不会再出现问题。在项目实施过程中，外部环境和各种条件的变化往往会使实际进度与计划进度发生偏差，如不能及时发现这些偏差并加以纠正，那么项目进度管理目标的实现就会受到影响。因此，对项目进度进行控制十分必要。

6.8.1 项目进度控制概述

三峡工程是一项非常复杂的系统工程，是一个具有防洪、发电、航运等综合效益的巨型水利枢纽工程，此工程的施工任务分为三个阶段，全部工期为 17 年。我国的基建速度一直令人震惊，这背后离不开有效的进度管理。在紧急时刻，我国利用极为有限的时间和空间 10 天便完成了在正常情况下需要 2 年才能完成的医院建设，这被称为"中国第一速度"。进度管理能够有效提升工程项目的施工质量与效率，有效控制整个项目的施工进度和施工成本，在项目管理中发挥着重要的作用。俗话说"凡事预则立，不预则废"。要做一件事，一定要先制订切实可行的计划，然后再付诸行动。时间是一种特殊的资源，人生也需要进行进度管理，高效分配时间才能在有限的人生中发挥更大的价值。

进度控制管理是采用科学的方法确定进度目标、编制进度计划与资源供应计划、进行进度控制，在与质量、费用、安全目标协调的基础上实现工期目标。由于进度计划实施过程目标明确而资源有限、不确定因素多、干扰因素多，这些因素有客观的、主观的，主客观条件不断变化、计划也随之改变，因此，在项目实施过程中必须不断掌握计划的实施状况，并将实际情况与计划进行对比分析，必要时采取有效措施，使项目进度按预定的目标进行、确保目标实现。进度控制管理是动态的、全过程的管理，其主要方法是规划、控制、协调。

1. 项目进度控制的目标

要有效控制项目实施的进度，不仅需要确立明确的进度总目标，还需要有具体的分目标，构成一个有机的进度目标系统。这些分目标相对独立而又相互制约，能使各项目实施单位及项目各实施阶段的目标都十分明确。项目进度分目标可根据不同要求设立，一般有以下四种类型。

1）按项目实施阶段设立分目标

根据项目特点可把项目分为若干实施阶段，每个实施阶段又可根据各自特点再分成下一层次的相关阶段。每个阶段都可以设立相应的进度控制目标，由此形成按实施阶段设立的项目进度目标系统。

2）按项目所包含的子项目设立分目标

一个大的项目总是由许多子项目构成的，因此可以依据项目总进度计划的要求，确立各子项目的进度目标。

3）按项目实施单位设立分目标

项目通常需要由不同的单位共同完成，在项目实施过程中，各单位的工作总是相互衔接的，每个单位的工作进度对项目总进度都会有影响。因此，可以按照项目实施单位设立其进度目标要求，以保证各单位之间工作的顺利衔接与配合，使项目顺利完成。

4）按时间段设立分目标

为便于监督检查，可以按照项目进度计划的总目标将项目实施进度计划分解成逐年、逐季、逐月的进度计划。

2. 项目进度控制的过程

为适应项目实施过程中的进度变化，建立一套合理的进度控制系统十分必要，其中，健全的进度报告制度和动态的进度监测系统能保证实际进度资料的收集，科学的数据资料分析和进度调整系统能保证调整措施的科学性与准确性。进度控制中项目监控与调整的运行过程如图 6-43 所示。

6.8.2　项目进度控制方法与措施

进度控制的方法主要包括行政方法、经济方法和管理技术方法。

（1）行政方法。通过发布进度指令进行指导、协调、考核。利用激励手段（奖励、惩罚、表扬、批评）、监督、督促等方式进行进度控制。使用行政方法进行进度控制的优点是直接、迅速有效，但要提倡科学性，防止主观、武断、片面地指挥。

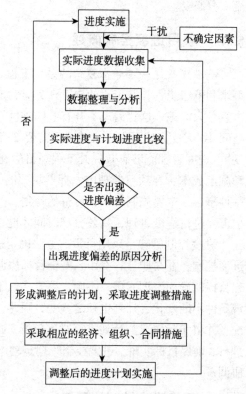

图 6-43　项目进度控制运行过程

（2）经济方法。进度控制的经济方法指用经济类手段对进度进行控制，主要有以下几种：通过对投资的投放速度控制工程项目的实施进度；在承发包合同中写明有关工期和进度的条款；通过招标的优惠条件鼓励承包商加快进度；通过工期提前奖励和延期罚款实施进度控制，通过物资的供应进行进度控制等。

（3）管理技术方法。进度控制的管理技术方法主要包括规划、控制和协调等管理职能手段，因此，首先应确定并编制项目的总进度计划和分进度计划；其次，在项目进展的全过程进行计划进度与实际进度的比较，发现偏离则及时采取措施进行纠正，同时协调参加单位之间的关系。

在通过检查收集到项目实际进度的有关数据资料后，应立即进行整理、统计和分析，得出实际完成工作量的百分比和当前项目实际进展，并与计划进度的相关数据进行对比控制，常用的控制方法有以下六种。

（1）横道图比较法。横道图比较法指将在项目实施中检查实际进度收集的信息，经整理后直接用横道线并列标于原计划的横道线处进行直观比较的方法。

（2）S曲线比较法。S曲线比较法是以横坐标表示时间，纵坐标表示累计完成任务量，绘制一条按计划时间累计完成任务量的S曲线，然后将工程项目实施过程中各检查时间实际累计完成任务量的S曲线也绘制在同一坐标系，进行实际进度与计划进度比较的一种方法。从整个工程项目实际进展全过程看，单位时间投入的资源量一般是开始和结束时较少，中间阶段较多。与其相对应，单位时间完成的任务量也呈同样的变化规律，而随工程进展累计完成的任务量则应呈 S 形变化。由于其形似英文字母 S，故因此而得名 S 曲线。

（3）"香蕉"曲线比较法。"香蕉"曲线比较法是工程项目施工进度控制的方法之一，其由两条以同一开始时间、同一结束时间的 S 曲线组合而成。其中，一条 S 曲线是按最早开始时间安排进度所绘制的 S 曲线，简称 ES 曲线；而另一条 S 曲线则是按最迟开始时间安排进度所绘制的 S 曲线，简称 LS 曲线。除了项目的开始和结束点外，ES 曲线在 LS 曲线的上方，同一时刻两条曲线所对应完成的工作量是不同的。在项目实施过程中，理想的状况是任一时刻的实际进度 R 始终位于这两条曲线所包区域内，如图 6-44 所示。

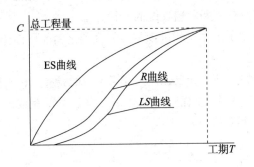

图 6-44 "香蕉"曲线示意图

（4）"香蕉"曲线与 S 曲线综合比较法。"香蕉"曲线与 S 曲线综合比较法是在绘制计划的"香蕉"曲线时，也绘制出每项工作按最早开始时间安排进度计划的 S 曲线，为了使其与施工项目的 S 曲线区分开，这里称其为小 S 曲线，用 ES_i 表示，其中 i 为工作的编号，$1 \leq i \leq n$，n 为整个计划的工作数目。当实际进度与计划进度比较时，除了在"香蕉"曲线的平面上描出整个施工项目的实际进度点外，同时在有关工作的小 S 曲线平面上描出该工作的实际进度点。用"香蕉"曲线比较施工项目的实际进度与计划进度状况，同时，用小 S 曲线比较被检查有关工作的实际进度与计划进度的偏差时间和任务量数值，从而为调整进度计划提供具体信息。本文将此方法称为"香蕉"曲线与 S 曲线综合比较法。

（5）垂直图比较法。垂直图以纵轴映射施工时间，横轴对应里程，能够清晰地描绘各分部分项工程（或工序）的施工进度。例如，反映各专业施工队之间的相互关系、施工节奏和施工速度，则从图中可以直接找到任何一天各施工队的施工地和应完成的工程数量。

某基础工程流水施工的垂直图表示法如图 6-45 所示。图中的横坐标表示流水施工的持续时间；纵坐标表示流水施工所处的空间位置，即施工段的编号。n 条斜向线段表示 n 个施工过程或专业工作队的施工进度。

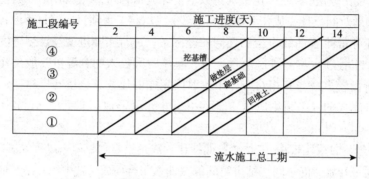

图 6-45　某基础工程流水施工的垂直图表示法

（6）前锋线法。所谓前锋线指在原时标网络计划中，从检查时刻的时标点出发，用点画线依此将各项工作实际进展位置点连接而成的折线。前锋线比较法就是通过实际进度前锋线与原进度计划中各工作箭线交点的位置判断工作实际进度与计划进度的偏差，进而判定该偏差对后续工作及总工期影响程度的一种方法。

前锋线比较法既适用于工作实际进度与计划进度之间的局部比较，又可用来分析和预测工程项目整体进度状况。

例如，某分部工程施工网络计划，在第 4 天下班时检查，C 工作完成了该工作 33%的工作量，D 工作完成了该工作 25%的工作量，E 工作已全部完成该工作的工作量，则实际进度前锋线如图 6-46 所示。

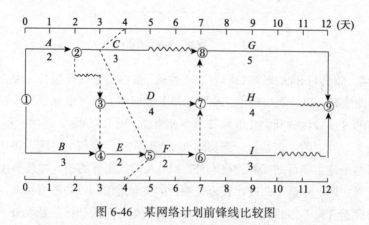

图 6-46　某网络计划前锋线比较图

通过比较可以看出：C 工作实际进度拖后 1 天，其总时差和自由时差均为 2 天，既不影响总工期，也不影响其后续工作的正常进行；D 工作实际进度与计划进度相同，对总工期和后续工作均无影响；E 工作实际进度提前 1 天，将使其后续工作 F、I、H、G 的最早开始时间提前 1 天，G 工作在关键线路上，将使总工期提前 1 天。综上所述，该检查时刻各工作的实际进度对总工期无影响，将使工作 F、I 的最早开始时间提前 1 天。

进度控制措施包括组织措施、技术措施、合同措施、经济措施和信息管理措施等。

（1）组织措施。落实项目经理部中进度控制部门的人员具体控制任务和管理职责分工；确定进度协调工作制度（包括协调会议举行的时间，协调会议的参加人员等）；对影响进度目标实现的干扰和风险因素进行分析。

（2）技术措施。采用可行的技术方案或方法加快设计或施工进度。

（3）合同措施。分段发包、提前施工，以及各合同的合同期与进度计划的协调等。

（4）经济措施。通过拨付设计费或工程进度款来推进设计或施工进度，对提前完成工作的单位给予经济手段奖励来确保施工进度。

（5）信息管理措施。进行项目分解并建立编码体系，将计划进度与实际进度进行动态比较，定期地向业主提供比较报告。

6.8.3 项目进度计划的调整

当项目实际进度偏离计划进度，并对项目进度计划的总目标或后续工作产生影响时，就必须根据项目实施的现有条件对项目进度计划加以调整，以保证进度目标的实现。进度计划的调整方法主要有两种：改变相关工作之间的逻辑关系及改变相关工作的持续时间。

1. 改变相关工作之间的逻辑关系

各工作间的逻辑关系与项目作业方式有关，常见的作业方式有依次作业、平行作业和流水作业等。其中，依次作业所需时间最长，平行作业的时间最短。因此，想要缩短项目某个阶段的工期，可以调整这一阶段工作的作业方法（即改变各工作之间的逻辑关系）。

这种调整方法下各工作间所需资源总量和工作持续时间并无变化，只是各工作的时间安排有所改变，因此将会导致资源分布发生变化。该方法可能导致各工作之间的搭接关系也变得复杂，对项目实施的组织协调能力要求较高。同时，当原进度计划安排已充分考虑了各工作的合理搭配，其作业方式已接近最短工期时，那么这种方法的作用将受到限制。

2. 改变相关工作的持续时间

在对进度计划进行调整时，还可以通过增加关键路径上关键工作的资源量，从而缩短其持续时间的方法来达到缩短进度计划总工期的目的。该方法并不会改变工作间的逻辑关系，只是改变资源强度，具体调整方法如下。

1）超期时间超过自由时差但未超总时差

当一项工作的超期时间没有超过自由时差时，这种超期对后续工作进度没有影响，因此无须对计划做出调整。当一项工作超期时间已经超过自由时差时，这种超期将会对后续工作产生影响。

然而，若超期的时间尚未超过总时差，其后续工作还有相应的自由时差来弥补这段超出来的时间，那么它对进度计划的总工期并无影响，此时的调整方法有两种：一是当后续工作的晚开始并不会带来很大损失，成本费用并不会因此增加太多时，只需要调整后续工作的开始时间和结束时间，利用后续工作的自由时差补偿这一拖延；二是后续工作的晚开始会带来一系列问题与损失，如人力、机械窝工浪费及合同纠纷问题，在这种情况下，必须采取合理的调整方案，将其对后续工作的影响降到最低水平，减少因此带来的损失。

2）超期时间超过总时差

当一项工作的超期时间超过其总时差时，就一定会对后续工作及进度计划产生影响，需要及时调整进度计划。具体的调整方案是先确定要求工期，然后通过压缩关键工作的持续时间实现工期优化的目标，从而保证进度计划目标的实现。

此外，在项目进度计划实施过程中，也可能出现某项工作进度超前的情况，如这项工作超前完成对后续工作的协调不会带来什么影响，则无须对其进行调整。但当该工作提前完成会打乱对材料、设备、人力、资金等资源的合理安排，造成协调工作的困难和项目实施费用的增加时，就应通过减少资源投入量或改变资源分配的方法对其进度进行调整，使其进度减慢，以使不利影响降低到最低限度。

复习思考题

1. 简述项目进度管理中的关键路径法。
2. 项目进度计划中常用的方法有哪些？请简要介绍其中一种方法及其优势。
3. 在项目进度管理中，如何处理活动延误和进度偏差？请简要概括一种常用的控制措施。

第 7 章

项目成本管理

【教学目标】

1. 理解项目成本及项目成本管理的基本内容。
2. 掌握项目成本估算的方法,能够进行计算。
3. 熟悉项目成本预算的概念、编制过程和工具。
4. 熟悉项目成本控制的概念,掌握项目成本控制的分析计算方法。

  2011 年 3 月 1 日,ABC 公司的职员们都在为公司刚刚在 W 项目土地投标的胜利欢欣鼓舞,而总经理凌总却坐在办公室看着财务总监张总刚刚递送的 2010 年财报眉头紧锁。最近两年营业收入没有显著的上升,公司的拿地成本、建设工程的设计成本、建安成本、营业外的不可预测成本的上升幅度却超过预期。看来,公司改革势在必行了。第二天,总经理便召集了公司决策层开会,针对公司的项目成本控制问题进行了讨论,决定由财务总监和成本总监开展调研,设计公司改革方案。

  既然是项目成本管理的改革,财务总监张总决定先约见成本部的王经理。王经理是从助理会计一步步锻炼起来的,对企业的成本核算了然于胸,但也正是由于没有在工程部、设计部等部门接触过公司业务,她对实际业务缺乏了解。王经理神色黯然地走进张总办公室:"张总,我知道凌总看了最新的财报,对公司成本增加这么多非常忧虑,但是我们成本部做事一直非常严谨,根据各个部门上报的材料做成本预算,然后从每个表单的流转到最后的入账都是一丝不苟。""王姐,您做事认真在公司是出名的,我这次找您来是想问问您,觉得公司是在哪些项目抬高了成本?""这个我早就想说了,一是公司拿地成本,二是工程成本往往超出预算,而且预算本身数字就偏高。"张总微笑着说:"王姐,您也知道了预算的问题,凌总想要在公司推进项目成本管理的改革,我分析改革就是要从预算入手。王姐,成本部不仅是成本核算的中心,更应该成为成本控制的中心。从预算到结算,成本部要主动起来,参与和了解各部门的工作,起到监督控制作用。"张总跟王经理详细了解和分析了公司成本管理的过程,以及成本部在整个项目运作过程中应该发挥的成本控制作用。张总确定了下一步的访谈对象,前期部、设计部和工程部的经理。

  前期部向经理走进了张总的办公室:"张总,这次投标成功,我们前期部又立大功了吧!""向经理请坐,我桌子上有成本部刚做出来的咱们公司成立这几年所有项目的成本报表和成本走势图，你先看一下。"向经理似乎有些莫名其妙地坐下来，开始翻看这些他几乎从未关注过的图标，时间大概过去了半个小时，向经理脸上没有了刚来时的喜悦，他看着成本报表上前期部一项项飘红的数字，明白了张总的用意。"张总，这些年房价涨得太快，政府那边谈判，我也就只能以抬高报价来拿地了。另外，虽然项目招承包商也主要由前期部负责，但是我们也是按设计部的要求，现在资质水平高的承包商报价可都不低。"张总听了也开口了："老向，凌总要推行项目成本管理改革，公司将建立一套以成本为核心的内控体系和考核标准。我们不看拿没拿到地，而是看是不是以最低的成本拿到地。另外，招标采购这事儿，以后应该也不会只是前期部负责对外联络了，沟通很重要。"

向经理走了之后，张总同时约见了设计部米经理和工程部程经理。设计部米经理的设计风格在业界独树一帜，虽然比较年轻，但公司在创立初期就是凭借米经理设计的几个项目一跃成为 A 市地产公司的前几名。"张总，公司最近财报我也看了，我们设计部对设计产品在行，不知道在成本这方面能帮上什么忙？"米经理一脸疑惑地进来办公室。"小米，我知道你们年轻人追求个性，你在设计上也一直非常有天分，设计的建筑总能让公司的产品脱颖而出。现在公司要脱离成本困境，需要各部门都参与进来。建筑工程的很多成本其实在设计阶段就已经决定，你看看我桌子上的成本报表应该自己就能明白，你跟工程部经理要多沟通，了解现在建筑业的实际情况，咱们的产品可以在高端中找到经济实惠。"正说到这的时候，程经理进来了，看到米经理正在看公司财报，他也明白了张总的意思，"张总，我也想跟你说说我的想法，之前我就提过了，咱们项目在施工阶段，全部的事情基本都交到了工程部手里，我们压力很大。另外我也想说，做预算的时候没有跟我们沟通过，实施的时候由我们实施，预算经常出现不合理的地方，这点让我在跟财务部批款的时候经常遇到障碍，后来财务部也没办法，跟成本部协调一下就给我批了，我觉得咱们虽然有这一套成本控制制度，但是却流于形式了。"张总叹了口气，"老程，你说这些发自肺腑，正好小米也在，你们两个部门一定好好沟通，成本部我之前也谈过了，我们马上要召开会议，重建公司的项目成本管理制度，公司上下要全员通力合作控制成本。"

财务总监访谈结束后，整理了访谈记录向凌总汇报。另外，成本总监方总新年假期结束后就投入对房地产公司成本管理的调研工作，他走访了同样在地产公司工作的同学，上网查阅了各种项目成本管理及公司成本管理的资料和案例，在看了财务总监的访谈记录后，最终形成了 ABC 公司项目成本管理的改革计划，也向凌总进行了汇报。

2011 年 3 月 15 号，凌总召开了管理层会议讨论公司成本管理改革计划。经过对各位经理的访谈，了解了公司成本管理核算方面现存的问题，决定以 W 项目为改革实体，运用全寿命周期成本和项目全面成本管理理论，通过在策划阶段确定项目成本管理目标，采取各种成本管理方法（如目标成本管理、责任成本管理、动态成本管理、全员成本管理、限额设计等），通过过程控制将 W 项目实际发生的成本控制在目标成本内。

2011 年 4 月，W 项目正式开始实施，ABC 公司贯彻实施项目成本管理计划。W 项目顺利实施，并且预计会取得较好盈利。

资料来源：http://www.doc88.com/p-22529599573316.html。

7.1　项目成本管理概述

在传统项目管理中,成本、进度和质量是并重的三个方面;在现代项目管理中,成本管理仍然是项目管理的重要因素。项目成本计划是成本控制的基础,与资源需求预测共同构成成本管理的过程,为项目进度和质量管理提供基础和保障。

7.1.1　项目成本

成本管理就是在保证项目质量优良的前提下不断地优化成本。首先,要秉持成本节约、绿色发展的理念。优秀传统文化是我国的瑰宝,古有"谁知盘中餐,粒粒皆辛苦"的写实,体现了先辈辛苦劳作为我们创造的美好生活。勤俭节约的传统美德已经深深融入每一个中华儿女的灵魂。其次,要想降低成本,还可通过创新技术增加边际效益来实现。我国一直把创新摆在全局发展的核心位置,科技创新是核心,抓住了科技创新就抓住了牵动我国全局发展的"牛鼻子"。

项目成本是项目寿命期内为实现项目预期目标而付出的全部代价。在项目中,成本包含了为完成项目目标所进行的活动中所消耗的各项费用的总和。项目的费用包括项目消耗的人力、设备和物资等各种资源。所以,项目成本取决于项目所需要消耗的资源种类、数量和质量;同时项目管理水平也会影响项目成本。不同项目各自的条件和情况不同,成本支出自然也会有所变化。

关注项目成本不仅要关心项目成本的总和,还要关注成本的构成。按不同的划分方法划分成本,所得的结果不同,根据费用发生的阶段及用途,项目成本可分为以下四个部分。

1. 项目定义和决策成本

项目的定义和决策对项目的建设和建成后的经济效益、社会效益有很大的影响,为了对项目进行科学的定义和决策,在项目的启动阶段必须做调查研究、技术经济分析、可行性研究等前期阶段的论证工作,这些工作所花费的费用就构成了项目定义和决策成本。

2. 项目设计成本

通过了可行性研究的项目还必须进行设计,这些工作所花费的费用就构成了项目的设计成本。

3. 项目的采购成本

为了获得项目,项目组织必须开展一系列的询价、供应商选择、广告发布、承发包、招投标等工作,这些工作所花费的费用就是项目的获取成本。

4. 项目实施成本

在项目实施过程中,为完成"项目产出物"而耗用的各种资源所构成的费用被统称为项目实施成本。具体包括人工成本、物料成本、设备成本、其他费用和不可预见费用。

另外，影响项目成本的因素有项目消耗的资源数量及其价格、项目的工期、项目的范围等。项目成本与工期的关系十分密切、复杂，当成本计划受到限制时，可能无法保证项目进度。

7.1.2 项目成本管理的概念

项目成本管理就是在规定的时间内，为保证实现项目目标而对项目实际发生的费用支出所采取的各种控制措施和过程。任何项目最终的目的都是通过一系列的管理工作取得良好的经济效益。项目成本管理的主要内容包括在批准的成本计划下完成项目所需要的一系列过程，即资源需求预测、成本估算、成本预算、成本控制，这些过程与其他管理过程相互作用，完成项目的整体管理过程。资源需求预测是确定实施项目活动所需要的资源的种类、数量及投入时间，从而生成项目资源需求清单；项目成本估算是估计完成项目所需资源成本的近似值，从而得到项目成本的估计值和项目成本管理计划；项目成本预算是将整体成本估算配置到各单项工作，以建立一个衡量成本执行绩效的基准计划；项目成本控制是控制项目预算的变化，从而生成修正的成本估算、更新的成本预算、完工估算和经验教训等。

项目成本管理首先关心的是完成项目过程所需要的所有资源的成本，同时也应该考虑项目决策对项目产品成本的影响。例如，限制设计审查次数可以降低项目成本，但可能增加顾客的运营成本，所以项目成本管理也应贯穿项目全生命周期。另外，在许多应用领域，成本所包含的内容在不同技术领域、项目不同阶段和项目不同利益相关者角度有不同内涵。

以软件开发项目为例，此类项目和其他项目一样具有一个从概念、开发、实施到收尾的生命周期，其间会涉及软件立项、设计、研发、测试等众多单位和部门，它们有各自的经济利益。例如，在软件立项阶段，要进行软件市场调研、市场份额分析、投资估算并进行项目经济评价，通过成本收益计算和资金筹措计划，从而做出是否立项的决策。在软件设计阶段，需要根据设计图纸和有关部门规定来计算软件造价，以之作为项目全过程的计划成本，承包方也要通过成本估算获得具有竞争力的报价。在研发和测试阶段，项目成本控制是确保将项目实际成本控制在项目预算范围内的有力措施。这些工作都属于项目成本管理的范畴，但成本内涵和管理范围不同。

7.1.3 项目资源计划与成本计划

项目资源计划就是分析和识别项目的资源需求，确定项目所需投入的资源种类、数量和投入时间，从而制订科学、合理、可行的项目资源供应计划的项目成本管理活动。项目资源计划的编制是在项目范围计划、项目进度计划及项目质量计划的基础上，采用资料评估、数据分析等方法完成的。

其中，项目资源描述是重要一环。项目资源描述是关于项目工作所需资源种类、数量及投入时间的描述和说明。相关历史信息指组织内部或外部与本项目类似已完工的资料，包括项目的资源计划和实际所消耗的资源信息等。参考这些历史资料、采用统计分析的方法可以制订拟建项目的资源计划。所以,积累或搜索翔实的类似项目的历史资料是制订科学的资源计划的保证。各类资源的定额也是项目资源计划编制的依据,因为在项目资源计划的编制中,有些资源的消耗量可以直接套用国家、行业或地区的统一定额计算的。项目的组织政策中有关项目组织获得资源的方式、手段方面的方针策略和项目组织在项目资源管理方面的方针政策对资源实际获得有直接的影响,所以,在制订项目资源计划和成本计划时要予以充分重视。

资源计划确定后,就可以根据资源的需求安排制订成本计划。根据成本计划详细程度和估计的精确程度,可以将之分为项目估算与预算,形成估算书和预算书,以此作为成本计划的输出。

7.2 项目成本估算

项目成本估算指根据项目的资源要求或计划,以及各种资源的价格信息,通过估算和预计的方法而得到项目各种活动成本和项目总成本的工作。在项目按照承发包合同实施时,还需要仔细区分项目承办方和分包商不同角色的成本估算,因为二者的范畴和内容会有所不同。另外,对小项目的成本估算和项目成本预算可以结合在一起进行,甚至可以将这两个步骤看成是一个项目成本管理的步骤。同时,项目方案的制定还不是非常详细,所以估算的数值也往往是整体的、相对粗略的。

7.2.1 项目成本估算的类型

项目决策阶段包括机会研究及项目建议书阶段、初步可行性研究阶段和详细可行性研究阶段。随着项目可行性研究的进展,每个阶段所具备的条件和掌握的资料不同,成本估算的准确程度也不相同。因此,成本估算工作在一些大型项目的成本管理中都是分阶段做出不同精度的成本估算,然后再逐步细化和提高精度的。

以基本建设投资项目为例,大量的建设工程项目都属于此类,其总成本包括建筑安装工程费用、设备和工器具购置费用、工程建设其他费用、预备费和建设期贷款利息等。其投资估算可以分为三个阶段。

1. 粗略估算

粗略估算(比例估算、毛估)用于项目前期,包含构想、项目建议书和立项阶段,采用类比法,根据过去类似项目及有关数据按综合比例求得。也可以根据初步流程图、主要设备、厂房及占地面积进行费用估算,误差应被控制在30%以内。

2. 预算性估算

预算性估算(初步估算、拨款)是用于可行性研究的投资估算,它是根据设备生产能力、设备订购或定制价格表、项目总平面图、建筑物大小与数量、土地面积与土地价格等资料进行的估算,由此可进一步得出投资总额,以此确定项目是否可行,误差应被控制在20%以内。

3. 详细估算

详细估算（项目预算、投标估算）是根据完整的施工图纸资料、技术说明文件、设备材料清单、工程量清单或各种定额条件编制的成本估算。这种估算还要考虑工程实施时的各种可能的变动和不可预见费用。详细估算应用于项目招投标、签订合同和施工阶段费用控制等，误差应被控制在 10% 以内。

7.2.2 类比估算法

类比估算法是自上而下的一种方法，指利用以前已经完成的类似项目的实际费用估算当前项目成本的方法，如图 7-1 所示。这种方法简便易行，是被经常使用的粗略估算的方法之一。为了提高估算的准确性，被估算的项目与以前的项目应有较高的相似程度，包括项目特征、相距的时间和地点的远近。所以要运用类比估算法，首先要有大量较为详细的同类项目的历史信息，以便于利用一些数学方法进行多次估算，并得到相对准确的估算成本；其次，由于价格指数变化、通货膨胀和地域等因素，特征类似的项目也可能因发生时间和地点不同导致需要的成本不同，应该运用合理的系数进行调整。以建设项目为例，在运用类比估算法时，要尽量利用建筑规模、结构特征和装饰要求均较为类似的已有项目进行成本估算，再进行调整。

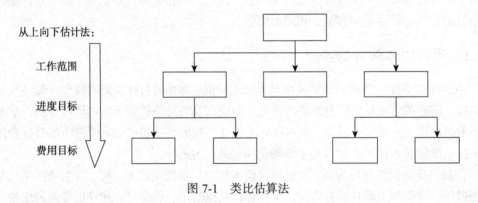

图 7-1 类比估算法

7.2.3 参数模型法

参数模型法需要根据项目可交付成果的特征计量参数进行估算。例如，电力建设项目以"千伏安"（kVA）衡量，公路建设项目以"千米"（km）衡量，民用建设项目以"平方米"（m^2）衡量等，通过估算模型来估算费用。参数模型可能是简单模型，如"每千伏安"成本、"每千米"成本和"每平方米"成本等；也可能是相对复杂的理论或经验模型，例如，以下的生产规模指数法和分项比例估算法。

1. 生产能力指数法（生产规模指数估算法）

生产能力指数法是根据已建成的、性质类似的建设项目或生产装置的投资额和生产能力、拟建项目或生产装置的生产能力估算拟建项目的投资额，计算公式为如下。

$$y = x\left(\frac{C_2}{C_1}\right)^n C_f$$

式中，x 是已建类似项目投资额；y 是拟建项目投资额；C_1 是已建类似项目设备投资；C_2 是拟建项目设备投资；C_f 是不同时期、不同地点成本调整系数；n 是生产规模指数。

生产规模指数 n 靠增大设备或装置的尺寸扩大生产规模，取 0.6~0.7；靠增加相同的设备或装置的数量扩大生产规模则取 0.8~0.9；若已建类似项目或装置的规模与拟建的差别不大，则其取值应为 0.5~2，可近似取 1。

2. 分项比例估算法

分项比例估算法以拟建项目主要的或投资比重大并与生产能力直接相关的设备投资（如设备费）为基数，根据已建成的同类项目或装置的各种费用等占设备投资的百分比求出相应的费用，再加上拟建项目的其他费用，构成总投资。公式如下。

$$E = C(1 + f_1 P_1 + f_2 P_2 + f_3 P_3 + \cdots) + I$$

式中，E 是拟建项目的投资额；C 是拟建项目的设备投资；P_1，P_2 是已建项目中建筑安装和其他工程费等占设备费的百分比；f_1，f_2 是由于时间因素引起的定额、价格和费用标准等变化的调价系数；I 是拟建项目的其他费用。

7.2.4 自下而上法

自下而上法通常需要根据项目 WBS 先估算 WBS 底层各基本工作单元的费用，然后逐层向上汇总，最后得到项目总成本的估算值，如图 7-2 所示。在估算各工作单元的费用时，要先估算各工作单元的资源消耗量，再用各种资源的消耗量与相应的资源单位成本相乘，得到各种资源消耗费用，然后再汇总得到工作单元的总费用。

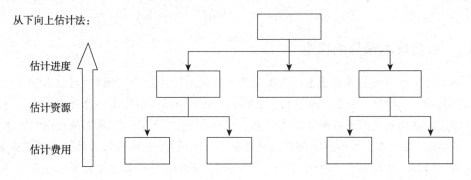

图 7-2 自下而上法

虽然自下而上法的费用估算精度相对较高，但是当项目构成复杂、WBS 的基本工作单元划分得较小时，估算过程的工作量会较大，相应的估算工作费用也较高。而且该法要求估算人员掌握较为详细的项目所消耗的单位成本（或价格）及消耗量的信息，这一点也使得它比前两种估算方法更为困难，具有花费时间长、代价高等缺点。

同时，高层管理人员可能会认为自下而上的预算具有风险，他们对下级人员上报的预算往往并不很信任，认为下级人员可能会夸大所需要的数目并片面强调自己的重要性。所以该法只是在一些 WBS 简单、规模较小和任务专业性弱的项目中被采用。

7.2.5 三点估计法

当过去的经验已无法作为参考或专案包含太多不确定性，则此时可以使用三点估算或 PERT 估算法，就是将成本分为"最可能""悲观值""乐观值"三种。项目庞大复杂，需要准确地估算时间进度和预算成本，因此，人们开发了计划评审技术（program evaluation and review technique，PERT），其中最经典的就是三点估算法。PERT 使用三种估算值界定活动持续时间的近似区间。

（1）最可能时间（tM）：基于最可能获得的资源、最可能取得的资源生产率、对资源可用时间的现实预计、资源对其他参与者的可能依赖及可能发生的各种干扰等所估算的活动持续时间。

（2）最乐观时间（tO）：基于活动的最好情况所估算的活动持续时间。

（3）最悲观时间（tP）：基于活动的最差情况，所估算的活动持续时间。

活动历时均值（或估计值）=（乐观估计 + 4 × 最可能估计 + 悲观估计）/6

活动历时标准差 =（悲观估计值 − 乐观估计值）/6

7.3 项目成本预算

项目成本估算完成以后，人们还需要在估算的基础上进行项目成本预算。所谓项目成本预算是一种制订项目成本计划安排的项目成本管理工作，其涉及根据项目成本估算等各方面信息确定的成本预算，包括项目活动成本预算、项目工作成本预算和项目总预算三个方面。

7.3.1 项目成本预算的概念

项目成本预算就是项目成本的多少和投入时间的计划安排，所以项目成本预算的制定通常有两种不同情况。一是在项目自行实施时，需要根据项目成本估算等方面的信息为项目各项具体活动确定预算或额度，从而确定整个项目的总预算；二是当项目由专门承包商组织实施时，需要考虑承包商的预算及项目业主双方预算，包含项目各具体活动预算确定，以及整个项目总预算确定。因此，项目成本预算工作的具体内容包括：根据项目成本估算信息，以及项目承发包过程等为项目各项具体工作或活动预算确定，然后汇总项目总预算，以及制定项目成本控制标准和项目不可预见费用等。项目成本预算书是一种项目成本的计划安排，所以它必须留有一定的余地，一定要有相应比例的项目成本管理储备（包括项目不可预见费用等），以备不时之需。

7.3.2 项目成本预算编制过程

项目成本预算是在项目估算完成之后的项目预算阶段，它可以为项目活动分配预算、确定成本定额和项目总预算、规定项目不可预见费用的划分与使用规则等。项目成本预算的主要依据是：项目成本估算文件、项目的工作分解结构和项目进度计划等。项目成本预算计划的编制工作包括项目总预算的确定、项目各项活动预算的确定，根据资源和进度计划进行调整完成成本计划编制。

针对一些专业技术性较弱的项目（如组织会议等），确定项目各项活动的预算可以采用"自上而下"的方法。按照项目所划分的 WBS 将项目总成本逐级分摊到项目的各个工作包，然后，再根据各个工作包的活动构成将每一个工作包成本分摊到各项活动。在分摊过程中，既可以采用"自上而下"分解的方法，也可以采用"自下而上"汇总的方法。即先根据每项活动的规模套用相应的预算定额计算活动的工作量，并进一步计算所需要的资源种类和数量，每种资源的数量与单价相乘就可得到活动的成本。然后，再将活动的成本逐级向上汇总为工作包的成本，各工作包的成本再向上汇总为整个项目的总成本。但是一些专业技术性较强的项目预算的进行不仅受估算的控制，其进行阶段也一般是在专业设计完成之后，再根据项目特点和特征，"自下而上"，根据每项活动的规模套用相应的预算定额计算活动的工作量，并进一步计算所需要的资源种类和数量，每种资源的数量与单价相乘得到活动的成本，最终逐步汇总得到总成本预算。

7.3.3 项目成本预算编制工具

作为项目范围主要界定工具，WBS 也是项目成本预算编制的基础之一，另外还有一个重要的信息就是每个工作的资源消耗量和资源单价。对软件开发这样的大型复杂项目而言，每次都自己估算这些数据基本上是不可能的，所以定额就成为编制预算的重要工具。

工程定额可以按照不同的原则和方法科学地分类。按照定额反映的物质消耗内容分类可以将之分为劳动消耗定额、机械消耗定额和材料消耗定额三种；按照定额的编制程序和用途分类可以将之分为施工定额、预算定额和概算定额等；按照投资费用性质分类可以将之分为建筑工程定额、设备安装工程定额、建筑安装工程定额、工器具定额及工程建设其他费用定额等；按主编单位和管理权限分类可以将之分为全国统一定额、行业统一定额、地区统一定额、企业定额和补充定额。各种类型定额相互区别，相互联系。

定额的制定均有比较科学的方法，以建筑安装工程定额为例，可以采用以下方法。

（1）劳动量定额消耗量。有时间定额和产量定额两种形式，主要采用计时观察法对施工过程进行观察、测时，计算实物和服务产量，记录施工过程所处的施工条件和确定影响工时消耗的因素，从而测算生产单位产品所需要消耗的人工工时。

（2）机械台班定额消耗量。也可以采用计时观察法测定施工机械每个工作日的生产能力和产量。

（3）材料定额消耗量。可以通过现场技术测定法、实验室实验法、现场统计法和理论计算法确定。

7.4 项目成本控制

项目的成本控制是控制项目预算的变更并及时进行调整以达到控制目的的过程。具体来讲，就是采用一定方法对项目形成全过程所耗费的各种费用的使用情况进行管理。项目的成本控制主要包括跟踪成本执行以寻找与计划的偏差；确保所有有关变更被准确记录在费用计划中，防止不正确、不适宜或未核准的变更被纳入费用计划；尽量采取措施纠正偏差。

7.4.1 项目成本控制的概念和依据

没有一个项目在不做项目成本控制的情况下能够按照项目预算完成，所以项目成本控制是一项努力实现项目成本最小化的重要工作。

1. 项目成本控制的概念

项目成本控制工作是在项目实施过程中，通过开展项目成本管理而努力将项目的实际成本控制在项目预算范围内的一项管理工作。随着项目的进展，项目实际的成本会不断发生变化，所以人们需要不断控制项目的实际花费或修正项目的成本估算，同时还需要对项目最终完工时的成本进行预测和计划安排，这些工作都属于项目成本控制工作的范畴。

项目成本控制涉及对那些可能引起项目成本变化的影响因素的控制（事前控制）、在项目实施过程中的成本控制（事中控制）和项目实际成本发生以后的控制（事后控制）三个方面的工作。要实现对项目成本的全面控制，最根本的任务是控制项目各方面的变动和变更，以及项目成本的事前、事中和事后的严密监控。

项目成本控制的具体工作包括：监视项目的成本变动、发现项目成本的实际偏差、采取各种纠偏措施以防止项目成本超过项目预算、确保实际发生的项目成本和项目变更都能够有据可查、防止不正当或未授权的项目变更所发生的费用被列入项目成本预算，以及有关项目不可预见费的使用管理等。

有效控制项目成本的关键是要经常及时地分析项目成本的时间状况，尽早地发现项目成本出现的偏差和问题，以便情况变坏之前及时采取纠正措施。项目成本控制属于项目集成管理与控制的组成部分，因为若对项目成本的偏差采取了不适当的控制措施，就很可能造成项目质量或项目进度方面的问题，或者会使项目后期产生无法接受的风险损失。总之，在项目成本控制中发现问题越早、处理越及时，就越有利于项目成本的有效控制，而且对项目范围、质量和进度等方面的影响也会越小，项目才越能按照计划实施。

2. 项目成本控制的依据

项目成本控制工作的主要依据有如下两个方面。

1）项目成本实际情况报告

指项目成本管理与控制的实际绩效评价报告，它反映了项目预算的实际执行情况，包括项目各阶段成本与预算的对比及各阶段的实际问题等。这种报告通常要给出项目成本预算额、实际额和差异额，其中差异额是评价、考核项目成本控制绩效的重要信息，它必须具有准确性、及时性和适用性，因为它是项目成本控制的工作成果和后续依据。

2）项目各种变更请求

项目变更请求可能来源于不同角色，可以由项目需求方提出，也可以由项目实施者或其他方面提出。任何项目的变更都会造成项目成本的变动，所以在项目实施过程中提出的任何变更都必须经过审批同意。如果未经同意擅自变更而导致项目成本上升，则很可能会出现虽然做了项目变更但收不到索赔付款的情况，甚至会造成各种不必要的项目合同纠纷。

3. 项目成本管理计划

这是关于如何管理和控制项目成本的计划文件，是项目成本控制工作的一份十分重要的指导文件，它所给出的内容包括项目成本事前控制的计划和安排、项目成本控制的具体措施和办法、项目成本控制的应急措施，以及项目成本控制的具体责任等。

7.4.2 项目成本控制的方法

常见的项目成本控制方法包括挣值分析法和偏差分析法等。

1. 挣值分析法

挣值分析法可以通过测量和计算计划工作预算成本、已完成工作实际成本和已完成工作的预算成本得到有关计划实施的进度和费用偏差，从而达到衡量项目成本执行的目的。该法是对项目进度和费用进行综合控制的一种有效方法，用3个指数和4个指标控制衡量费用使用情况。

（1）挣值分析法的参数包含如下7种。

①计划工作的预算费用（budgeted cost for work scheduled，BCWS），指项目实施过程中某阶段计划要求完成的工作量所需的预算费用，即计划成本。

计划工作的预算费用（BCWS）= 计划工作量 × 预算定额

②已完工作的实际成本（actual cost for work performed，ACWP），指项目实施过程中某阶段实际完成的工作量所消耗的成本。

已完工作的实际成本（ACWP）= 已完成工作量 × 实际单价

③已完工作的预算费用（budgeted cost for work performed，BCWP），指项目实施过程中某阶段按实际完成工作量及预算定额计算出来的成本，即挣值，也称赢得值。

已完工作的预算费用（BCWP）= 已完工作量 × 预算定额

④成本偏差（cost variance，CV），指检查期间已完工作的预算费用（BCWP）与已完工作的实际成本（ACWP）之间的差。

成本偏差（CV）= 已完工作的预算费用（BCWP）− 已完工作的实际成本（ACWP）

当 CV < 0 时，表示执行效果不佳，即实际消耗费用超过预算值（即超支），如图7-3所示；当 CV > 0 时，表示实际消耗费用低于预算值，表示有节余或效率高，如图7-4所示。

⑤进度偏差（schedule variance，SV），指检查日期的已完工程计划成本（BCWP）与计划工作的计划成本（BCWS）之间的差。

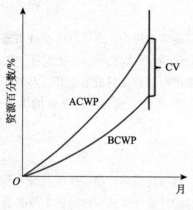
图 7-3 当 CV < 0 时的执行效果

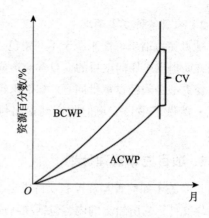
图 7-4 当 CV > 0 时的执行效果

进度偏差（SV）= 已完工程计划成本（BCWP）拟完工程计划成本（BCWS）

当 SV < 0 时，表示进度延误，如图 7-5 所示；当 SV > 0 时，表示进度提前，如图 7-6 所示。

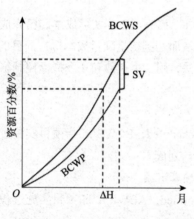
图 7-5 当 SV < 0 时的执行效果

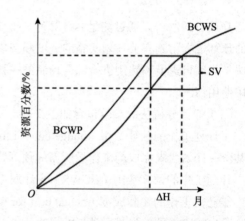
图 7-6 当 SV > 0 时的执行效果

⑥成本绩效指数（cost performed index，CPI），指项目已完工作的预算费用（BCWP）与已完工作的实际成本（ACWP）的偏离程度，是已完工程计划成本（BCWP）与已完工程实际成本（ACWP）值之比。

$$CPI = BCWP/ACWP$$

当 CPI > 1 时表示低于预算；当 CPI < 1 时表示超出预算；当 CPI = 1 时表示实际费用与预算费用吻合。

⑦计划完工指数（schedule performed index，SPI），指项目已完工作的预算费用（BCWP）与计划工作的预算费用（BCWS）的偏离程度，即项目已完工作的预算费用（BCWP）与计划工作的预算费用（BCWS）之比。

$$SPI = BCWP/BCWS$$

当 SPI > 1 时表示进度提前；当 SPI < 1 时表示进度延迟；当 SPI = 1 时表示实际进度等于计划进度。

（2）参数分析与对应措施。使用挣值法进行分析，当成本存在偏差时，可以采取相应措施进行成本控制。目前大多项目采用挣值评价曲线判断当前工程实际的进度及费用与预期的差异，如图 7-7 所示。

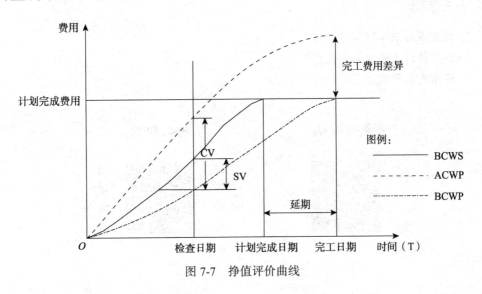

图 7-7　挣值评价曲线

2. 偏差分析法

偏差指实际成本、进度或质量指标对相应计划间的偏离。由于控制的反馈性，组织中各管理层都经常利用偏差验证预算和进度系统。

成本和进度偏差的数学公式为

$$CV = BCWP - ACWP（负数 CV 表明出现超支；反之，则节支）$$
$$SV = BCWP - BCWS（负数 SV 表面落后计划；反之，则超计划）$$

式中，CV 是费用成本偏差；SV 是进度偏差；BCWS 是计划工作的预算费用；BCWP 是已完成工作的预算费用，有时又被称为"所得值"；ACWP 是已完成工作的实际成本。

在进行成本和进度偏离计划程度分析时，为更好地说明问题，人们常用计划偏差率反映实际与计划的偏离程度。即

$$CVP = CV/BCWP$$
$$SVP = SV/BCWS$$

式中，CVP 是成本偏差率；SVP 是进度偏差率。

在验证预算和进度系统时，必须同时比较成本偏差与进度偏差。因为成本偏差只是实际成本对预算的偏离，它不能被用于测量实际进度对计划进度的偏离；而进度偏离亦不能反映成本偏离情况。偏差值是控制分析中的一个关键参数，因而应向各级组织汇报。不同的项目或同一个项目不同阶段或不同管理层次对偏差的控制程度并不一样，制度偏差允许值的方法也不同，它们主要取决于：①所处生命周期阶段；②所处生命周期阶段的时间长

短；③项目总时间的长短；④项目成本估算方法；⑤项目成本估算精确度。

目前常见的偏差分析后费用控制通常会采用：①修订费用估计；②预算更新；③纠正活动；④估计完成所有工作所需的预期成本，等于截至目前的实际成本加上完工尚需估算，这种方法通常用于以当前变化反映未来变化。

复习思考题

1. 简述项目成本管理的过程。
2. 三点估计法应该如何使用？
3. 成本控制和成本估算有什么关系？

第 8 章 项目质量管理

【教学目标】

1. 了解质量管理的内容和发展阶段，知晓质量管理的八项原则。
2. 掌握质量管理中常用的统计方法，包括质量数据的收集和质量信息处理工具。
3. 熟悉质量管理中质量成本的内容和功能。
4. 掌握 PDCA 循环的四个阶段和八个步骤，能够通过 PDCA 循环实现质量改进。

某公司承接了一个银行业务系统的软件开发项目，质量要求非常高。项目经理小赵制订了项目的整体计划，将项目划分为需求、设计、编码和测试四个阶段，他为测试阶段预留了大量时间，以便开展充分的测试工作。

需求分析完成后，项目组编写了"需求分析报告"，项目经理小赵召集部分骨干人员召开评审会。为了尽快进入下一阶段工作，评审会从早上 9 点一直开到晚上 9 点，终于把全部的文件都审完了。评审组找到了几处小问题，并当场进行了修改，项目经理宣布可以进入设计阶段了。编程结束后进入了测试阶段。第一轮测试，发现了 70 个缺陷。项目组对发现的缺陷进行了修改，又重新提交了测试。第二轮又发现了 100 多个缺陷，就这样反复修改和测试，直到第六轮，发现了 33 个缺陷。并罗列出来。

这时，小赵终于松了一口气，由于第六轮只剩下 33 个缺陷，他觉得测试工作应该很快就会结束。

资料来源：张然. 项目的质量管理的工作重点是什么[EB/OL]. (2015-08-17)[2023-10-01]. http://www.mypm.net/case/show_case_content.asp?caseID=4602.

8.1 项目质量管理概述及发展阶段

8.1.1 质量管理的概述

过去人们对质量管理内涵的界定是仁者见仁，智者见智。学者们基于差异化理论构建与研究需要，从描述性（prescriptive）与概念性（conceptual）的视角对质量管理进行了定义。1962年，全球质量管理大师、"零缺陷之父"、美国质量管理学家菲利浦·B.克劳斯比（Philip B. Crosby）首次提出"零缺陷"管理，即发挥人的主观能动性来进行管理，努力使产品没有缺点，并向着高质量标准的目标而奋斗；世界著名的质量管理专家、质量管理的先驱者W.爱德华兹·戴明（W. Edwards Deming）提出了"十四点质量管理"，这一概念是全面质量管理（TQM）的重要理论基础；20世纪60年代，世界著名的质量管理专家约瑟夫·摩西·朱兰（Joseph Moses Juran）提出"质量就是适用性"。人们对质量概念的理解和认识是随着生产力的发展、社会的进步而逐步深化的。国际标准ISO9000：2000对质量的定义为"一组固有特性满足要求的程度"。

8.1.2 质量管理的发展阶段

第一阶段：质量检查管理阶段。20世纪以前，世界市场经济欠发达，手工作坊式的生产占主导地位。生产分工粗略，质量检验往往由生产工人自己完成，产品质量主要靠操作工人的经验、技术水平来保障。20世纪初，资本主义生产组织不断完善，其技术越来越发达，生产分工越来越细化。美国质量管理学家泰勒首创用计划、标准化和统一管理三项原则管理生产，提出计划与执行分工、检验与生产分工，建立终端专职检验制度。但这种终端质量检验方法存在滞后性，无法及时控制劣质品的产出，所以终端检验无法解决产品质量合格率低的问题。

第二阶段：质量统计管理阶段。随着第二次世界大战美国军工企业迫切的质量需要，质量管理方法得到了极大的应用与推广，战后逐渐被美国民用工业界和其他国家采用，取得显著的成效。美国政府颁布了三项战时质量控制标准：Z1.1《质量控制指南》、Z1.2《数据分析用控制图法》、Z1.3《工序控制用控制图法》，它们是质量管理中最早的质量控制标准。同时，美国政府采取三项强制措施加强质量管理：①强行对各公司的质量管理人员开办"质量控制方法学习班"；②强制实施三项标准及其细则；③军方采购部门规定所有订货合同中应规定质量管理要求条款，否则取消订货资格。第二次世界大战后，美国民用工业界也相继采用这三项标准开展国际合作，正式进入了"统计质量管理阶段"，从单纯依靠质量事后检验发展到质量的预防性控制与事后检验相结合的管理方式，重点从避免问题到发现问题，即把质量管理的重点由生产线的终端移至生产过程的工序，把全数检验改为抽样检验，把抽样检验的数据分析制成控制图，再用控制图对工序进行加工质量监控，从而杜绝过程中大量不合格产品的产出。在定性分析的基础上，时人更注重定量分析，强调"用数据说话"，这是质量管理开始迈向成熟的标志。

第三阶段：全面质量管理阶段。20世纪60年代，费根鲍姆（Feigenbaum）与朱兰（Juran）等人认为产品质量不仅需要注重性能，而且需要兼顾可靠性、安全性、经济性、质量保证与环境等多种要求，"全面质量管理是在兼顾经济水平的基础上，充分考虑满足用户要求，进行市场研究、设计、生产和服务，把企业的研制质量、维持质量和提高质量的活动构成整个有效的体系"。此后，全面质量管理理论在全球铺展开来，并不断得到演化和发展。全面质量管理是全过程的，非检验部门所能单独承担，它涉及设计、工艺、设备、生产、计划、财会、教育、劳资、销售等部门。这一阶段的主要特征是"数理统计方法与行为科学相结合",注重"三全"管理,即"全面的质量""全过程管理"与"全员参与"。

第四阶段:标准质量管理阶段。随着全球经济一体化和网络化不断推进,国际贸易大规模兴起,国际产品质量保证和竞争问题凸显,质量渐成维系组织生存与竞争必不可少的战略武器,质量的概念和实践从反应式的检验转向更积极的战略导向的方法过渡。在此背景下,国际标准化组织(ISO)陆续制定并颁布了面向质量管理和质量保证的系列国际标准,用以指导企业建立并有效运行质量管理体系,从而保证产品质量,形成以顾客为核心的过程导向模式,以获取持续质量竞争力。此阶段的特征是"国际化的质量保证体系标准和全面质量管理系统方法有机融合,打造质量竞争优势"。质量体系标准问世以来,在全球范围内得到广泛采用,对推动组织的质量管理工作和促进国际贸易的发展发挥了积极的作用。

质量管理的发展阶段如表 8-1 所示。

表 8-1 质量管理的发展阶段

质量管理阶段	时间范围	重要人物	方法论	特征
质量检查管理阶段	20 世纪初至 30 年代	弗雷德里克·泰勒	控制图	事后检查
质量统计管理阶段	20 世纪 30—60 年代	沃特·休哈特	直方图	特定部门统计与方法应用
全面质量管理阶段	20 世纪 60—90 年代	威廉·爱德华兹·戴明和约瑟夫·朱兰	TQM	"三全"质量管理
标准质量管理阶段	20 世纪 90 年代至今	国际标准化组织	质量保证体系	质量保证体系和全面质量管理结合

8.2 项目质量管理原则

质量管理要坚守以顾客为关注焦点、领导作用、全员参与、过程方法、管理的系统方法、持续改进、基于事实的决策方法和与供方互利的关系八项原则。

8.2.1 以顾客为关注焦点

组织不能没有顾客,没有顾客的组织不可能生存,在市场经济条件下,这是组织和顾客之间最基本的关系。在市场经济充分发挥作用的环境下,供需交换必然遵循等价的原则。企业要想可持续地生存发展,就需要"以顾客为关注焦点"。

(1)管理者在思想上真正认识"以顾客为关注焦点"的重要意义,并在质量方针和质量目标中充分体现"以顾客为关注焦点"的原则。

(2)员工需要理解和接受"以顾客为关注焦点"原则。

(3)质量管理体系的方针、程序、要求、过程等从"以顾客为关注焦点"出发。

(4)设置顾客沟通机构和渠道,定期或不定期地与顾客沟通。

(5)建立调查、识别、分析、评价顾客的需求过程中高效的机制制度并将之落实,以此才能及时获得顾客的信息,并能在内部各相关部门之间沟通。

8.2.2 领导作用

管理者将对质量管理起关键作用。管理者是质量方针的制定者,如果管理者未能对质量有准确而深刻的认识、没有坚定的质量信念,那么在质量方针中就难以真正"以顾客为关注焦点"。管理者是质量职能活动和质量任务的分配者,分配质量职能活动和质量任务不恰当也会造成职责不明确、协调不好,使质量职能和质量任务难以完成。管理者还是资源的分配者,质量管理必须有足够的资源保障才能发挥积极的作用。管理者是质量管理持续改进的推动者,没有管理者的支持和推动,持续改进将难以"持续"。

8.2.3 全员参与

全员参与是现代质量管理的重要特征,也是质量管理的基本要求。质量是组织各环节、各部门全部工作的综合反映,任何一个环节的工作质量都会不同程度地、直接或间接地影响质量水平。因此,应当充分调动全员的积极性和创造性、不断提高员工素质,倡导人人关心质量、人人做好本职工作、全体参与质量管理。

8.2.4 过程方法

过程指将输入转化为输出的相互关联或相互作用的活动。过程方法是对过程的一种管理办法,即系统地识别管理过程。全过程将被分解为许多子过程,而每个子过程又将被分解为许多子过程,构成全过程图。全员、全部门都应该在过程图中找到合理的位置。根据过程图采用过程方法进行质量管理。

8.2.5 管理的系统方法

系统论是 20 世纪最重要的科学思想,其已广泛渗透哲学、管理科学领域。系统论要求将任何事或任何要素作为一个系统的组成部分。全面质量正是在系统论的基础上逐步发展起来的,没有系统思想将无法理解全面质量的概念,也无法理解 ISO9000 标准,更无法使组织的质量管理有效运行。质量管理必须坚持管理的系统方法,管理的系统方法适用于以下五个关键环节。

(1)为质量管理设定方针目标。质量管理要执行的方针、要达到的目标是质量管理体系的基础。

(2)识别由相互关联或相互作用的过程构成的体系。

(3)建立质量组织体系。质量管理的职责是在组织体系中形成系统,涵盖所有的过程,不留空白点。

(4)系统管理质量。系统的功能不是其组成部分功能的简单相加,进行系统管理是追求"1+1>2"的质量目标。已发现的任何质量问题或出现的质量缺陷都将在系统中得到认识,包括认识其危险和原因,从而采取系统的方法从根本上予以解决。

(5)改进和创新质量。由于环境的压力和自身的发展需要,组织应不断考虑新的发展战略,持续进行质量改进或创新。质量改进不仅指技术方面,更是指对整个质量管理体系的改进。

8.2.6 持续改进

持续的质量改进是组织永恒的主题,其在任何时候都具有重要意义,特别是在当今风云变幻的世界,质量改进更是组织的生命力所在。在互联网的冲击下,组织往往面临跨界的挑战,优势劣势瞬息万变,持续改进至关重要。持续改进最重要的是主动寻求改进,而不是等问题出现再开始行动。

在项目质量管理中,持续改进指的是持续地寻求并实施对项目过程、产品和结果的改进,它是一个不断进行的循环过程,旨在提高项目的效率和质量。持续改进的基本原则是通过分析和评估项目过程及项目结果的表现而识别潜在的问题和改进机会,并采取相应的措施来解决问题和优化工作流程。

以下是持续改进的一般步骤和方法。

(1)数据收集和分析。收集与项目质量相关的数据并进行分析,以了解当前的绩效状况和存在的问题。

(2)问题识别和定位。通过数据分析和绩效评估识别项目中存在的问题、瓶颈和改进机会。

(3)改进计划制订。基于问题识别的结果制订具体的改进计划和目标,并确定相应的行动方案。

(4)改进措施实施。将改进计划付诸实施,并监督和跟进改进活动的进展。

(5)监控和评估。持续监控改进活动的效果并进行评估,以确定是否达到了预期的效果和质量水平。

(6)迭代和继续改进。基于评估结果、根据需要进行调整,不断迭代和改进项目过程和产品。

持续改进的目标是通过不断优化项目过程、提升组织能力、提高产品质量和客户满意度以实现持续的质量提升和业务成果的增长,它是项目管理的重要环节,可以帮助项目团队不断适应变化,提升项目整体绩效和质量水平。

8.2.7 基于事实的决策方法

质量管理要求尊重客观事实、用数据说话。真实的数据可以定性地反映客观事实,定量地描述客观事实,给人以清晰明确的数量概念,更精准地分析问题和解决问题。基于事实的决策方法是科学的态度,基于科学的态度并体现于行动,事实就能为决策提供充足的支持。

8.2.8 供方互利关系

供方是组织的"受益者",也是组织的"资源",由于供应链之间的竞争,供方往往是组织取胜的重要因素,所以与供方互利是必需的。在市场经济条件下,供方的质量显著影响组织的质量,超越组织的供应链质量管理已经扮演了重要角色。企业和供方已经是共同体,一损俱损已成不争的事实，因此，与供方共建质量管理体系、共筑质量防线已成必然。

8.3 质量管理统计方法

8.3.1 质量数据的收集

收集数据的经典方法有抽样法和简单随机抽样法，两种方法各具优势，适用于不同质量管理情景。

1. 抽样法

使用抽样法需要先理解总体、样本、抽样的基本概念。

总体指某次统计分析中研究对象的全体。例如，在全校人数统计时，总体就是全校总人数。总体中所含的个体数叫作总体大小，用符号 N 表示。

样本是从总体中随机抽取出来，并且可以对总体进行推断的一部分个体。样本中所包含的样品个数叫作样本量或样本大小，用符号 n 表示。

抽样指从总体中抽取样品，组成样本集合的过程。

2. 简单随机抽样

简单随机抽样是一种从个体独立且被抽取的机会相等的总体中抽取样本的抽样方法。例如，要从 50 件产品中随机抽取 10 件产品组成样本，首先需要为 50 件产品从 1 号开始编号，直到 50 号，然后采用抽签的方法任意抽取 10 个编号分别是 5、8、12、19、24、26、29、36、37、48 等，样本由这 10 个编号组成。基于简单随机抽样可以得出若干具有实用价值的抽样方法，如等距抽样法，指从 100 件产品中抽取 10 件产品组成样本集合，首先为 100 件产品从 1 号开始编号，直到 100 号，其间隔数为 100/10=10，所以先采用抽法确定 1~10 中的某号产品为入选样本（假定是 6），则其余分组的样本将分别为 16、26、36、46、56、66、76、86、96。等距抽样法操作简便，但如果总体中存在周期性缺陷则该法容易产生误差。

8.3.2 质量信息处理工具

1. 直方图

数据中蕴藏着大量的信息，但这些信息可能并不是一目了然，必须对它们进行处理以凸显其价值。对于质量数据，可以运用处理工具和方法（如直方图、排列图、控制图、散布图等）做出分析和判断；对非数据形式的质量信息，可以运用分层法、因果图、调查表、流程图和头脑风暴法等方法进行加工和分析，高效判断并得出结论。

直方图是用一系列宽度相等、高度不等的矩形表示数据分布的图形，它能显示质量波动分布状况。直方图的制作步骤如下所示。

（1）收集数据。

（2）确定数据的极差 R。

（3）确定组数 k。

（4）计算组距 h 大小。
（5）确定各组的边界值。
（6）统计频数。
（7）列出频数分布表。
（8）画直方图。

标准型直方图也称正常型或对称型直方图，具有"两边低，中间高，左右对称"的特点，形状像"山"字，如图 8-1 所示。如果产品质量特征值的频数分布呈现标准直方图，则可以初步断定该生产过程较为稳定。

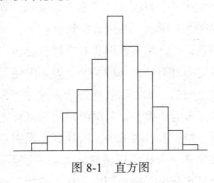

图 8-1　直方图

2. 排列图法

排列图又称主次因素分析图或帕累托图（Pareto）。帕累托是意大利经济学家，他在调查分析社会财富分布状态时发现少数人占有大量财富，绝大多数人处于贫苦状态，即所谓"关键的少数和无关紧要的多数"的关系。后来，因美国质量管理专家朱兰博士把它引进到质量管理而得名，它是用来找出影响产品质量主要因素的一种有效工具。

排列图由两个纵坐标、一个横坐标、几个直方块和一条折线构成，其横坐标表示影响产品质量的因素或项目，按影响程度大小从左到右依次排列；其左纵坐标表示频数（如件数、金额、工时、吨位等）；右纵坐标表示频率；直方块的高度表示某个因素的影响大小，从高到低、从左到右顺序排列；折线表示影响因素大小的累积百分数，是由左到右逐渐上升的，这条折线就被称为帕累托曲线，如图 8-2 所示。

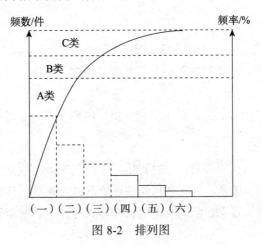

图 8-2　排列图

排列图法的制作方法如下所示。
(1) 确定所要调查的问题和收集数据。
(2) 将数据填入数据记录表。
(3) 制作排列图所用数据表。
(4) 根据数据表绘制排列图。
(5) 绘制帕累托曲线。

3. 因果图法

因果图有时也叫特性因素图或鱼刺图,其通常来自头脑风暴,是寻找造成质量问题原因的、简明有效的方法,如图8-3所示。在进行质量分析时,如果想用直观方法找出属于同一层的有关因素的主次关系,可以用排列图法对它进行分析。但是如果因素在层间还存在纵向因果关系,那么就只能同时整理出两种关系。因果图便可以解决这个问题,它是整理和分析影响质量的各因素之间的工具,形象地表示了探讨问题的思维过程,利用它分析问题能取得顺藤摸瓜、步步深入的效果,即利用因果图可以首先找出影响质量问题的大原因,然后寻找到大原因背后的中原因,再从中原因找到小原因和更小的原因,最终查明主要的直接原因。这样有条理地逐层分析可以清楚地看出"原因—结果"和"手段—目标"的关系,使问题的脉络完全显示出来。因果图由特性、原因、枝干三部分构成。

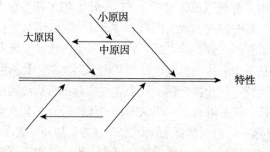

图8-3　因果图

因果图的绘制步骤如下所示。
(1) 确定分析对象,填入主干线箭头指向的区域。
(2) 记录分析意见,根据原因量级以箭线形式将之排列在主干线的两侧。
(3) 检查遗漏。
(4) 记录、注明绘图者、参加讨论分析人员、时间等可供参考的事项。

4. 过程能力指数

对过程和结果进行分析可以看出,过程质量往往会表现出波动性。同批产品即使是同一生产者用同样的材料、设备、工具在相同的环境下进行制造,其质量特征值也总是存在差别。因此,波动性是过程质量的固有本质,是客观存在的,它能被减少但不能被消除。

引起过程质量波动的因素可分为偶然因素和系统因素两类。偶然因素的出现带有随机性，不易被测量和消除，如材料性质的微小变化、设备的正常磨损、温度电压等的微小变化导致的偶然因素。系统因素是可以避免的，在生产过程中如果受到设备严重磨损、生产者不按规程工作等的影响，质量会产生较大的波动，出现较多的不合格品。

过程能力是过程处于稳定状态下的实际加工能力，记作 B。当生产过程稳定，且产品的技术标准为双侧时，可以 σ 为产品质量特性值的标准差，$B=6\sigma$，如图 8-4 所示。

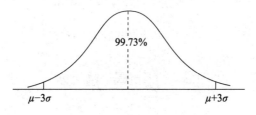

图 8-4　过程能力

双侧技术标准的分布中心无偏移。假设样本为 X，样本标准差为 S，产品质量特性值服从均值为 μ，标准差为 σ 的正态分布，产品质量特性值的标准上限为 T_U，标准下限为 T_L，那么标准范围 $T=T_U-T_L$，标准中心 $M=\dfrac{T_U+T_L}{2}$ 和 μ 重合，过程能力指数为 $C_P=\dfrac{T_U-T_L}{6\sigma}$。由于产品的标准是确定的，即 T 为定值，σ 将直接影响 C_P 的大小，σ 越大，产品质量波动就越大，过程能力指数的值越小；反之 σ 越小，过程能力指数的值越大，如图 8-5 所示。

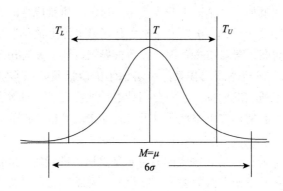

图 8-5　过程能力指数

如果产品具有双侧技术标准，但其分布中心 μ 偏离了标准中心 M，则实际的过程能力指数可用 $C_{PK}=(1-K)\dfrac{T_U-T_L}{6S}$，其中 $K=\dfrac{\left|\dfrac{T_U+T_L}{2}-\bar{X}\right|}{\dfrac{T_U-T_L}{2}}$。$K$ 为修正系数，反映了 μ 偏离 M 的程度。K 值越小，μ 偏离 M 程度越小；K 值越大，μ 偏离 M 程度越大，并且规定当 $K \geq 1$ 时，$C_{PK}=0$，如图 8-6 所示。

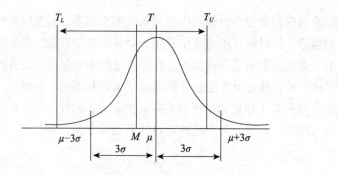

图 8-6 实际的过程能力指数

8.4 质量成本

在市场经济条件下，市场竞争使企业把质量置于发展的战略地位，必须以质量求发展，通过提供高质量的产品和服务增加经济效益并获得长期的竞争优势。质量成本分析从保证产品质量支出和为达到质量标准付出的代价入手，探求以最少的质量资本投入取得最大的经济效益，这已成为质量管理的一项重要职能，也是质量管理必不可少的重要工具。

8.4.1 质量成本的概念

质量成本（cost of quality）是在质量管理的实践中逐步形成和发展起来的。20世纪50年代，朱兰提出了"矿中黄金"的概念，认为废品损失就像亟待开采的"金矿"，只要管理得当，降低废品费用就如同从金矿中开采黄金，指出了质量成本的重要性。良好的产品质量与低成本并不是相互矛盾的。美国通用电气公司是世界上最早运用质量成本分析的企业。20世纪50年代初期，著名质量管理专家费根堡姆设计了该公司质量成本体系。他为通用电气公司设计的质量成本报告体系综合考虑了因质量预防和鉴定活动所发生的费用与产品质量不符合要求所引起的损失，向公司针对性地提出了质量改进建议、质量改进方案，以及这些建议、方案的经济重要性，以引起管理者对质量工作的重视，方便管理者正确进行质量决策。

质量成本是将产品质量保持在规定的质量水平上所需的费用，是企业生产总成本的一部分，它包括确保满意质量所发生的费用，以及未达到满意质量时所遭受的有形和无形损失。质量成本是管理的经济表现，是衡量质量体系有效性的一个重要因素。对质量成本进行统计、核算、分析、报告和控制不但可以找到降低生产成本的途径，从而促进经济效益的提高，还可以监督和指导质量管理活动的正常进行。因此，质量成本是质量管理深入发展和财务成本管理必须研究的问题。开展质量成本管理对改进产品质量、降低成本有重要的现实意义。

8.4.2 质量成本的构成

质量成本可以分为控制成本与损失成本，因此可以将第一次就把事情做对的成本视为控制成本，将做错事的成本视为损失成本。控制成本与从生产过程中消除缺陷的活动有关，而消除缺陷可以通过预防和鉴定两种方式来实现。预防成本包括质量计划、新产品的评审、人员的培训和工程分析等活动的成本，这些活动发生在产品投入生产之前，其目的是防缺陷于未然。控制成本的另一类型是鉴定或检验成本，鉴定或检验的目的是在缺陷出现之后、但产品还未交付用户使用之前消除缺陷。损失成本又称故障成本，其可以是生产过程中产生的（内部损失成本或内部故障成本），也可以是产品发运后产生的（外部损失成本或外部故障成本）。内部损失成本包括不合格产品损失费、返修费，质量降级费，机器设备停工损失费；外部损失成本包括理赔费、退货损失费、折价损失费等。

8.4.3 质量成本管理功能

质量成本管理包括质量成本的预测、质量成本的计划、质量成本的控制和考核。

1. 质量成本的预测

为了编制质量成本计划，应对质量成本进行科学合理的控制，首先需要对质量成本进行预测。预测时，应根据实际状况、质量方针目标、质量成本水平、顾客需求等，通过分析各种要素与质量成本的变化关系对成本计划的质量成本做出估算。预测的质量成本数据可作为质量成本计划的编制依据，也可作为质量改进计划的制订依据。

2. 质量成本的计划

质量成本的计划指为达到适宜的质量成本而筹划的各种措施，每个推行质量成本管理的部门必须编制质量成本计划并付诸实施，以期逐渐使质量成本进入受控状态。

3. 质量成本的控制和考核

质量成本的控制是以质量成本计划所制订的目标要求为依据，采取措施把影响质量总成本的各个成本项目控制在计划范围内的管理活动。质量成本考核就是对质量成本责任单位和个人的质量成本指标的完成情况进行考查和评价，以达到不断提高质量成本管理绩效的目的。质量成本的考核应与绩效挂钩，并定期执行，以充分发挥质量成本管理的作用。

8.5 PDCA 循环

8.5.1 PDCA 循环的概念

PDCA 循环是美国质量管理专家沃特·阿曼德·休哈特首先提出的，由威廉·爱德华兹·戴明采纳、宣传，获得普及，所以又称戴明环。它是全面质量管理所应遵循的科学程序，如图 8-7 所示。PDCA 是英语单词 plan（计划）、do（执行）、check（检查）和 act（处理）的首字母，PDCA 循环就是按照这样的顺序进行质量管理，并且循环不止地进行下去的科学程序。全面质量管理活动的全部过程就是质量计划的制订和组织实现的过程，这个过程就是按照 PDCA 循环不停顿地、周而复始地运转。

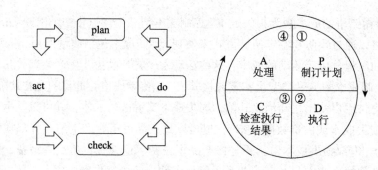

图 8-7　PDCA 循环

PDCA 循环的工作方式符合事物发展的客观规律，因此被广泛应用于质量管理和其他领域。例如，在市场调查时，每完成一个由"计划—实施—检查—处理"构成的 PDCA 循环，就将信息资源反馈到有关部门，这样不断地加以改进和创新可以使企业对任何变化都很敏感，能迅速反应、不断推出新产品、减少顾客不满。

PDCA 循环具有大环套小环、互相衔接、互相促进的特点。企业总部、各部门、员工都可采用 PDCA 循环，找出问题以寻求改进。如果将整个企业工作比喻为一个大的 PDCA 循环，那么各个部门则都有各自的 PDCA 小循环。根据企业总的方针目标，各级各部门都要有自己的目标和自己的 PDCA 循环，这就是大环套小环，小环里边又套有更小环的情况，这样可以将目标具体落实到每一个人。上一级的 PDCA 循环是下一级 PDCA 循环的依据，下一级 PDCA 循环又是上一级 PDCA 循环的贯彻落实和具体化，通过循环最终把企业各项工作有机地联系起来，彼此协同、互相促进。

PDCA 循环还具有螺旋式上升的特点，如同"爬楼梯"一般，强调连续改进质量，把产品和过程的改进看作一个永不停止、不断获得小进步的过程。PDCA 循环不是停留在一个水平上的循环，每一次循环都会解决一批问题，取得一部分成果，因而就会前进一步，有新的内容和目标，水平就上升一个台阶，质量水平就会有新的提高。

8.5.2　PDCA 循环的四个阶段

PDCA 循环强调自主、主动管理，详细分析目前存在什么主要问题，进行针对性改进以实现自我超越。PDCA 循环主要有如下四个阶段。

第一阶段是计划。它包括分析现状、分析产生问题的原因、找出其中主要原因、拟定措施计划、预计效果五个步骤，以满足顾客的要求并取得经济效果为目标，包括调查、设计、试制、制定技术和经济指标、质量目标，以及达到这些目标的具体措施和方法。所以计划阶段就是制定质量目标、活动计划、管理项目和实施方案。

第二阶段是执行。根据预定计划和措施要求，努力贯彻和实现计划目标和任务。所以执行阶段就是要按照制订的计划和措施去实施。

第三阶段是检查。对照执行结果和预定目标检查计划执行情况是否达到了预期的效果，哪些措施有效、哪些措施效果不好、成功的经验是什么、失败的教训又是什么、原因在哪里，所有问题都应在检查阶段调查清楚，所以检查阶段就是对照计划、检查计划执行的情况和效果、及时发现和总结计划实施过程中的经验和问题。

第四阶段是处理。巩固当前成果,把成功的经验尽可能地纳入标准、进行标准化,而遗留问题则应转入下一个 PDCA 循环去解决。

8.5.3 PDCA 循环的八个步骤

(1)分析现状,发现问题。

(2)分析问题中的各种影响因素,根据存在的问题分析产生质量问题的各种影响因素。

(3)分析影响的主要原因。

(4)针对影响质量的主要原因采取解决的措施,制定技术、组织的措施和方案,执行计划和预计效果,计划和措施应尽量做到明确具体,并确定具体的执行者、时间进度、地点、部门和完成方法等。

(5)执行,按照措施计划的要求去做。

(6)检查,将执行结果与要求达到的目标进行对比。

(7)制定标准,对原有的制度、标准进行修正,把成功的经验制定为标准和规则以指导实践,对失败的教训也要加以总结整理、记录在案以供借鉴。巩固已取得的成绩,避免重蹈覆辙。

(8)把还未解决或新出现的问题转入下一个 PDCA 循环中去解决。

复习思考题

1. 实施全面质量管理主要可以有哪些成效?
2. 简述项目质量管理的各项原则。
3. 列出 PDCA 的八大步骤。

第 9 章

项目人力资源管理

【教学目标】

1. 理解人力资源管理的概念、相关概念和特征。
2. 熟悉组织设计的原则和内容,能够进行有效的组织结构设计。
3. 理解激励的概念,掌握激励的机制和途径,以提高员工的工作动力和绩效。
4. 了解沟通的概述,掌握团队沟通方式和沟通技巧,以促进团队合作和信息交流。
5. 能够应用人力资源管理的知识和技巧,有效管理项目团队的人力资源。

"不公平!"某工程建设公司的项目经理李先生愤愤地说,"目前我的基本工资和别的项目经理一样多,可我们这个项目难度这么大、项目周期这么长,而且业主要求很高、很难对付,业绩风险这么大,奖金收入也很难保障。还不如做个小项目,又容易完成,收入也高。我的下属也都有这样的抱怨,这让我怎么去管理、激励他们?从另一个角度说吧,公司有任务,我也不好挑肥拣瘦的,但这样的薪酬制度确实让人感觉不公平。"

李经理就职的工程建设公司有着悠久的发展历史和骄人的业绩,修建了许多知名的工程项目,在业内有着良好的口碑和声誉。随着公司战略的重新定位和明晰,企业步入了良性发展的轨道,进入了二次创业成功后的高速发展期。

为更好地应对市场竞争、提高资源配置能力,公司人力资源总监根据公司业务特征采取了项目矩阵式组织架构。同时,为了充分调动各个项目部员工的积极性、激励骨干员工、使薪酬具有激励性,相关部门对公司的工资体系做了较大改革。首先,通过岗位评估确立了公司岗位的价值,根据外部市场数据设立了合理的、有竞争性的薪酬水平和结构;其次,完善了绩效管理体系,所有员工的绩效工资与个人的当期业绩考核结果挂钩发放。另外,项目经理部还得到了充分授权,在对项目经理部总体考核基础上可以自主进行项目部二次考核分配。

新的薪酬制度在实施初期极大地提高了各项目部的积极性,使业绩得到有效提升。但一段时间后公司发现,尽管业绩得到了较大提高、基本实现了效益与收入挂钩的目的,但是项目部间却因为薪酬分配问题出现了不和谐的声音,就像李经理这样的抱怨和困惑不断传到人力资源总监的耳朵里,人力资源总监不禁自问:"我们的薪酬体系到底出什么问题了?"

科学有效的激励机制能够让员工发挥最佳的潜能，为企业创造更大的价值。激励的方法很多，其中，薪酬可以说是一种最重要的、最易运用的方法。"薪酬是企业对员工给企业所做的贡献（包括他们实现的绩效，付出的努力、时间、学识、技能、经验和创造力）所付给的相应的回报和答谢。"在员工的心目中，薪酬不仅是自己的劳动所得，它在一定程度上也代表着员工自身的价值、代表企业对员工工作的认同，甚至还代表着员工的个人能力和发展前景。

资料来源：殷焕武，周中华. 项目管理导论[M]. 北京：机械工业出版社，2010.

9.1　项目人力资源管理概述及发展阶段

"科教兴国"战略的实施是推动人力资源发展的重要方向。作为国家宝贵的"战略性资源"和"劳动力资源"，人力资源必须通过"科教兴国"战略的引领和推动不断提升自身数量和质量，以适应现代社会生产和经营的需求。而项目的完成和成功十分依赖人力，尤其是人才。创新是引领发展的第一动力，创新驱动实质上是人才驱动。中华文明源远流长，关于人才的典故、美谈数不胜数。从"三顾茅庐""求贤若渴""我劝天公重抖擞，不拘一格降人才"到"尊重知识，尊重人才"一脉相承，这些名言名句无不述说着人才兴则国家兴的千古不变道理。"两弹一星功勋奖章"获得者钱学森在自己学有所成之后，排除万难毅然决然回到祖国，为我国的导弹、原子弹事业作出了不可估量的贡献。"杂交水稻之父"袁隆平不仅解决了我国的温饱问题，更是为世界的粮食问题及社会进步树立了丰碑。近几年，在科技"内卷"的背景下，国内很多企业都备受打击，此番经历后，很多企业都明白了没有属于自己的核心技术一切皆为零。那么，核心技术归根结底还是来自人才。作为中国企业的一面旗帜，华为对人才的重视更是表现得淋漓尽致，其"天才少年"招聘计划每年以超200万元的薪酬招收优秀的高校毕业生。当然，招贤纳士只是第一步，企业对人才的培养及职业规划也尤为重要，华为为了使公司有源源不断的新鲜血液，在多所高校执行了人才计划及"天才少年班"，对企业内部员工还采取了全员持股制度。

9.1.1　项目人力资源的概念

人力资源（human resources）指一个国家或地区处于劳动年龄、未到劳动年龄和超过劳动年龄，但具有劳动能力的人口之和，也称"人类资源""劳动力资源""劳动资源"。这些劳动力构成了从事社会生产和经营活动的要素条件，包括数量和质量两个方面。人力资源的数量指具有劳动能力的人口数量，其质量指经济活动人口具有的体质、文化知识和劳动技能水平。一定数量的人力资源是社会生产的必要，充足的人力资源有利于生产的发展，但其数量要与物质资料的生产相适应，若超过物质资料的生产则不仅会消耗大量新增的产品，还将导致多余的人力无法就业，对社会经济的发展反而产生不利影响。在现代科学技术飞跃发展的情况下，经济发展主要靠经济活动人口素质提升而提高。随着生产广泛应用现代科学技术，人力资源的质量在经济发展中将起着越来越重要的作用。

人力资源包括体力和智力两方面，从现实的应用形态可将之划分为体质、智力、知识和技能四个方面。具有劳动能力的人不是泛指一切具有一定的脑力和体力的人，而是指能独立参加社会劳动、推动整个经济和社会发展的人。所以，人力资源既包括劳动年龄内具有劳动能力的人口，又包括劳动年龄外参加社会劳动的人口。

项目人力资源指在项目管理过程中涉及的人员，包括项目经理、项目团队成员，以及与项目相关的其他利益相关方，他们共同协作、合作，以实现项目的目标和交付可接受的成果。项目人力资源管理涉及招募、培训、组建和管理项目团队的活动，以确保项目团队具备适当的技能、知识和经验，能够有效地执行项目任务并应对挑战。合理配置和管理项目人力资源可以提高项目的执行效率和质量，实现项目的成功交付。

9.1.2　项目人力资源的相关概念

1. 人口资源、人才资源与人力资本的概念

人口资源指一个国家或地区所拥有的人口总量，是最基本的底数，主要表现为人口的数量。在人口范围内，人分为劳动能力者、暂时不具备劳动能力而将来会具备劳动能力者及丧失劳动能力者。

人才资源指一个国家或地区具有较多科学知识、较强劳动技能，在价值创造过程中起关键或重要作用的人。人才资源是人力资源的一部分，即优质的人力资源。

人力资本指人们花费在人力保健、教育、培训等方面的开支所形成的资本，这种资本就实体形态而言是人体所拥有的体力、健康、经验、知识和技能及其他存量的总称。它可以在特定经济活动中给有关经济行为主体带来剩余价值或利润收益。人力资本的基本特征是凝结在人身上的"人力"和获利手段使用的"资本"。与非人力资本比较，人力资本体现、凝结和储存在特定的人身上，与作为其载体的人不可分离，并经由人支配和使用才能发挥职能，其他任何人、经济组织或政府对人力资本的形成、支配和使用并从中获取收益都不能无视或超越它的载体、归属体或直接所有者。从这个意义上讲，人力资本是具有显著个体性或私人性的资本，还是为未来获得预期收益，在目前投资而形成的人力，是资产化的人力资产，是可以进行货币计量、会计核算的，作为获利手段使用的人力资源。

2. 人力资源、人口资源、人才资源的关系

三者本质不同，人口资源和人才资源的本质是人，人力资源的本质是脑力和体力。人口资源和人才资源的关注重点不同，人口资源是数量概念，而人才资源是质量概念。

三者在数量上存在包含关系。人口资源最多，是人力资源形成的数量基础，人口资源中具备脑力和体力的人是人力资源；而人才资源又是人力资源的一部分，人力资源中质量较高的人是人才资源。从人口资源中产生人力资源，从人力资源中产生的人才资源占比最小。我国是拥有14亿人口的大国，人口资源丰富，但高素质的劳动力资源，特别是人才资源比较匮乏，劳动力素质结构失调，高素质劳动力供不应求，高级专业技术人才不足。因此，注重教育、注重培养、注重人力资源的合理开发利用已经成为共识，需要充分利用我国人口资源的优势，不断增加人才资源数量，实现从人口资源大国向人力资源强国的转变。

9.1.3 项目人力资源的特征

项目人力资源具有以下六个特征。

1. 临时性

项目人力资源是为了完成特定项目而组建的临时性团队。在项目启动时，应根据项目的需求和范围从组织内或外招募合适的人员形成项目团队。一旦项目完成，团队就会解散或重组，人力资源也会被重新分配到其他项目或部门。

2. 多样性

项目团队成员通常具有不同的专业背景、技能领域和经验水平，他们的多样性将使项目团队能够面对各种复杂问题和挑战，从不同角度出发提供创新的解决方案。

3. 灵活性

项目在执行过程中可能会因为需求变更、风险出现或其他因素而需要调整人力资源。项目人力资源管理需要具备一定的灵活性，能够适应项目变化并做出相应的调整，确保项目团队始终处于最佳状态。

4. 目标导向

项目人力资源的主要目标是支持项目的成功实施和目标达成。项目团队成员需要明确项目的目标和任务，以便在项目执行过程中专注于工作，努力完成项目交付物，确保项目按时、按质量要求交付。

5. 团队协作

项目人力资源需要具备良好的团队合作能力。由于项目团队成员来自不同的背景和领域，团队之间可能存在各种差异和冲突。项目人力资源管理需要促进团队之间的良好沟通和协作，加强团队凝聚力、确保团队协作高效顺畅。

6. 高度责任感

在项目中，每个团队成员都应对自己的任务和角色负有高度责任感。项目的成功与否与每个成员的贡献密切相关，因此，项目人力资源管理需要激励和激发团队成员的积极性和工作动力，让他们愿意为项目的成功努力奋斗。

综上所述，项目人力资源具有临时性、多样性、灵活性、目标导向、团队协作和高度责任感等特征，这些特征将使项目团队高效、有效地完成项目任务，实现项目的成功交付。

9.1.4 项目人力资源管理的概念

作为企业的一种职能性管理活动，人力资源管理最早源于工业关系和社会学家怀特·巴克于1958年发表的《人力资源功能》一书。该书首次将人力资源管理作为管理的普遍职能加以讨论。美国著名的人力资源管理专家雷蒙德·A.诺伊等在其《人力资源管理：赢得竞争优势》中提出，人力资源管理指影响雇员的行为、态度，以及绩效的各种政策、管理实践及制度。美国的舒勒等在《管理人力资源》中提出，人力资源管理是采用一系列管理活动保证对人力资源的有效管理，其目的是实现个人、社会和企业的利益。

项目人力资源管理指在项目管理过程中，对项目团队的招募、培训、组织、激励和管理等活动的规划、执行和控制，它的目标是确保项目团队具备适当的技能、知识和经验，能够高效地完成项目任务并达到项目的目标。

项目人力资源管理的概念包括以下六个方面。

1. 人力资源规划

根据项目需求和目标制订人力资源策略和计划，确定所需的人力资源数量、技能和配置，以及相应的时间表和预算。

2. 人才招募与选拔

吸引、筛选和选拔适合项目需求的人才，包括发布招聘广告、面试候选人、进行背景调查和参考检查等，以最终确定适合项目团队的成员。

3. 培训与发展

为项目团队成员提供必要的培训和发展机会，以提高他们的技能、知识和能力，使其能够胜任项目任务并应对挑战。

4. 绩效管理

设定明确的绩效目标，对项目团队成员的绩效进行评估和反馈，激励和改进他们的工作表现，以提高团队的绩效和项目的执行效率。

5. 团队建设与管理

组建项目团队，明确团队成员的角色和职责，建立有效的沟通和协作机制，解决团队的冲突和问题，提供必要的支持和资源，以确保团队的协同工作和高效运作。

6. 激励与奖励

制定激励机制和奖励措施，以激发团队成员的积极性和工作动力，提高他们的工作满意度和参与度。

项目人力资源管理可以有效地配置、管理和发展项目团队，提高团队的工作效率和绩效，实现项目的成功交付。

9.1.5 项目人力资源管理的重要性

项目人力资源管理的重要性体现在以下五个方面。

1. 优化资源利用

项目人力资源是项目成功的重要因素之一。合理规划和管理人力资源可以确保项目团队具备所需的技能和知识、合理配置团队成员的工作任务、提高资源利用效率，最大限度地发挥团队成员的潜力。

2. 确保团队协同作战

项目人力资源管理可以建立高效的团队协作机制、明确团队成员的角色和职责、提供适当的沟通和协调渠道、解决团队中的冲突和问题、促进团队成员之间的合作与协同，从而提高团队的绩效和项目的成功率。

3. 提高项目执行能力

项目人力资源管理可以确保项目团队具备必要的技能和知识，能够胜任项目所需的任务和挑战。培训和发展计划可以提升团队成员的能力水平，绩效管理可以激励和改进团队成员的工作表现，从而提高项目的执行能力和成果交付的质量。

4. 管理人员与项目团队的关系

项目人力资源管理可以建立良好的人际关系和沟通渠道，促进项目经理与团队成员之间的有效互动和合作。适当的激励措施和奖励机制可以增强团队成员的工作动力和投入程度，提高他们对项目的忠诚度和责任感。

5. 管理项目风险

项目人力资源管理也涉及对人力资源风险的管理。充分了解项目团队成员的能力和背景、制定相应的风险应对措施可以减轻项目因人力资源不足或不适应而引起的风险，确保项目按时、按质、按量完成。

综上所述，项目人力资源管理对项目的成功和绩效的提升具有重要的作用，它可以优化资源利用、提高团队协作效能、提升项目执行能力、改善人际关系、降低风险等，为项目的顺利实施提供坚实的基础。

9.1.6 人力资源管理的发展历程

以美国华盛顿大学的弗伦奇（French）为代表，从管理的历史背景出发，人力资源管理的发展被划分为六个阶段。

第一阶段：科学管理运动阶段。该阶段以泰勒（Taylor）和吉尔布雷斯（Glbeth）夫妇为代表，关注重点主要是工作分析、人员选拔、培训和报酬方案的制定，以及管理者职责的划分。

第二阶段：工业福利运动阶段。该阶段企业出现了福利部、社会秘书或福利秘书，专门负责员工福利方案的制定和实施，员工的待遇和报酬问题成为管理者关心的重要问题。

第三阶段：早期工业心理学阶段。该阶段以心理学家雨果·芒斯特伯格（Hugo Munsterberg）等人为代表的心理学家的研究成果为标志企业，企业推动了人事管理工作的科学化进程。个人心理特点与工作绩效关系的研究、人员选拔预测效度的提出，使人事管理开始步入科学化的轨道。

第四阶段：人际关系运动阶段。代表人是梅奥等，由他们发起的以霍桑实验为起源的人际关系运动推动了整个管理学界的革命，也影响了人力资源管理。人力资源管理开始由以工作为中心转变到以人为中心，把人和组织看成社会系统。此阶段强调组织要理解员工的需要，这样才能让员工满意并提高生产率。研究人员认为愉快的员工的生产率会比较高，于是企业开始用郊游和员工餐厅等办法试图改善员工的社会环境、提高士气，从而提高生产率。实际上，这一理论夸大了员工情感和士气对生产率的影响，最终实践表明，良好的人际关系可以提高生产率的理念并不可靠。

第五阶段：劳工运动阶段。雇佣者与被雇佣者的关系是人力资源管理的重要内容，从 1842 年美国马萨诸塞州最高法院对劳工争议案的判决开始，美国的工会运动快速发展；1869 年形成了全国工会网络；1886 年，美国劳工联合会成立。到 20 世纪六七十年代，美国联邦政府和州政府连续颁布了一系列关于劳动和工人权利的法案，促进了劳工运动的发展，人力资源管理也成为了法律敏感行业，对工人利益、工人权利的重视成为了组织内部人力资源管理的首要任务。

第六阶段：行为科学与组织理论时代。进入 20 世纪 80 年代，组织管理的特点发生了变化，人的管理成为主要任务，从单个的人到组织人，把个人放在组织中进行管理、强调文化和团队的作用成为人力资源管理的新特征。

9.1.7　我国人力资源管理发展历程

自中华人民共和国成立以来，我国企业管理发展经历了计划经济、经济改革两大发展阶段，人力资源管理的发展也是从单一计划体制的人事管理发展到目前多种形式并存的人力资源管理，具体可以分为四个发展阶段。

1. 人事管理阶段

中华人民共和国成立以后，我国确定了计划经济体制，为与经济体制相适应，实行"统包统配"的就业制度，企业没有用人的自主权，不能自行招聘所需的人员；人员只进不出，没有形成正常的退出机制；企业内部对员工没有考核机制；工资分配存在着严重的平均主义倾向，与工作业绩和工作岗位没有任何关系。在此阶段，人事管理主要是流程性的、事务性的工作，如员工人事档案管理、招工录用、劳动纪律、考勤、职称评定、离职退休、计发工资等。企业人事部门完全服务于国家的政策，配合有关政策的落实，工作技术含量很低，对于人力资源管理的重视程度较低。

2. 人力资源管理阶段

党的十一届三中全会特别是改革开放以来，随着经济体制改革的不断深入，我国国有企业的劳动人事工作也在不断进步。1979 年，国务院颁布了《关于扩大国营工业企业经营管理自主权的若干规定》，重新规定了企业人事管理的职责权限范围，允许企业根据生产需要和精简效能的原则决定自己的机构设置和人员配备；企业有权根据国家下达的劳动指标进行招工、岗前培训；企业有权对成绩优异、贡献突出的职工给予奖励；企业有权对严重违反劳动纪律的职工给予处分，甚至辞退。随着这些规定的落实，企业在用人方面有了更大的操作空间，正常的进出渠道逐渐形成；劳动人事管理制度逐渐完善，劳动定额管理、定员定编管理、技术职称评聘、岗位责任制等在企业中广泛推广；工资管理规范化，打破了分配的平均主义，增强了工资的激励作用。我国企业的人力资源管理工作发生了巨大的变化，已经初步具备人力资源管理的某些功能和作用，并逐步被重视。

3. 人力资本阶段

该阶段下，企业在管理理念上将员工看成资本，认为进入企业的人力已经是资本，不再是资源；在发展观上，完成了以物为本向以人为本的转变。此阶段的人力资源管理从追求数量转到追求质量，人力资源管理工作的重心也转移到员工的绩效管理，建立了现代薪酬体系，营造了良好的工作氛围和优秀的企业文化等，并开始考虑整合企业人力资源，通过工作分析和人才盘点以更加合理地配置企业人力资源；通过加大培训力度提高员工的工作技能和绩效能力；通过改革和优化薪酬体系使之更有激励性，提高人力资本的"投资收益"比率。人力资源经理秉持人力资本理念，在企业里倡导和培养重视人才、开发人才、有效配置人才、激励人才的观念，带动整个企业人才观的转变，自身也向人力资源专家的方向迈进。

4. 战略人力资源管理阶段

随着知识经济和全球化时代的到来，企业的经营环境不确定性的加强，竞争不断加剧，人才的作用越来越重要，企业对人才的争夺战也愈演愈烈，使人才成为了企业竞争的核心，也成为了企业核心竞争力的来源。在此条件下，企业人力资源管理就需要与企业战略密切结合，使人力资源更好地服务于企业战略。基于此，人力资源经理进入了企业的决策层，以专家顾问和战略合作伙伴的身份出现，参与决策、推动变革，使人力资源管理上升到战略人力资源管理阶段。

9.2 组 织 设 计

9.2.1 组织设计的原则和内容

1. 组织设计的基本原则

组织设计是以组织结构安排为核心的组织系统的整体设计工作，其应在合理层次做出决策或员工要遵循的规则。组织设计的基本原则为企业设计兼具效率和效果的组织提供了强有力的指导。当然，任何原则性在发挥正面作用的同时也不可避免地产生负面作用。

1）目标明确化原则

任何组织都是由特定的目标决定，设计组织的目的就是要保证实现组织目标，完成组织的任务。所以，目标明确化原则就是在建立管理组织机构时要明确总目标、各个分支机构的分目标，以及每个人的工作。明确的目标是衡量组织工作是否有效的首要标准，目标不明则成果好坏就无法确定。离开了组织目标，工作效果必然是无功或虚功甚至负功。目标明确的组织机构才能指引管理部门，使每个组织成员的工作指向组织的目标、指向成果。当前许多企业存在建立组织机构时不是围绕着组织目标和工作任务因事择人，而是因人设事的问题，这违反了目标明确化原则，企业始终应围绕组织目标管理组织设计，要以事为中心，因事设机构、职务，配备人员，做到人与事的高度配合，而不能以人为中心，因人设职、因职找事。

2）分工协作原则

企业在实现总目标的过程中必然要划分许多活动和职能，为使管理工作有成效并协调，必须进行专业分工和协作。分工是按照提高管理专业化程度和工作效率的要求把组织的目标、任务分成各级、各部门、各个人的任务、目标，明确干什么、怎么干。有分工还必须有协作，明确在部门之间和部门内的协调关系与配合方法。分工要注意几个问题：尽可能按照专业化的要求设置组织机构；在工作上要有严密分工；注意分工带来的效益。协作要注意两个问题：一是自动协作至关重要；二是协调中的各项关系应逐步规范化、程序化，应有具体可行的协调配合方法，以及违反规范后的惩罚措施。

3）统一指挥与分权管理相结合原则

有效的组织必须有统一的指挥。组织中的每个职务都要有人负责，每个人都应该知道向谁负责，有哪些人要对他负责。各级管理组织机构必须服从上级管理机构的命令和指挥，而且只能服从一个上级的命令和指挥，并对他负责，在指挥和命令上严格地实行"一元化"。上下级之间的上传下达都要按层次进行，不得越级，这就形成了一个"指挥链"。从两个或两个以上的上级接受命令会造成多头领导和多头指挥，也可能造成管理组织的混乱。但是，实行统一指挥原则并不是要把一切权力都集中在组织最高级管理层，而应是既有集权又有分权，该集中的权力必须集中起来，该下放的权力就应当充分地下放给下级，这样才可以加强部门的灵活性和适应性，才能充分调动各级管理者的积极性。如果事无巨细地把所有的权力都集中于最高一级领导层，不仅会使最高领导湮没于烦琐的事务、顾此失彼、无法调动下属的积极性，还会助长官僚主义、命令主义和文牍主义作风，甚至使领导成为庸庸碌碌的事务主义者。

4）权责对等原则

组织中每个部门和职务都必须完成规定的工作。而为了从事一定的活动，需要利用一定的人、财、物等资源。因此，为了保证"事事有人做""事事都能被正确地做好"，不仅要明确各部门的任务和责任，在组织设计中还要规定相应的取得和利用人力、物力、财力及信息等工作条件的权力。没有明确的权力，或权力的应用范围小于工作的要求则可能使责任无法履行、任务无法完成。当然，对等的权责也意味着赋予某个部门或岗位的权力不能超过其应负的职责，权力大于工作的要求虽能保证任务完成，但会导致权力被不负责任地滥用，甚至会危及整个组织系统的运行。

5）管理幅度原则

管理幅度是管理者能够领导下属的数量。每个管理者的时间、精力和能力都是有限的，一个上级管理者能够直接有效指挥的下属数量有一定限度。当管理者的下属人员以数学级数增加时，管理者和下属间相互的影响幅度也将以几何级数增加。

6）管理层次原则

组织的层次取决于组织机构总任务的工作量及管理幅度。总任务工作量大、组织中总人数多则组织的层次必然增加。但在完成同样数量的工作时,管理幅度越狭窄则所需管理层次将越多。从管理的质量和效率角度看,在最高管理层和最基层工作人员之间如果组织层次过多将不利于上传下达、相互沟通。管理层次的增加虽有弊病,但是,从系统论的观点看,组织有方的大系统比小系统有更高的功效。从社会发展的现实来看,整个社会趋向于组织严密的大系统,适当增加组织层次、加大管理幅度将是必然趋势。因此,在组织管理中应进一步研究授权、组织体制和组织机构类型等问题。一般来说,应该在通盘考虑并确定管理幅度因素后,在实际运用中再根据具体情况确定管理层次。

2. 组织设计的内容

组织设计一般包括以下内容。

(1)根据内在的联系及工作量把为实现管理目标所必须进行的各项业务活动分类组合,设计各种基本职务和组织机构。

(2)规定各种职务、各个组织机构的责、权、利及其与上下左右的关系,并以组织系统图和责任制度、职责条例、工作守则等形式加以说明。

(3)选拔和调配合适的人员担任相应的职务,并授予执行职务所必需的权力,使每个人都能充分发挥作用。

(4)通过职权关系和信息系统把各个组织机构连成一个严密而又有活力的整体。

(5)对组织系统内的职工进行教育培训和智力开发,使他们的知识不断更新,更有效地完成个人所承担的工作。

3. 组织设计应考虑的因素

一个好的组织设计应当具有清晰的职责层次顺序、流畅的意见沟通渠道、准确的信息反馈系统、有效的协调合作体系、相对封闭的组织结构。同时,随着社会的前进和经济的发展,执行管理功能的组织不能一成不变,不能刻板僵化,应当随着外部环境的改变进行相应的变革。组织设计应当充分考虑以下因素。

1)目标明确

一个好的组织必须目标明确。首先应该明确大系统的总目标,这个目标是衡量系统工作是做正功还是做负功、无功、虚功的标准。组织的设计和建立必须能指引管理部门将每个组织成员的视线指向组织的总目标、指向成果。如果组织目标不明确,管理部门和组织成员的视线将偏离总目标,不仅难以做到整体大于部分之和,甚至成果的总和是有利还是有弊也将是不确定的。

2)任务明确

组织系统的目的、目标和任务应是一致的,但三者概念的层次不同。在管理过程中,在目的的指引下制定具体的目标,由目标落实到任务。因此,不仅目标要明确,任务也要落实。组织的设计和建立应能使每一个成员(尤其是管理人员)的工作专门化,做任何一项工作必须具体且特定。共同的任务是各管理单位和个人任务的基础,在组织内的每一个成员都必须了解个人的任务应该如何配合整个组织的任务,也必须知道整个组织的任务对个人的意义。只有这样,组织中每一个成员的努力才能符合整个组织的共同利益。

3）完成任务的方法明确

任务明确后还必须明确完成任务的方法，这也是组织设计的特点，不仅总任务要明确，各层次的分任务也应明确，即完成任务的每一个步骤，甚至每个行动的要求都应是明确的。组织中的每个管理单位及组织中的每个成员都必须清楚其所处的地位和归属，了解从何处取得所需的指令和资料，知道如何去完成工作任务。

4）管理效率高

所谓管理效率高指管理机构应花最少的人力（尤其是最少的高绩效人才）完成组织所需要的管理、监督及引导有关人员的执行等任务，保持机构的正常运转、达成组织的目标。也就是说，管理效率高就是以最少的人力从事管理、组织、内部控制、内部联系及处理人事问题。因此，组织结构必须能促成人的自我管理和自我激励。

5）决策合理性

组织设计如何才能有效地向目标通近？每一步都需要决策。一个组织机构必须经得起决策程序的考验，考验其是否有助于做出正确决策，能否使决策转化为行动和结果。

6）沟通渠道畅通

在管理中，沟通要以信息沟通去指引人力、物力、财力的沟通。一个组织的优劣在很大程度上取决于沟通，特别是信息沟通的能力。组织的设计和建立应保证有畅通的信息沟通渠道，促进信息的传递速度、准确性，提高信息接受率。

7）稳定性与适应性

组织必须有相当程度的稳定性，要能够以历史成就为基础从事本身的建设，规划未来，保持本身的稳定性和连续性。但是，稳定并不意味着一成不变，相反，它必须随着环境变化而变化，使组织结构具有高度的适应性，因为一个完全刚性的结构往往难以达到真正的稳定，只有能够随时调整以适应新的形势、新的要求和新的条件，组织结构才能真正稳定。

8）具有自我更新能力

一个有生命力的组织机构还必须能够根据组织目标的变化对组织机构提出的新要求，不断调整自身的组织机构，完善内部管理，通过提高组织成员的经验和能力完善组织机能，而使组织具有执行新工作的能力。

9.2.2 组织结构设计的类型

建立管理的组织结构需要有一定的形式，这个组织形式主要解决各部门、各环节领导和从属的关系，即有比较稳定的组织形式把各部门、各环节领导和从属的关系固定下来，使上下级更好地沟通、更好地进行管理活动，避免管理上的混乱现象。这也是建立有权威的管理系统必不可少的条件。

管理机构的组织形式往往需要随生产、技术和经济的发展而不断演变，但应与管理组织的目标、状态、条件、规模相适应。规模不同，组织形式也不一样。从企业的发展角度看，有以下四种基本的组织形式。

1. 直线制组织形式

生产规模小、生产流程非常简单的企业通常采用直线制组织形式。这种组织形式的一切指挥和管理职能基本上由负责人执行，只有少数职能人员协助，但不设专门的职能机构，其形式比较简单，指挥管理统一，责任和权限比较明确，但它要求行政负责人通晓多种专业管理知识，能亲自处理许多业务。因此，这种形式只适用于比较简单的管理系统。

2. 直线职能制组织形式

在直线职能制组织形式中，各级行政负责人有相应的职能机构作为助手以充分发挥其专业管理的作用；每个管理机构内又保持了集中统一的生产指挥和管理，是较好的组织结构形式之一。

3. 矩阵式组织形式

矩阵式组织也叫规划目标结构组织。这里的"矩阵"，是从数学移植过来的概念。这种组织形式把按照职能划分的部门和按照产品或项目划分的专题小组结合起来，形成矩阵。专项小组是为完成一定的管理目标或某种临时性的任务而设立的，其负责人都在最高级管理者的直接领导下工作，小组成员既受专项小组领导，也与原职能部门保持组织与业务联系，受原职能部门领导。矩阵式组织形式如图9-1所示。

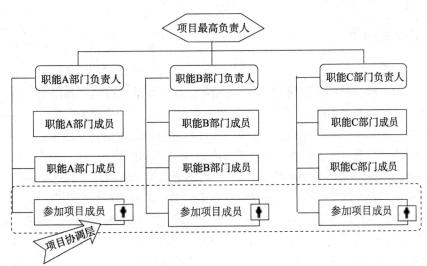

图 9-1　矩阵式组织形式

矩阵式组织结构纵横交错，打破了传统管理中管理人员只受一个部门领导的原则，加强了各部门的联系，有利于互通情况、集思广益、协作配合，可以提高组织信息传递和协调控制的效率，还能把不同部门、不同专业的人员组织起来，发挥专业人员的长处、提高技术水平和管理水平，充分利用各种资源、专业知识和经验，有利于新技术的开发和新产品的研制，既能适应管理目标和组成人员的临时性，又能保持原有组织的稳定性。采取矩阵式组织形式，可促进综合管理和职能管理的结合。我国在总结国内外企业管理经验的基础上提出了全面计划管理、全面质量管理、全面经济核算和全面人事管理四项最基本的综合管理，这些制度都包含着矩阵式组织的思想。

4. 分权事业部制组织形式

随着社会经济的迅速发展，一部分规模比较庞大的企业实行了多种经营、跨国经营，产品、技术种类繁多，加上市场因素多变，为了适应这种需要就采用了分权事业部制。分权事业部制指在大公司之下按产品类别、地区或经营部门分别成立若干自主营运的事业部，每个事业部均自行负责本身的效益及对总公司的贡献。事业部必须具备相对独立的市场、相对独立的利益和相对独立的自主权三个基本因素。这种组织制度实际上是在集中指导下进行分权管理，它是在职能制和直线职能制结构的基础上为克服两者的缺点而发展起来的组织形式，是现代社会化大生产发展的必然趋势。分权事业部制组织形式的基本原则是"政策制定与行政管理分开"，即"集中决策，分散经营"。也就是说，使公司最高级领导层摆脱日常行政事务，集中力量研究和制定公司的各项政策。例如，财权、重要领导人的任免、长期计划和其他主要政策由总公司掌握，而公司所属的各个事业部则在总公司政策的控制下发挥自己的主动性和责任心。

9.3　激　　励

9.3.1　激励的概述

激励是组织用以吸引、保留员工的重要手段，在员工的引进和绩效的提高方面有着不可替代的作用。激励来源于拉丁词汇"movere"，原意是采取行动。我国在《史记·范雎蔡泽列传》最早出现"激励"一词："欲以激励应候。"这里的意思是激发使其振作。在现代，国内外的学者对激励的定义进行了不同角度的描述。Koontz认为激励是"一系列的连锁反应，即是从需要出发，由此引起要追求的目标，个体出现了一种紧张感，并引发为实现目标的行动，最终满足了个体的要求"。国内学者认为，激励是"通过影响职工的需要达成来提高他们的工作积极性、引导他们在企业经营中的行为"。

激励指在外界环境等诱因的作用下，个体根据自己的内在驱动力量，运用一定的自我调控方式，从而达到激发、引导、维持和调节行为并朝向某既定目标的过程，如图9-2所示。激励强调三个激发动机因素：内驱力、诱因和自我。

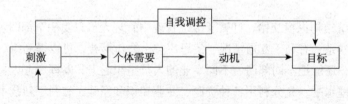

图 9-2　激励的作用过程

9.3.2　激励的机制

现代组织行为学理论认为，激励的本质是调动员工去做某件事的意愿，这种意愿是以满足员工的个人需要为条件的，因此，激励的关键在于正确地把握员工的内在需求，并以恰当的方式去满足他们。激励机制主要包括诱导因素、行为导向制度、行为幅度制度、行为时空制度和行为规划制度五个方面的内容。

（1）诱导因素是用于调动员工积极性的各种奖酬资源。

对诱导因素的提取必须建立在对员工个人需要进行调查、分析和预测的基础上，然后根据组织所拥有的奖酬资源的实际情况设计各种奖酬形式，包括各种外在性奖酬和内在性奖酬。

（2）行为导向制度指组织对其成员所期望的努力方向、行为方式和应遵循的价值观的规定。

在组织中，由诱导因素诱发的个体行为可能会朝向各个方向，不一定都指向组织的目标方向。同时，个人的价值观也不一定与组织的价值观完全一致，这就要求组织在员工中培养主导价值观。行为导向强调全局观念、长远观念和集体观念，这些观念都是为实现组织的各种目标服务的。

（3）行为幅度制度指对由诱导因素所激发的行为在强度方面的控制规则。

根据期望理论公式，对个人行为幅度的控制是通过改变奖酬与绩效之间的关联性，以及奖酬本身的价值实现的。根据斯金纳的强化理论，按固定的比率和变化的比率确定奖酬与绩效之间的关联性会对员工行为带来不同的影响。

（4）行为时空制度指奖酬制度在时间和空间方面的规定。

这方面的规定包括特定的外在性奖酬与特定的绩效相关联的时间限制、员工与一定工作相结合的时间限制及有效行为的空间范围。这样的规定可以使企业所期望的行为具有持续性，并在一定的时间和空间范围内发生。

（5）行为规划制度指对成员进行组织同化，对违反行为规范或达不到要求成员的处罚和教育。

它包括对新成员在人生观、价值观、工作态度、合乎规范的行为方式、工作关系、特定的工作技能等方面的教育，使他们成为符合组织风格和习惯的成员，从而具有一个合格的成员身份。

9.3.3 激励的途径

在实践应用中，结合管理学、心理学的激励理论，激励机制可以通过薪酬体系设计与管理、职业生涯管理和升迁变动制度、分权与授权机制等多个方面来实现。

1. 薪酬体系设计与管理

薪酬体系设计与管理是人力资源管理的核心职能模块，是激励员工的重要手段和方式。要实现最有效的激励效果，必须树立科学的薪酬分配理念，合理拉开分配差距，同时建立依靠员工业绩和能力来支付报酬的制度化体系。要实现这些目标，应该实现"职位分析—职位评价—职务工资设计一体化"；实现"能力分析—能力定价—能力工资设计一体化"；实现"薪酬与绩效考核的有机衔接"；实现"薪酬与外部劳动力市场价格的有机衔接"；实现"员工的短期激励与长期激励有机结合"。

2. 职业生涯管理和升迁变动制度

传统的职业生涯通道建立在职务等级体系的基础上，是"官本位"式的职业生涯管理制度，其等级是呈金字塔形状分布的，在这样的职业生涯制度下，如果员工职务升迁无望，也就意味着其发展的意愿破灭，这一切就会导致员工的工作积极性下降，甚至滋生腐败。建立多元的职业生涯通道，让员工在不同的职业通道内合理"分流"，在各自的通道内发展，得到同样的工资、奖金、地位、尊重等才能达到激励效果。

3. 分权与授权机制

分权与授权机制主要是针对知识型员工的，也就是具有一定知识、技能和能力的员工。这些员工除了看重薪酬、职务升迁等因素之外，对工作的自主性、工作的参与权及决策权也有很大的需求。企业建立恰当科学的分权与授权机制不仅可以较大幅度地提高组织运行的效率，同时还可以对员工起到较好的激励效果。

复习思考题

1. 解释人力资源规划的主要内容和步骤。
2. 项目团队的角色和职责是什么？请描述项目团队的主要成员及他们在项目中的角色和职责。
3. 在项目人力资源管理中，如何有效地进行团队建设和促进团队合作？

第 10 章

项目沟通管理

【教学目标】

1. 理解沟通管理的定义，认识管理与沟通的关系，意识到沟通管理的重要性。
2. 掌握沟通管理的过程和要素，了解沟通管理的分类和影响因素。
3. 理解沟通的目的，熟悉沟通的形式，掌握沟通的过程和技巧。
4. 了解组织沟通和团队沟通相关的内容和沟通方法。
5. 能够应用所学知识和技巧，有效地进行实际项目的沟通管理，促进团队合作和信息交流。

　　L 先生曾负责一个航空领域的大型数据仓库开发项目，在开发此项目一期的时候，各类问题层出不穷，项目组疲于应付，四处救火。

　　在项目中，L 先生没有与各项目干系人建立有效的联系，根本无法让他们了解项目进展情况。甚至连项目开发人员自身对项目整体情况也没有清楚的认识，只管自己那一部分，对其他工作则不闻不问；项目一旦开始，直到项目结束才能准确知道产品情况。整个开发过程完全是一种"黑盒"模式，项目组成员无法把握准确进度，无法保证项目质量。

　　到了项目后期，项目团队才发现销售模块开发进度过慢，不得已加班加点、仓促交工，连自己都不放心项目质量，大量的故障（bug）被遗留在这部分代码中，产生了许多隐患，维护的工作量甚至超过了开发，导致系统维护成本过大。用户抱怨颇多，维护人员更是怨声载道。

　　在交工时，客户提出运输模块提供的信息无法满足制作报表的要求，并抱怨这个变更早就通知过项目组，可 L 先生作为项目经理竟然全然不知，结果是来回扯皮。

　　开发人员在设计对内开账模块时描述了实现方式，但为了节省时间，只是粗略地写了设计就去编码，编码结束时才发现运行结果和 L 先生原来所理解的出入甚大，只得推翻重来，不但工作量增加了，而且成本超支严重。

　　在开发此项目的二期时，项目组开始加强对需求、计划的管理，采用了配置管理工具 VSS 管理文档后情况才逐步好转，但前期仍然出现了许多问题，不少项目成员对文档敷衍了事，认为只是走走过场而已。

　　L 先生所遇到的现象绝非偶然，这些项目管理过程中的问题可能会让许多项目管理者一筹莫展。但只要稍加分析便能深切意识到问题不在于计划、监控，而在于沟通。L先生的项目组在运行过程中缺乏的是一种有效的项目组各个层面间沟通渠道，以及保证项目团队内部信息准确、及时和畅通传递的机制，而加强沟通管理应是实施成功项目管理的必由之路。

资料来源：殷焕武，周中华. 项目管理导论[M]. 北京：机械工业出版社，2010.

10.1　项目沟通管理概述

项目沟通管理是为了确保项目过程中信息的收集、传输及最终配置所必需的一系列过程，其主要包括规划沟通管理、沟通管理及沟通控制。沟通管理是项目成功所必需的因素，是人、想法和信息之间的枢纽。IT项目需求调研、开发过程、评审过程、需求变更及项目验收等过程都需要有效的沟通来支持，充分的沟通会影响到项目的成败。沟通是一门艺术，生活中处处离不开沟通。近年来，医患事故屡见不鲜，而加强医患沟通是构建和谐医患关系的关键，这就要求医患双方在沟通中学会倾听、共情、有耐心并尊重需求等有效的沟通会事半功倍。外交就是国家之间在政治舞台上的较量，中国的历史长河中涌现了许多卓越的外交使者，如完璧归赵的蔺相如，出使楚国巧妙化解外交侮辱的晏子等，这些我国数不胜数精彩的外交瞬间，外交家们仅仅利用语言就维护了国家的尊严。

10.1.1　项目沟通管理的定义

沟通指可理解的信息或思想在两个或两个以上的人群中传递或交换的过程，在这个过程中，人们通过书面语言、口头语言和行为语言等方式进行信息交流、信息获取、信息解释、信息共享的活动。

沟通可以根据多种维度分类，主要包括以下四类。

（1）按照沟通的方向划分，相关方相对项目团队的位置会影响信息传递的形式和内容，包括自上而下的沟通、自下而上的沟通和水平沟通三种。

从高层次向低层次进行的沟通被称为自上而下的沟通，主要针对承担项目工作的团队和人员；从低层次向高层次进行的沟通被称为自下而上的沟通，针对高层相关方；发生在团队成员之间、同层次的团队成员之间、同层次的管理者之间的沟通被称为水平沟通，针对项目经理或团队的同级人员。

（2）按沟通的方法划分，可以将之分为书面沟通和口头沟通。书面沟通包括对团队内部使用备忘录，对客户和非公司人员使用信件方式进行的沟通，其中备忘录和信件均可通过复制或电子邮件来传递。口头沟通即面对面的沟通，或通过电话、有声邮件及电话会议等方式实现的沟通。

（3）按沟通的正式程度划分，可以将之分为正式沟通和非正式沟通。正式的团队沟通指团队正式组织系统的信息传递，如报告、正式会议、会议议程和记录、相关方简报和演示等；非正式团队沟通指团队非正式组织系统的信息传递，如采用电子邮件、社交媒体、网站，以及非正式的临时讨论等。

（4）按沟通的内外部划分，可以将之分为内部沟通和外部沟通。内部沟通主要面向项目内部和组织内部的相关方；外部沟通主要面向外部相关方，如客户、供应商、其他组织、政府、公众等。

项目沟通管理指在项目中有效地规划、执行和控制沟通活动的过程，它涉及与项目相关的信息的收集、传达和分享，以确保项目相关方之间的有效沟通、促进项目团队的协作，以及保持项目的顺利进行。

项目沟通管理包括以下几个主要方面。

1. 沟通计划

制订项目沟通策略和计划，明确沟通的目标、受众、信息需求和沟通渠道。

2. 信息收集与分发

收集项目相关信息，进行整理和分析，并确保及时传达给相关方。

3. 沟通渠道与工具

选择适当的沟通渠道和工具，以满足不同的沟通需求和受众。

4. 沟通技巧与交流

运用有效的沟通技巧，确保信息准确传达，并理解和解决沟通中的问题和障碍。

5. 沟通管理计划的执行和控制

按照沟通计划执行沟通活动，并进行监控和控制，以确保沟通的有效性和及时性。

6. 沟通风险管理

识别和管理与沟通相关的风险，以减少潜在的沟通障碍和误解。

良好的项目沟通管理有助于建立良好的工作关系、提高团队合作、减少误解和冲突，并确保项目成员和相关方对项目目标、进展和决策有清晰的理解。

10.1.2 管理与沟通的关系

沟通是人与人之间思想和信息的交换，是将信息由一个人传达给另一个人，并逐渐在更广泛的空间领域传播的过程。在项目管理中，项目经理约 75% 时间和精力将被用于与组织内外部沟通。不同的相关方有不同的文化和组织背景，以及不同的专业水平、观点、目标，而有效的沟通则能够架起一座桥梁，连接不同文化背景、组织环境、专业和视角的利益，保证项目的顺利开展。

项目沟通管理是为了确保项目信息的合理收集和传输，对项目运行中使用到的不同沟通活动进行管理的过程，是对项目信息与信息传递的内容、方法、过程的全面管理，同时也是对在项目管理过程中交换思想和交流感情的活动与过程的全面管理，目的是保证有关项目的信息能够适时以合理的方式产生、收集、处理、储存和交换。涉及项目的任何人都应准备以项目"语言"发送和接收信息，并理解他们以个人身份参与的沟通会怎样影响整个项目。

沟通是信息交流，组织之间的沟通是指组织之间的信息传递。对项目来说，要科学地组织、指挥、协调和控制项目的实施过程就必须进行项目的信息沟通，好的信息沟通对项目的发展和人际关系的改善都具有促进作用。项目沟通管理具有复杂性和系统性的特征，著名组织管理学家切斯特·巴纳德（Chester Barnard）认为，"沟通是把一个组织的成员联系在一起，以实现共同目标的手段"。没有沟通就没有管理，项目的组织越复杂，其沟通就越困难。

10.1.3 项目沟通管理的重要性

在项目的整个过程中，沟通起着不可估量的作用。项目团队与客户的沟通、项目团队与主管单位的沟通、项目团队与供应商的沟通、项目团队成员内部的沟通，所有这些沟通贯穿项目的全生命周期。项目发生变化和变更时需要沟通，项目发生冲突时需要沟通，在项目的生命周期中，所有信息的输入输出过程都是项目的沟通过程，没有项目的沟通就没有项目的成功。

1. 项目沟通是项目计划的基础

项目团队要制订科学的计划，必须以准确、完整、及时的信息作为基础。通过项目团队内部及外部环境之间的信息沟通就可以获得所需的信息，为科学计划及正确决策提供依据。

2. 项目沟通是项目管理的依据

在项目团队内部中，没有良好的信息沟通就无法实施科学的管理。只有通过信息沟通、掌握项目团队内的各方面情况才能为科学管理提供依据，有效地提高项目团队的组织效能。

3. 项目沟通是项目经理成功领导的重要措施

项目经理通过各种途径将信息传递给团队成员并使之理解和执行。如果沟通不畅，团队成员就不能正确理解项目经理的意图，更无法使项目顺利执行，最终会导致项目混乱甚至失败。因此，提高项目经理的沟通能力才能保证其领导的成功。

4. 项目沟通是协调团队成员关系的必备条件

项目沟通需要通过信息沟通、意见交流将团队成员联系起来，成为一个整体。信息沟通是重要的心理需要，是人们用以表达思想、感情与态度，寻求同情与友谊、理解与支持的重要手段。畅通的信息沟通可以减少人与人之间不必要的误会，改善人与人、人与组织的关系。项目沟通管理是保证及时有效地收集、分发、储存和处理项目信息的全过程，目的是保证各主要项目干系人可以方便地得到所需信息。

10.1.4 项目沟通管理的过程和要素

项目沟通管理主要包括沟通管理规划（plan communication management）、沟通管理（management communications）和沟通控制（control communications）三个阶段，如图10-1所示。

第 10 章 项目沟通管理

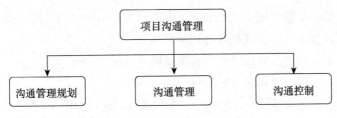

图 10-1　项目沟通管理三个阶段

1. 沟通管理规划

沟通管理规划是根据项目相关方需求和可用的组织资源制订恰当的沟通管理计划的过程。制订沟通管理计划有助于明确高效的沟通方法并记录在案。沟通规划不当可能导致各种问题，如信息传递延误、向错误的受众传递信息等。大多数项目都是在项目前期就开展沟通规划工作（如在项目管理计划编制阶段），这有助于为沟通活动分配适当的资源（如时间和预算）。

虽然所有项目都需要信息沟通，但是各项目的信息需求和信息发布方式存在较大差别。此外，在规划沟通管理的过程中需要适当考虑并合理记录用来存储、检索和最终处置项目信息的方法。

沟通管理计划是项目管理计划的组成部分，其描述了如何对项目沟通进行规划，结构化和监控，该计划包括以下信息。

（1）相关方的沟通需求。

（2）需要沟通的信息，包括语言、格式、内容、详细程度。

（3）发布信息的原因。

（4）发布信息及告知收悉或做出回应（如适用）的时限和频率。

（5）负责沟通相关信息的人员。

（6）负责授权保密信息发布的人员。

（7）将要接收信息的个人或小组，包括他们的需要、需求和期望。

（8）传递信息的技术或方法，如备忘录、电子邮件、新闻稿或社交媒体等。

（9）为沟通活动分配的资源，包括时间和预算。

2. 沟通管理

沟通管理是指根据沟通管理计划进行信息创造、收集、扩散、存储、回收及最终处理的过程。沟通管理的过程确保了信息高效地在不同项目相关方之间传递，并不局限于发布相关信息，还要设法确保信息被正确地生成、接收和理解，以及为相关方获取更多信息、展开澄清和讨论创造机会。

有效的沟通管理需要借助相关技术，包括以下八个方面。

（1）发送方—接收方模型。其中，反馈循环为互动和参与提供了机会，有助于清除沟通障碍。

（2）媒介选择。根据情形确定何时使用书面沟通或口头交流，何时需要准备非正式备忘录或正式报告，何时进行面对面沟通或通过电子邮件沟通。

（3）写作风格。合理使用主动或被动语态、句子结构，以及合理选择词汇。

（4）会议管理技术。准备议程和处理冲突。

（5）演示技术。知晓形体语言和视觉辅助设计的作用。

（6）引导技术。建立共识和克服障碍。

（7）倾听技术。主动倾听（告知收悉、主动澄清和确认理解），消除妨碍理解的障碍。

（8）要定期收集基准数据与实际数据，进行对比分析，以便了解和沟通项目进展与绩效，并对项目结果做出预测。

3. 沟通控制

沟通控制指在项目生命周期的不同阶段监督并控制信息传播，使信息传播能满足不同项目相关方需求。这个过程可以随时确保所有沟通参与者之间的信息流动的最优化。沟通控制过程可能引发重新开展规划沟通管理或管理沟通过程，这种重复体现了项目沟通管理各过程的持续性质。对某些特定信息的沟通，如问题或关键绩效指标（包括实际进度、成本和质量情况与计划的比较结果）可能立即引发修正措施，而对其他信息的沟通则不会。因此，需要评估和控制项目沟通的影响和基于影响采取的相应措施，以确保在正确的时间把正确的信息传递给正确的受众。

在沟通控制过程中，可以采用工具和技术提升质量和效率，具体工具和技术包括以下三个方面。

（1）项目团队征求专家意见，判断评估项目沟通的影响、采取行动或进行干预的必要性、应该采取的行动、对这些行动的责任分配，以及行动时间安排。专家判断可以来自拥有特定知识或受过特定培训的小组或个人，如组织中的其他部门、顾问、干系人，包括客户或发起人、专业和技术协会行业团体、主题专家、项目管理办公室（PMO）。

（2）项目管理计划描述了项目将如何被执行、监督、控制和收尾，可以为沟通控制过程提供有价值的信息，包括相关方的沟通需求、发布信息的原因、发布所需信息的时限和频率、负责发布信息的个人或小组、将接收信息的个人或小组。

（3）问题日志用于记录和监督问题的解决，它可以促进沟通，确保对问题的共同理解。书面日志记录了由谁负责在目标日期前解决某特定问题，这有助于对该问题的监督。相关负责人应该解决那些妨碍团队实现目标的障碍。问题日志中的信息对控制沟通过程十分重要，因为它记录了已经发生的问题，并为后续沟通提供了平台。

有效的管理沟通应考虑七个方面的基本要素，即沟通者、听众、信息、渠道、背景、沟通目标和反馈。

（1）沟通者。沟通者即发起这个沟通行为的人。

（2）听众。听众即沟通对象。是什么促使他们支持？他们的建议所抱的态度是积极的、消极的、还是不冷不热的？沟通者面临一个还是多个沟通对象？那些会受到计划成功或失败影响的次要听众是谁？还有其他听众吗？

（3）信息。针对特定的沟通对象可实现目标的消息。需要考虑他们要多少信息、他们可能会产生何种疑惑、沟通者的建议将会对他们产生何种利益、怎样使消息具有说服力和被牢记在心，以及怎样最有说服性地组织观点。

（4）渠道。哪种渠道能把消息最有效地传递给每个重要的沟通对象？口头、笔头、电话、电子邮件、会议、传真、录像？

（5）背景。沟通的内部环境（包括文化、历史和竞争状况等）、外部环境（如潜在顾客、代理机构状况、当地或国家的有关媒体等）。

（6）沟通目标。寻求的结果是什么，在已接到一个指示或产生一个好主意时，尽可能清晰地把它写下来，然后与实现它所需花费的成本进行对比。它有价值吗？它和同等重要的或更重要的目标相冲突吗？如何评价其风险和成果？

（7）反馈。沟通不是行为而是过程。一条消息应至少引出一次反应，这又需要产生另一条消息。企业沟通不是射箭，而是建立为达到结果所设计的动态过程，这意味着在沟通的每一个阶段都要寻求听众的支持，更重要的是给他们回应的机会。依此方法才能知道听众想什么，可相应地调整发布的消息，使他们更能感觉到参与了这个过程并对目标做出承诺。

沟通情势是管理者偶然碰到而非有预谋的事件。重要议题和目标可能并不被列于任何议事日程之上。认真考虑发起者、听众、目标、背景、消息、媒体和反馈将得出一个任何情势之下都可应用的简洁的沟通框架。

10.1.5 项目沟通管理的分类

1. 按主体分类

（1）个体间沟通：组织沟通最基本的内容。

（2）群体间沟通：不同团队、不同部门间的沟通。

2. 按方法分类

1）语言沟通

（1）口头沟通：交谈、讨论、讲座、电话。

（2）书面沟通：报告、信件、内部期刊。

2）非语言沟通

（1）体态语言沟通：动作姿态、面部表情、衣着打扮。

（2）电子媒介沟通：传真、电子邮件。

（3）副语言沟通：语言、语调。

3. 按组织系统分类

（1）正式沟通：以正式组织系统为渠道的信息传递。

（2）非正式沟通：以非正式组织系统或个人为渠道的信息传递。

10.1.6 项目沟通管理的影响因素

语言、知识结构、心理因素、文化因素等都会成为项目沟通的影响因素。同时，组织结构的设计、沟通渠道的选择、传递的信息本身等都会影响项目沟通的效果。实际上，任何信息沟通的效果都决定于沟通双方的差异及沟通途径的选择。沟通管理的影响因素具体包括：语言、知识水平、知觉的选择性、心理因素、沟通渠道、组织结构、信息量等。

1. 语言

人与人之间的信息沟通主要是借助语言进行的，但语言仅是知识交流的工具，而不是思想本身。首先，从传递信息的角度看，并不是每个人都能恰如其分地表达自己的思想，这取决于信息传递者掌握和运用语言的能力。其次，对于信息的接收者，其理解程度决定于各种因素，如年龄、教育、文化背景等。项目组织成员往往具有不同的背景，各专业人员具有各自的专业术语和技术用语，处于不同管理层次的人对同一词汇的理解也可能不同。

2. 知识水平

当信息的接收者与发送者的知识水平相差很大时，双方可能缺少共同的知识区，信息接收者可能理解不了发送者的意思。.

3. 知觉的选择性

人们在接收或转述一条信息的时候，总是有意无意地产生知觉的选择性，容易听得进去符合自己需要又与自己切身利益有关的内容，而回避对自己不利的、可能损害自身利益的信息。

4. 心理因素

在信息沟通中有很多障碍是由心理因素引起的，个人的性格、气质、态度、情绪、兴趣等的差异都可能引发信息沟通的障碍。

5. 沟通渠道

信息沟通的渠道是多种多样的，各种渠道又有各自的优缺点。在选择不同项目的沟通渠道时应充分考虑实际情况与具体要求。

6. 组织结构

合理的组织结构有利于信息沟通。一些庞大的组织结构可能中间层次过多，信息传递更容易失真、遗漏，而且还会浪费时间，影响信息传递、传播的时效性，从而影响工作效率。

7. 信息量

信息并不是越多越好，不相关的信息容易妨碍信息接收者分析、理解和处理信息，浪费接收者的时间，间接影响工作进度。

10.2　项目沟通管理方法

10.2.1　项目沟通的目的

1. 事物说明

沟通者通过陈述事实引起沟通双方共同思考，继而相互提出彼此的见解。

2. 情感表达

沟通者表示观感和沟通时流露感情,使被沟通者产生感应。

3. 问候建立

沟通具有暗示情分的作用,在此过程中能判断对方的感情是友善的还是不友善的,达到问候建立的目的。

4. 目标说明

沟通者透过问候可以向对方说明或暗示一些信息以达成自己的目标。

沟通的最终目标是让被沟通的人明白要传递的内容,而要完成高效的沟通,首先需要分析沟通目标(即对沟通目标进行细分,使其从一般到具体,明确总体目标、分目标、子目标分别是什么),然后从具体目标开始谋划沟通。总目标是综合目的,是沟通者所希望实现的概括性陈述。分目标是指导走向总体目标的具体的、可度量的并有实时限的步骤。子目标更具体,它以行动目标为基础,明确决定希望沟通的对象如何对沟通做出反应。

10.2.2 项目沟通的模式

1. 正式沟通

管理学中正式沟通还分以下几种模式,如图 10-2 所示。

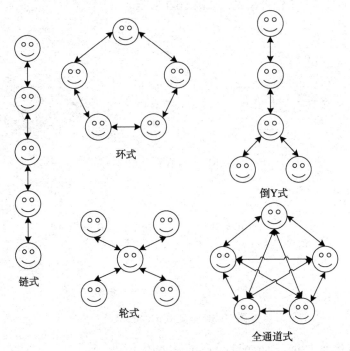

图 10-2 正式沟通的模式

1)链式沟通

链式沟通属控制型结构,信息容易失真,平均满意度有较大差异,可用来表示组织中主管人员与下级部属之间存在若干中间管理者。

2）环式沟通

环式沟通的畅通渠道不多，组织成员士气高昂，具有比较一致的满意度。如果需要创造一种高昂的士气来实现组织目标，环式沟通是一种行之有效的方式。

3）倒 Y 式沟通

倒 Y 式沟通大致相当于从参谋机构到组织领导再到下级之间的纵向关系。容易导致信息曲解或失真，影响组织成员的士气、阻碍组织提高工作效率。

4）轮式沟通

轮式沟通属于控制型网络，大致相当于一个主管领导直接管理几个部门的权威控制系统，其集中化程度高，解决问题速度快，但沟通渠道少，组织成员满意度低，士气低落。轮式网络是加强组织控制、效率高、速度快的一种有效的沟通形式，如果组织接受攻关任务，要求进行严密控制，则可采用轮式沟通。

5）全通道式沟通

开放式的网络系统的沟通渠道多，平均满意度高且差异小，士气高昂，合作气氛浓。对解决复杂问题、增强组织合作精神、提高士气有很大的作用，但容易造成混乱，且又费时，影响工作效率。

2. 非正式沟通

非正式沟通包括以下四种模式，如图 10-3 所示。

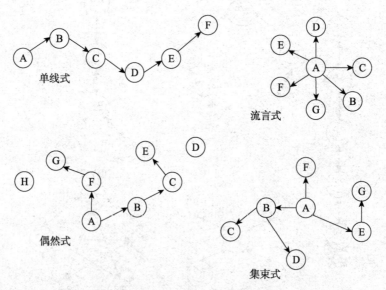

图 10-3　非正式沟通的模式

1）单线式沟通（single-strand communication）

在单线式的非正式沟通中，信息依次通过一个人传递给另一个人，类似一条线性的传递链，每个人依次将信息传递给下一个人，形成串联模式。这种模式下的沟通容易出现信息失真和扭曲。

2）流言式沟通（gossip chain communication）

流言式的非正式沟通指信息在组织或团队中通过社交网络和个人关系迅速传播的模式。当一个人向另一个人传递信息时，接收者可能会进一步将信息传递给其他人，从而形成一个连锁反应。这种模式下的沟通往往伴随传闻和传言，容易导致信息失真和误解。

3）偶然式沟通（probability communication）

偶然式的非正式沟通指信息在组织或团队中通过偶然的机会和非计划的方式传播的模式。在这种模式下，信息可能通过随机的交流和社交互动在组织中传递，可以促进信息的广泛传播，但也可能导致信息的不确定性和不准确性。

4）集束式沟通（cluster chain communication）

集束式的非正式沟通指信息在组织或团队中通过特定的关系网络传播的模式。在这种模式下，信息通过一些核心成员或群体传递，然后从这些成员或群体向外扩散。这种的沟通可能形成特定的信息聚集和传播路径，有助于信息的准确传达和理解。

这些非正式沟通模式在项目或组织中可能同时存在，并且可能对信息的传递和沟通效果产生不同的影响。了解这些模式可以帮助项目经理更好地理解和管理非正式沟通，确保信息的准确性和有效传达。

10.2.3　项目沟通的过程

项目沟通过程由信息发送者（sender）、信息接收者（receiver）、沟通渠道和环境构成，如图10-4所示。其中，信息发送者通过信息编码将自己的想法制成一定形式的信息，如语音、文字、图像等，然后通过沟通渠道传递给信息接收者。信息接收者对所接收的信息进行解码、理解，然后对信息做出反馈。信息发送者需要根据对反馈信息的解码了解信息接收者是否正确地理解其发送的信息，以便进行下一轮沟通。

1. 沟通者

沟通者包括信息发送者和信息接收者，是沟通活动的实施者。沟通者的学识素养、心理状态、沟通技能等决定了沟通活动的有效性。

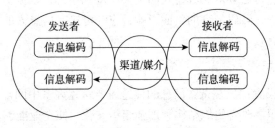

图 10-4　项目沟通的过程

2. 信息

信息是沟通的基础。信息类别和信息复杂性也会影响其编码和解码的难易程度。

3. 编码

编码是信息发送者把拟传递的信息用一定的符号表达出来的过程，如语言、声音、图像等。编码应以方便对方理解为原则。

4. 沟通媒介

沟通媒介指信息传递方式或载体。信息传递方式可以是书面的或口头的、语言的或形体的。对特定信息而言，不同传递方式的效率不同。常见的信息传递方式有组织文件、信件、备忘录、电话、群体会议、个人面谈等。

5. 解码

解码指信息理解的过程，主要包括接收、译码、理解等步骤。其中，信息接收者的主动倾听、理解能力和实时反馈是保障沟通有效性的关键。

6. 反馈

反馈是接收者将其理解的信息返回给发送者，发送者再对反馈信息进行核实和修正的过程，反馈过程是增进理解的重要保障。

10.2.4 项目沟通的技巧

为了进一步提升项目沟通管理的效率，管理者在项目沟通过程中还可以注意使用一些技巧，以提高自己的管理能力。

1. 对不同的员工使用不同的语言

在同一组织中，不同的员工往往有不同的年龄、教育和文化背景，这就可能使他们对相同的话产生不同的理解。另外，由于专业化分工不断深化，不同的员工会有不同的"行话"和技术用语，而管理者往往注意不到这种差别，以为自己说的话都能被其他人恰当理解，从而给沟通造成了障碍。在沟通时必须根据接收者的具体情况选择语言，语言应尽量通俗易懂，少用专业术语，以便接收者能理解所收到的信息。管理者要慎择语言，选择员工易于理解的词汇，使信息更加清楚明确。应尽量避免使用容易产生歧义的话语，或者对可能产生误解的话语进行必要的解释，表明真实态度和情感，以澄清误解。在传达重要信息的时候，为了消除语言障碍带来的负面影响，应针对接受信息人的情况酌情使用对方易懂的语言，确保沟通有效。

2. 减少沟通的层级

许多项目的机构设置比较复杂，信息的传递需要跨越许多中间环节才能到达终点。因此应加强组织建设，积极改善组织结构和加强组织文化，使企业能够较好地发挥沟通的功能。为避免沟通过程中信息的失真，可以精简机构、建立精明的团队，根据组织的规模、业务性质、工作要求等选择沟通渠道，制定相关的工作流程和信息传递程序，以保证信息上传下达渠道的畅通，为各级管理者决策提供准确可靠的信息。另外，也可以通过召开例会、座谈会等形式传递和收集信息。企业有必要设立独立于各职能部门以外的监督部门，负责协调内部的沟通工作、确保信息的真实，使每次沟通都达到预想的目的、提高沟通效率。

3. 变单向沟通为双向沟通

很多沟通只是单向的，即只是领导者向下传达命令，下属只是象征性地反馈意见，这样的沟通不仅无益于决策层的自我监督和管理，长期以来必然挫伤员工的积极性及破坏其归属感，所以，单向沟通必须变为双向沟通。双向沟通有利于促进人际关系和加强双方紧密合作，能激发员工参与管理的热情，久而久之，会给企业带来深刻变化。同时，企业组织者和管理者也应该掌握沟通技巧、认真听取员工的意见、发掘和利用员工的聪明才智、充分调动其积极性和创造性，这样企业最终会得到丰富收益。

4. 恰当地使用肢体语言

美国心理学家艾伯特·梅拉比安经研究认为，在人们沟通时所发送的全部信息中，仅有 7%是由语言来表达的，而 93%的信息是由非语言的方式来表达的。因此管理者必须注意自己的肢体语言与自己所说的话的一致性，以便提高沟通效率。肢体语言是交流双方内心世界的窗口，它可能泄露深藏的秘密。一个成功的沟通者在强化沟通的同时，必须懂得非语言信息，而且尽可能了解其意义，锻炼非语言沟通的技巧、注意察言观色，充分利用它提高沟通效率。这就要求管理者在沟通时要时刻注意与员工交谈的细节问题，不要以为这是雕虫小技而将之忽视。

10.3 组织沟通

10.3.1 组织沟通概述

组织沟通本质上是一种关于组织及其发展的理论。对沟通主体、沟通行为、沟通过程、沟通手段和沟通效果的考察可以在不同的层面上认识和再认识组织关系、实践、话语和制度，重新把握组织整体的系统结构及其相互依赖性，重新认识组织冲突、权力结构和管理模式等。这些要素的相互配合共同构成了特定的组织和有效运转的功能机制。组织沟通是以组织为主体的信息沟通活动，组织的特性决定了组织沟通与其他沟通类型的不同特点。

组织沟通具有明确的目的，即影响组织中每个人的行为，使之与实现组织的整体目标相适应，并最终实现组织目标。作为日常管理活动，组织沟通应按照预先设定的方式，沿着既定的轨道、方向和顺序进行。组织沟通往往与公司规模有关，即如果公司规模大，就可能比较规范，沟通过程也就会较长；如果公司规模较小则可能不那么规范，沟通过程也就会较短。从某种意义上讲，后者的沟通结果容易被控制，前者则不太容易。由于组织沟通是管理的日常功能，因此组织对信息传递者具有一定的约束力。

10.3.2 组织沟通角色

1. 人际关系角色

1）挂名

作为挂名，管理者必须出席许多法律性和社交性活动的仪式，可能为公司资助的活动、剪彩、致辞或代表公司签署法律合同文件或文本等。在承担挂名的角色时，管理者将成为观众瞩目的焦点，其举手投足、一言一行都代表着企业的形象，因此管理者的口头沟通能力和非语言沟通能力受到了很高的要求。在一般情况下，挂名要通过微笑、挥手致意等形体语言，以及铿锵有力的声音、言简意赅的表达显示企业的自信和能力。

2）管理者

管理者拥有建立行动路径或给予指导的合法职权。作为领导者，管理者主要负责激励和动员下属，负责人员配备、培训和交往，在事实上统筹所有下属参与的活动。这个角色同样要求管理者擅长面谈等口头和非语言沟通形式。当然，管理者可以通过发布倡导书、书面指令等来影响和改变员工的行为，但仅有书面沟通的形式是不够的，出色的管理者必然要通过口头和形体语言来激励和鼓舞员工。因为，面对面的口头沟通加上相应的肢体语言能够更快、更有效地传达管理者的意图，而且管理者有条件做到这一点，因为他们通常与员工在同一个办公场所工作。

3）联络员

管理者在组织中要与其他部门协调，还要与外部组织包括供应商和顾客协调。部门的设立将企业分割成若干个小组，管理者必然要承担起联络员的角色，及时向相关的部门提供各种信息，使之相互协调。同时，管理者也要维护企业发展起来的外部联络与关系网络，担当企业公共关系负责人的重任。管理者通常通过召开跨部门会议的方式来分配和协调各部门的工作，通过与外部关系人单独会面等方式来协调企业与外部环境的沟通活动，这就要求管理者必须具备优良的会议、面谈等口头和非语言沟通能力。

2. 信息角色

1）监听者

监听者需要洞察环境，对组织在特定市场中的现状和地位给予密切关注。作为监听者，管理者寻求和获取各种特定的、即时的信息，以便比较透彻地了解外部环境和组织内部的经营管理现状，如经常阅读各种报纸杂志、政府报告、财务报表等，并与有关人员（如政府官员、大客户、员工等）保持私人接触。换言之，管理者充当了组织内、外部信息的中枢。这就要求管理者具备基本书面沟通和口头沟通技巧，主要是理解和倾听的能力。

2）传播者

传播者拥有源于组织内部和外部的关键信息，并可以将其传递给组织中需要了解这些信息的人。管理者将与员工工作相关或有助于员工更好工作的必要、重要信息传递给有关人员，这就是管理者作为传播者的职责。有些是有关事实的信息，有些则涉及对组织有影响的各种人的不同观点的解释和整合。管理者几乎可以采用所有的信息沟通形式传播信息，如面谈、电话交谈、会议报告、书面报告、备忘录、书面通知等形式，可以将相关的信息传播给有关人员。正因为这一点，管理者必须懂得如何运用多种途径，或针对信息内容选择恰当的沟通形式。

3）发言人

发言人代表组织面向组织外部任何人（如顾客、供应商或媒体）。作为发言人，管理者通过董事会、新闻发布会等形式向外界发布有关组织的计划、政策、行动、结果等信息，这就要求管理者掌握和运用正式沟通的形式，包括报告等书面沟通和演讲等口头沟通形式。

3. 决策角色

1）企业家

企业家要把握住经营机会，识别和利用市场机遇，领导变革与创新。作为企业家，管理者必须积极探寻组织和竞争环境中的机会，制定战略与持续改善的方案，督导决策的执行进程，不断开发新项目。换句话说，管理者要充当企业变革的发起者和设计者。这在一定程度上要求管理者具有良好的人际沟通能力，善于通过与他人的沟通获取信息，辅助决策，同时能与他人就新思想、新发展等观点进行交流。

2）危机控制者

危机管理者需要负责冲突管理，处理矛盾和冲突，当组织面临或陷入重大或意外危机时，负责开展危机公关，采取补救措施，并建立"预警系统"，防患于未然、消除混乱出现的可能性。这包括召开处理故障和危机的战略会议及定期的检查会议。因此，管理者要具备娴熟的会议沟通技巧。

3）资源配置者

资源配置者负责分配组织的各种资源（如时间，财力、人力、信息和物质资源等），决定组织如何发挥作用，其实就是负责所有的组织决策，包括预算编制、员工的工作安排。在执行资源分配时，管理者在很大程度上需要使用书面沟通形式（如批示、指令、授权书、委任状等）。

4）谈判者

谈判者需要在主要的谈判中作为组织的代表调停各个下属与组织其他管理者之间、组织外部的竞争者之间的关系，这项角色包括代表资方与劳方进行合同谈判，或为采购设备、购买专利、引进生产线等与供应商洽谈。

10.3.3　组织内部沟通

在组织内部，关系沟通是十分频繁的，因为人是社会的产物，彼此交换信息和情感必不可少。组织内部沟通主要有三种具体形式。

1. 一对一的沟通

一对一的沟通指信息发送者与接收者都是单独的个人，沟通限制于两个人之间，如组织内部两个员工之间的知识、信息交流等。在此沟通流程中，沟通的媒介可以是面对面的，也可以通过电话等电子媒介，但信息的编码形式主要是语言。单对单的关系沟通的反馈是最频繁的，沟通表现为一个循环往复的过程。

2. 一对多的沟通

一对多的沟通指发送者与接收者一方是由多人组成的，另一方则是单个的人。例如，组织内部的培训，由专业教师对多名员工的培训。一对多是比较正式的沟通流程，其沟通的媒介往往有各种可视的工具，但流程往往缺乏反馈。

3. 多对多的沟通

多对多的沟通发送与接收双方都是群体或多个人，如部门人员之间的沟通、谈判等。沟通的内容更加正式，主要是工作的任务和信息等，整个沟通流程的控制比较有序，是有目的、有计划的沟通过程。

组织内部沟通可以概括为以下三种类型。

1）互应型沟通

互应型沟通的双方相互作用是平行的，它是一种符合正常人际关系的沟通类型。沟通双方的反应自然地进行，并且是人们所预期的。

2）交叉型沟通

在一项沟通交流中，沟通的双方由于所处的自我状态发生交叉，使沟通不能顺利或不能达到预期的效果，那么这次沟通即被称为交叉型沟通。

3）隐含型沟通

隐含型沟通是一种比较复杂的沟通行为方式。在隐含型沟通中，沟通者总是同时涉及两种自我状态。真正的信息往往并没有明白地表达出来，而是被隐含在较为婉转的信息之中。就沟通中的信息接收者来说，有时这种被隐含的信息是可以被译解的，因此这也是心照不宣式的隐含型沟通。

组织内部的人际沟通以组织个体作为研究单位，重点研究个体的沟通行为。而团体沟通则以团体作为主要的研究单位，研究企业组织团体内部或团体之间的沟通行为。团体沟通网络是指组织各成员之间联系的结构化形式，五种类型为轮式、倒Y式、链式、环式和全渠道式，如表10-1所示。

表 10-1 沟通网络的类型

沟通网络		轮式	倒Y式	链式	环式	全渠道式
速度		快	中	中	慢	快
准确度		高	高	高	低	中
士气		低	中	中	高	低
领导明确性		高	高	中等	中等	高
成员满意度		低	低	中等	中等	低
工作质量	任务复杂	低	低	中等	中等	高
	任务简单	高	高	中等	中等	中等

10.3.4 组织外部沟通

组织外部沟通是发生在组织与公众之间的信息交流、沟通的行为。这种行为有别于组织的其他行为，而组织外部沟通管理是对组织与公众之间沟通的目标、资源、对象、手段、过程和效果等基本要素的一种管理。

组织外部管理沟通的作用如下。

1.组织关系协调

组织外部沟通将形成信息流，伴随信息流的是物质流、资金流、人才流。根据 Ring

和 Van Deven 提出的发展和维持组织间合作关系的模式，组织间的关系应伴随沟通行为。在协调阶段，其包括正式的协商和非正式的意向，作为各方代理人会试图确定"与交易相联系的不确定性、各方将扮演角色的性质及对方的可信度等问题"。在承诺阶段，各方将对今后合作关系中相互的义务与规则达成一致意见。在执行阶段，组织各方将履行协议的内容。在这个过程中，主要有信息的交流，指组织之间象征性符号资源的流动，在信息流的同时也伴有知识的流动。可见，只有通过沟通才能体现组织的动态性、开放性，否则组织就无法对照其他组织和环境而存在。

2. 组织形象创立和维护

希思（Health）认为："公司竭力对环境施加影响，而不只是适应环境。他们希望通过自身的存在与言行来塑造环境。"这种环境的改造常常包括组织形象创立和维护。建立积极有益的组织形象对改善企业与供应商、合作企业、顾客、政府、会员的关系都有积极作用。在企业发展的过程中，良好的组织形象塑造可以通过对企业生产经营总体成本的降低达到市场的有效资源配置。企业形象塑造就是把企业的理念、目标、文化的信息透露出去，减少企业与外界的信息不对称。

3. 为顾客提供服务

在竞争激烈、顾客决定企业生存的情况下，企业最普遍也是最重要的外部沟通功能就是为客户提供服务。对企业来说，只有与顾客关联才能体现企业价值，而与顾客的关联离不开沟通。对服务型企业，服务性沟通如咨询、诊断、指导等都是企业行为的体现，只有与顾客沟通才能体现价值。

10.4 团 队 沟 通

10.4.1 团队沟通概述

团队沟通指按照一定的目的，由两个或者两个以上的雇员组成的团队中发生的所有形式的沟通。

10.4.2 团队沟通方法

1. 设计固定沟通渠道，形成沟通常规

这种方法的形式很多，如采取定期会议、报表、情况报告，互相交换信息内容等。

2. 沟通的内容要确切

沟通内容要言之有物、有针对性、语意确切，尽量通俗化、具体化和量化，要避免含糊的语言，更不要讲空话、套话和废话。

3. 平等原则

人际交往总要有一定的付出或投入，交往的两方面需要和这种需要的满足程度必须是

平等的，平等是建立人际关系的前提。作为人们之间的心理沟通，人际交往是主动的、相互的、有来有往的，人都有友爱和受人尊敬的需要，都希望得到别人的平等对待，人的这种需要就是平等的需要。

4. 提倡平行沟通

所谓平行沟通指车间与车间、科室与科室、科室与车间等在组织系统中同一个层次团队之间的相互沟通。有些领导者整天忙于当仲裁者而且乐于此事，想以此说明自己的重要性，这是不明智的。领导的重要职能是协调，但这里的协调主要是对目标和计划的协调，而不是日常活动的协调。日常的协调应尽量鼓励平级之间相互进行。

5. 诚心诚意地倾听

有人对经理人员的沟通做过分析，一天用于沟通的时间约占 70%，其中撰写占 9%，阅读占 16%，言谈占 30%，用于倾听占 45%，但一般经理都不是一个好听众，效率只有 25%。究其原因，主要是缺乏诚意。缺乏诚意大多发生在自下而上的沟通中。所以，要提高沟通效率，必须诚心诚意地倾听对方的意见，这样对方也才能把真实想法说出来。

6. 沟通要有认真的准备和明确的目的性

沟通者首先要对沟通的内容有正确、清晰的理解。重要的沟通最好事先征求他人意见，每次沟通要解决什么问题，达到什么目的，不仅沟通者清楚，要尽量使被沟通者也清楚。此外，沟通不仅是下达命令、宣布政策和规定，也是为了统一思想和协调行动。所以要对沟通之前应对问题的背景、解决问题的方案及其依据和资料、决策的理由和对组织成员的要求等做到心中有数。

7. 相容原则

相容指人际交往中的心理相容，即指人与人之间的融洽关系，与人相处时的容纳、包涵、宽容及忍让。要做到心理相容应注意增加交往频率、寻找共同点、保持谦虚和宽容。为人处世要心胸开阔、宽以待人，要体谅他人，遇事多为别人着想，即使别人犯了错误或冒犯了自己也不要斤斤计较，以免因小失大，伤害相互之间的感情。只要做事业团结有力，做出一些让步是值得的。

10.4.3 团队决策

团队决策是为充分发挥集体的智慧而由多人共同参与决策分析并制定决策的整体过程。其中，参与决策的人就组成了决策团队。

在多数组织中，许多决策都是通过委员会、团队、任务小组或其他团队的形式完成的，决策者必须经常在团队会议上为那些具有新颖和高度不确定性的非程序化决策寻求和协调解决方法。结果，许多决策者在委员会和其他团队会议上花费了大量的时间和精力，有的决策者甚至花费高达 80%以上的时间。因此，分析团队决策的利弊及其影响因素具有重要的现实意义。

1. 团队决策的优势

（1）团队决策有利于集中不同领域专家的智慧，应对日益复杂的决策问题。通过广泛参与，专家们可以对决策问题提出建设性意见，有利于在决策方案得以贯彻实施之前发现其中存在的问题，提高决策的针对性。

（2）团队决策能够利用更多的知识优势，借助更多的信息形成更多的可行性方案。由于决策团队的成员来自不同的部门、从事不同的工作、熟悉不同的知识、掌握不同的信息，容易形成互补性，进而挖掘出更多的令人满意的行动方案。

（3）团队决策还有利于充分利用其成员不同的教育程度、经验和背景。具有不同背景、经验的不同成员在选择收集的信息、要解决问题的类型和解决问题的思路上往往都有很大差异，他们的广泛参与有利于提高决策时考虑问题的全面性，提高决策的科学性。

（4）团队决策容易得到普遍的认同，有助于决策的顺利实施。由于决策团队的成员具有广泛的代表性，所形成的决策是在综合各成员意见的基础上形成的对问题趋于一致的看法，因而有利于得到决策实施有关的部门或人员的理解和接受，在实施中也容易得到各部门的相互支持与配合，从而在很大程度上有利于提高决策实施的质量。

（5）团队决策有利于使人们勇于承担风险。据有关学者研究表明，在团队决策的情况下，许多人都比个人决策时更敢于承担更大的风险。

2. 团队决策可能存在的问题

团队决策虽然具有上述明显的优点，但也有一些特殊的问题，如果不加以妥善处理就会影响决策的质量。团队决策容易出现的问题主要表现在以下三个方面。

1）速度、效率可能低下

团队决策鼓励各个领域的专家、员工的积极参与，力争以民主的方式拟定最满意的行动方案。在这个过程中，如果处理不当就可能陷入盲目讨论的误区，既浪费了时间，又降低了速度和决策效率。

2）有可能为个人或子团队所左右

团队决策之所以具有科学性，原因之一是团队决策成员在决策中处于同等的地位，可以充分地发表个人见解。但在实际决策中，这种状态并不容易达到，很可能出现以个人或子团队为主发表意见、进行决策的情况。

3）很可能更关心个人目标

在实践中，不同部门的管理者可能会从不同角度对不同问题进行定义，管理者个人更倾向于对自己部门相关的问题非常敏感。例如，市场营销经理往往希望有较高的库存水平，而把较低的库存水平视为问题的征兆；财务经理则偏好于较低的库存水平，而把较高的库存水平视为问题发生的信号。因此，如果处理不当，很可能发生决策目标偏离组织目标而偏向个人目标的情况。

复习思考题

1. 请解释项目沟通管理的主要过程和活动。

2. 解释一下正式沟通和非正式沟通的区别,并举例说明。
3. 请列举并解释一些常见的沟通障碍和应对策略。

第 11 章

项目干系人管理

【教学目标】

1. 理解什么是项目干系人,学会识别项目干系人。
2. 学习项目干系人需求分析的方法,并能够将之应用于实际。
3. 学习如何制定干系人管理策略,提高规划和管理项目干系人的能力。
4. 在实践中能够应用所学知识建立良好的干系人管理机制。

某省教育厅为提高办公效率、实现无纸化办公以加快公文处理,因此决定公开招标采购办公自动化系统。该项目将由教育厅办公室指定的工作人员负责总体业务需求,并将会结合各处室、教育厅所属二级单位的需求,综合得到总体需求,由教育厅信息中心负责技术相关工作,如技术方案、项目实施协调等,并由信息中心指派一名项目负责人。教育厅办公室有一名分管办公室与厅机关事务工作的副厅长,教育厅信息中心有一名分管信息中心与教育科技、装备工作的副厅长。那么,这个项目中标方的项目经理该如何识别该项目的项目干系人呢?

资料来源:https://wenku.baidu.com/view/c49fc3212aea81c758f5f61fb7360b4c2f3f2a5e.html。

11.1 项目干系人识别

11.1.1 干系人

在项目管理中,干系人指在项目实施或者在项目完成后,其利益可能受积极或消极影响的个人或者组织,如客户、用户、发起人、高层管理员、执行组织、公众或反对项目的人,还可能包括政府的有关部门、社区公众、项目用户、新闻媒体、市场中潜在的竞争对手和合作伙伴等,甚至项目班子成员的家属也应被视为项目干系人。

11.1.2 项目干系人

每个项目的主要涉及人员有客户、用户、项目投资人、项目经理、项目组成员、高层管理人员、反对项目的人、施加影响者。

项目干系人可以分类为发起人、客户和用户、卖方、业务伙伴、项目团队、组织内的团体、职能经理及其他干系人。

（1）发起人。发起人是为项目提供资源和支持的个人或团体，负责为项目成功创造条件。

（2）客户和用户。客户是管理项目产品、服务或成果的个人或组织。用户是使用项目产品、服务或成果的个人或组织。

（3）卖方。卖方又被称为供应商、供方或承包方，是根据合同协议为项目提供组件或服务的外部企业。

（4）业务伙伴。业务伙伴是与本企业存在某种特定关系的外部组织，可通过认证过程与项目建立关系，可以为项目提供专业技术或填补某种空白。

（5）项目团队。项目团队由项目经理、项目管理团队和其他执行项目工作但无须参与项目管理的团队成员组成。

（6）组织内的团体。组织内的团体是受项目活动影响的内部干系人，如市场营销、人力资源、法律、财务、运营、制造和客户服务等业务部门。

（7）职能经理。职能经理是在行政或职能领域承担管理角色的重要人物，可为项目提供专业技术或相关服务。

（8）其他干系人。其他干系人包括采购单位、金融机构、政府机构、主题专家、顾问等，他们可能在项目中有财务利益，也可能向项目提供建议或对项目结果感兴趣。

11.1.3　主要项目干系人

项目经理：负责管理项目的人。

客户或用户：会使用项目产品的组织或个人。

执行组织：雇员直接为项目工作的组织。

项目组成员：执行项目工作的一组人。

项目管理团队：直接参与项目管理的项目组成员。

资助人：以现金或实物形式为项目提供经济资源的组织或个人。

发起人：发起人是指提出并开始项目构想和计划的人或组织。

权力阶层：并不直接采购或使用项目产品，但是因为自身在消费者组织或执行组织中保有位置，可以对项目进程施加积极或消极影响的个人或组织。

项目管理办公室：企业设立的职能部门，在组织内部将实践、过程、运作形式化和标准化，是提高组织管理成熟度的核心部门。项目管理办公室可能也是项目干系人之一。

除了这些主要的项目干系人，项目干系人还包括内部和外部干系人、业主和投资商、销售商和分包商、团队成员和他们的家属、政府机构和媒体渠道、公民、临时或永久的游说团体，甚至整个社会。

11.2　项目干系人需求分析

11.2.1　项目干系人分析

项目干系人分析是系统地收集和分析各种定量与定性信息，以便确定在整个项目中应该考虑哪些人利益的工作。通过干系人分析识别干系人的利益、期望和影响，并把它们与项目的目的联系起来。干系人分析有助于了解干系人之间的关系，以便利用这些关系建立联盟或合作伙伴关系，从而提高项目成功的可能性。在项目或阶段的不同时期，应该对干系人的关系施加不同的影响。

项目干系人分析是项目整体管理中的一项重要工作，那么应如何进行项目干系人分析？
（1）项目干系人识别。
（2）项目干系人的重要程度分析。
（3）项目干系人的支持度分析。
（4）针对不同的项目干系人（特别是重要的项目干系人）给出管理项目干系人关系的建议，并予以实施。

11.2.2 项目干系人分析方法

项目的干系人中有反对者，也有支持者，还有很多无所谓者，他们各自对项目有着不同的期望和诉求。这里可以把期望和诉求统称为利益。基于他们各自岗位的权利，可以通过二维四象限工具把相关人员分成四类。

1. 高利益，高权利的代表：项目发起人

项目发起人是项目的源头，为什么做这个项目、要做成什么样都是由项目发起人向公司内部成员传达的。在公司里，项目一般由产品经理主导，他会按照公司的战略方向或部门阶段性目标制定需求。在需求讲解的时候，会讲清楚需求的目的，以及实现的路径。

具体可以让项目负责人在需求评审的时候回答以下四个问题。
（1）项目目标：这次项目的背景和初衷是什么？项目完成后需要达成什么目的？怎么知道目的是否达成？
（2）项目流程：项目中的重大事项如何决策？如何确认需求变更？
（3）项目沟通：在项目开发过程中，如何高效同步信息？
（4）项目风险：项目风险在哪？如果风险真的发生了该如何应对？

因为利益相关，所以项目发起人往往非常有意愿推动项目。在项目遇到困难时，可以向项目发起人求助。

2. 高利益，低权利的代表：项目组成员

项目组成员的绩效直接跟项目结果相关，所以他们非常有意愿把项目做好。但很多公司并没有把信息很好地传递给项目组成员，导致他们只能闷头做事。很明显，这样做事效率不高且容易出错。为了解决这个问题，可以借助提问去了解他们的诉求。
（1）项目目标：是否了解项目的背景信息？如果没有，希望知道哪方面的信息？
（2）项目流程：项目的总体计划和里程碑是否周知？组内的任务分配是否合理？需求变更的流程是怎样的？需求文档、设计图、故障管理等工具是否了解？
（3）项目沟通：如何同步任务信息？
（4）项目风险：项目的风险点在哪？

项目成员是直接干系人，他们能知道项目的细节问题。所以，项目的各项章程、流程规范都应该跟他们共创,这样能更好地提高执行效率。

3. 低利益,高权利的代表:相关部门负责人

相关部门负责人对该项目在利益上没有太大关系,但可能会涉及项目资源的安排。他的态度往往决定了某些关键节点的效率。项目经理与其他负责人沟通时要先去了解其部门的目标与关键成果(objectives and key results,OKR)或关键绩效指标(key performance indicator,KPI),在项目的过程里帮助其完成指标,这样往往能给自己的项目争取到更好的资源。

如果没办法帮助其完成部门指标,也可以想办法让部门之间的工作更顺畅。比如,与设计负责人沟通时,若发现其一直抱怨设计资源不足,项目进度都很紧,开发对设计不友好等,当认真对待他的诉求时,往往也能得到超额的回报。想要这些负责人改变态度,最重要的就是弄清楚他不配合的原因。

4. 低利益,低权利的代表:外围支持人员及客服等需要知道项目特性的人员

项目里一些复杂度低且非核心的工作有时候会被安排给外包人员。对这部分工作,项目经理更多是把规则和范围制定清楚,做好进度管理和监督。客服、运营、销售等工作上跟项目有交集的部门要做好上线前的培训。他们对项目特性的了解直接影响用户的使用,做得好能放大项目的价值。

11.3 项目干系人管理

项目经理需要制订有效的方法和计划,调动干系人的参与和管理干系人的期望,最终实现项目的目标。干系人管理不只是改善沟通,涉及的范围比管理团队要大。干系人管理是在项目团队和干系人之间建立并维护良好的关系,以期在项目目标范围内满足干系人的各种期望和要求。

11.3.1 项目干系人管理历史

20世纪90年代之后,对干系人的研究在国内才受到重视,彼时有学者立足于企业对企业的利益相关者进行研究,也有立足于项目对项目的干系人进行研究,更有对建筑施工项目的研究。然而,随着全球化的发展,我国参与的国际工程项目发展迅速,许多施工现场被转移到海外,项目管理团队及成员也有很多来自海外,涉及的干系人组成结构发生了明显改变,项目干系人更加多样与多变,项目干系人的管理策略也要得到很大的改变。

早期国外利益相关者的研究可以追溯到1927年,对项目干系人管理的研究相对较丰富,并且从研究基础性的干系人识别、沟通等发展到研究公众参与度、社会责任履行等对干系人满意度的影响,明显深入了很多。

近几年,越来越多的学者包括从实践中来的那些专家开始把项目管理的重心从管理向软性能领导力方面转变。项目管理的最终目的是要满足项目干系人在项目上的利益追求。

PMBOK 也从项目沟通管理中专门将"项目干系人管理"领域单独作为一章，可见项目干系人管理已经成为一个独立研究领域。同时，也说明在很多项目和项目经理的不断实践中，项目建设越来越需要项目干系人管理。国外文献虽然丰富，但是毕竟与国内项目管理的特点还有一些差异，所以有必要对国内企业国际工程项目干系人的管理策略进一步进行研究。

11.3.2 项目干系人管理流程

随着项目的进展，干系人及其参与项目的深度可能发生变化。因此规划干系人管理是一个循环的过程，需要项目经理定期检查、修正管理计划。

11.3.3 干系人管理策略制定

对项目干系人的管理主要分为以下六个方面。

（1）干系人参与度现状与期望值的分析。干系人的参与度可分为五种：不了解、抵触、中立、支持、积极参与。分析的目的是让项目经理了解现实与期望的差距，以制订可行计划达到期望值。

（2）项目改变对干系人影响的分析。项目的改变可能会对干系人的利益产生负面影响，导致干系人阻碍项目发展。预先分析可以让项目经理制定相应的应对方案。

（3）干系人的内在利益关系识别。干系人间的利益关系可能相互交织，有一致也有矛盾。厘清它们的利益和关系可以帮助项目经理建立联盟，消除潜在的阻挠因素。

（4）计划现阶段干系人的沟通。不同阶段有不同的关键干系人，它们有各自的沟通需求。项目经理需要分析它们的沟通需求，以制订对应的计划。

（5）与干系人的信息共享。信息共享包括信息的语言、格式、内容、时间和频率等，是沟通的一个重要内容，项目经理需要预先与干系人确认共享信息的格式内容，防止沟通时的信息丢失或失真。

（6）干系人更新计划。干系人和他们的期望可能随项目的进程而发生变化，所以管理计划也要定期检查更新。

复习思考题

1. 请简要描述项目干系人管理的重要性。
2. 解释一下干系人冲突的可能原因，以及如何解决这些问题。
3. 请列举几种有效的项目干系人参与度管理方法。

第 12 章

项目风险管理

【教学目标】

1. 理解风险的概念,并能够区分不同类型的风险。
2. 熟悉项目风险管理的特征,包括项目风险的特点和系统特征。
3. 掌握项目风险评价的分类,了解常用的项目风险评价工具。
4. 理解项目风险控制的依据,掌握项目风险控制的步骤和方法。
5. 经过所学能够具有风险意识和风险管理能力,应用项目风险管理知识有效识别、评估和控制项目风险。

A公司是一家以承接国际工程为主业的,集工程承包、劳务出口及国际贸易于一体的大型综合性一级对外工程公司及国内工程施工总承包一级资质企业。因为国际工程承包业务的需要,A公司较早便引入了项目管理方法,对在国际上承包的工程建设项目实施项目管理,同时,A公司还于2000年11月通过了ISO9000认证。

2000年8月,A公司获悉我国东北地区某市有一个由日本银行提供贷款的污水处理厂项目即将进行招标,由于此前在圈内已分别承接过三个不同规模的污水处理厂项目,A公司对此项目产生了浓厚的兴趣,并且认为凭借过去在污水处理厂项目上的经验和实绩,公司完全具备参与此项目的能力和优势,因而决定参加此项目的投标。经过了解,该项目共分为15个包,A公司在综合了解并分析了项目的特定情况后,决定由公司的机电部出面参加其中的三个设备包(包括设备的提供、安装及必要的土建工程)的投标。机电部的有关人员在经过紧张的购买标书、选择适合的设备及供应商、向各设备供应厂商询价、进行成本核算后确定了投标方案,并按照项目审批程序将投标方案报公司内部各有关部门进行了审批,根据审批意见编制了标书,然后按照标书中规定的投标日期(2000年10月下旬)进行了投标。在A公司进行成本核算及正式投标时美元兑日元的汇价大体在1∶105左右,公司预计可有15%~20%的收益。由于种种较为复杂的原因,该项目的评标议标工作发生了一些延迟,至2001年1月已基本确定了初步中标结果。

在获悉A公司在通用设备包已基本中标的情况下,A公司于2001年2月成立了项目小组,准备对该项目实施项目管理。项目小组由机电部、贸易部和国内工程部的专业人员组成,由原投标时的主要负责同志担任项目经理,开始为项目的执行做准备工作。最终中标结果于 2001 年 2 月下旬才正式公布，A 公司只在通用设备包中标，同时，因为不同分包之间的相互配合问题，业主对最终设备清单进行了部分调整。在与设备提供商进行第二轮洽谈的过程中，A 公司项目小组成员发现，首先，美元兑日元的汇价已由投标时的 1∶105 变为 2001 年 4 月的 1∶124 左右，且由于该项目是日行贷款项目，意味着 A 公司的结汇币种为日元，但对设备供应商的结算币种基本上为欧元或美元；其次，部分设备供应商由于汇价等原因无法按照原来的报价与 A 公司签约；最后，在东北地区进行土建施工必须避开冻土期，这将影响到大部分设备的交货期及结算付汇期，到期的结算汇价有很高风险。一方面，项目小组陷入了两难境地，若继续执行项目，A 公司在该项目上将承担极高的汇率风险，若按照现行汇率计算，项目执行后 A 公司会产生近 300 万元人民币的亏损；另一方面，若放弃中标，A 公司不但声誉受损，影响今后其他项目的承接，而且经济上也面临着被业主惩罚的损失。

资料来源：殷焕武，周中华.项目管理导论[M]. 北京：机械工业出版社，2010.

12.1　项目风险管理概述

作为一项标志性建筑，鸟巢的优化设计方案可能面临多个风险因素。例如，技术难题可能导致设计方案无法实施，预算限制可能影响方案的可行性，时间压力可能导致质量问题等。风险管理可以对这些风险因素进行评估和控制，制定相应的风险应对策略，确保设计方案能够在可接受的风险范围内实施，从而提高项目的成功实施率和成果质量。

珠海有轨电车拆除项目可能面临多方面的风险，其中包括环境影响、市民反对、施工期限延长等。风险管理可以在项目前期进行充分的风险评估和规划，了解各种风险的潜在影响，并制定相应的风险应对措施。例如，与当地社区和居民进行有效的沟通和协商，确保项目的顺利推进；在拆除过程中采取环境保护措施，减少对周边环境的负面影响。这样的风险管理措施可以减少项目延期、减少纠纷，保证项目的成功实施。

垃圾焚烧发电厂项目位于城市郊区，涉及技术、环境和社会等多个方面的风险。例如，技术安全风险可能导致事故发生，环境监管风险可能对项目合规性造成影响，社会接受度风险可能引起居民反对等。风险管理可以在项目前期进行全面的风险评估和管理，制定完善的技术安全措施、环境保护方案和社会沟通计划，降低项目实施和运营过程中的风险。这样可以确保项目符合法规要求，获得当地政府和居民的支持，并实现可持续的经济效益。

这些案例都展示了工程项目风险管理的重要性。风险管理可以识别、评估和控制项目中的风险因素，降低不确定性，确保项目的顺利实施和运营。同时，风险管理有助于提高项目的经济效益、竞争能力和管理者素质，是现代工程项目管理中不可或缺的一环。

12.1.1　风险的概念

我国航天事业的发展目前已达到世界领先水平，神舟十二号、神州十三号的成功发射一次次点燃着国民的激情。载人飞船的成功发射离不开我国航天人的风险管理意识，在神舟十二号飞船发射的同时，神舟十三号作为备用应急飞船已被转移至发射台，一旦神舟十二号遭遇重大问题，神舟十三号飞船将立刻前往救援。航天保障队伍人员曾说，只要存在0.01%的可能，就必须做100%的准备。风险管理的根本目的是创造价值、保护和保持价值，用以支撑预期目标的实现，无论做任何事情都要持有风险意识，加强风险管理有助于各类参与主体获益止损，更加健康地发展。风险意识需要的是谨慎的思维。海恩法则指出，每一起严重的事故背后必然有29次轻微事故、300起未遂先兆及1000起事故隐患。这意味着，在灾难发生之前已有1329次预警信息。如果足够谨慎就可以发现这些信号，规避风险发生。

项目的立项、分析、研究、设计和计划活动都是基于对未来情况的预测，但在实际实施及项目运营过程中，这些因素都有可能发生变化并产生不确定性。这些事先不能确定的内部的和外部的干扰因素即为风险。风险大的项目通常也伴随具有较高的盈利机会，所以风险控制能够获得非常好的经济效果。同时，控制风险有助于竞争能力的提高和管理者素质与管理水平的提高。

风险在任何项目中都存在。作为集合经济、技术、管理、组织各方面的综合性社会活动，项目在各个方面都存在着不确定性。这些风险会造成项目实施的失控现象，如工期延长、成本增加、计划修改等，最终导致工程经济效益降低，甚至项目失败。而且，现代项目的特点是规模大、技术新颖、持续时间长、参加单位多、与环境接口复杂，可以说项目在实施过程中危机四伏。许多领域由于项目风险大，危害性大（如国际工程承包、国际投资和合作）所以被人们称为风险型事业。在我国的许多项目由于风险造成的损失也是触目惊心的。但风险和机会同在，通常只有风险大的项目才能有较高的盈利机会，所以风险是对管理者的挑战。风险控制能获得非常高的经济效果，所以，在现代项目管理中，风险的控制问题已成为研究的热点之一。

12.1.2　风险—分类

（1）根据已掌握的相关信息量划分，人们通常可将风险分为已知—已知型、已知—未知型和未知—未知型三种不同的状态。

①已知—已知型（known-known），即已经被识别并分析过的风险，人们知道事物肯定发生或不发生，并且知道确切后果，项目实施者可对这些已知风险规划并制定应对措施。

②已知—未知型（known-unknown），指那些知道在一定条件下发生的概率及各种后果，不确定是否会发生及其确切后果的风险。对那些已知但又无法主动管理的风险，要分配一定的应急储备。

③未知—未知型（unknown-unknown），指那些对是否发生及其发生的概率都不知道，对后果也完全不清楚的风险。未知风险无法进行主动管理，需要分配一定的管理储备。

（2）按照风险后果的不同可以分为纯粹风险和投机风险。

①纯粹风险是一种只有损失而没有获利可能的风险，它只能带来两种后果，即造成损失或不造成损失，若造成损失则是绝对的损失，活动主体蒙受损失，社会也跟着蒙受损失，如地震、水灾、盗窃等。

②投机风险是一种既有损失可能性又有获利机会的风险。投机风险存在三种可能的结果，即造成损失、不造成损失或获得利益。即使投机风险使活动主体蒙受损失，但全社会不一定也跟着损失；反之，其他人有可能因此而获得利益。如企业进行的证券、期权期货投资等。

（3）按风险来源或风险产生的原因划分，可将风险分为自然风险和人为风险（行为、经济、技术、政治、组织）。

①自然风险指由于自然力的作用而造成的财产毁损或人员伤亡风险，如洪水、地震等。

②人为风险指由于人的活动而带来的风险，又可以分为行为、经济、技术、政治和组织风险等。行为风险指由于个人或组织的过失、疏忽、侥幸、恶意等不当行为造成的财产毁损、人员伤亡风险；经济风险指人们在从事经济活动中，由于经营管理不善、市场预测失误、价格波动、供求关系发生变化、通货膨胀和汇率变动等所导致的经济损失风险；技术风险指伴随科学技术的发展而来的风险；政治风险指由于政局变化、政权更迭、罢工、战争等引起社会动荡而造成的财产损失、损害及人员伤亡风险；组织风险指由于项目有关各方关系不协调，以及其他不确定性而引起的风险。

12.2 项目风险管理的特征

12.2.1 项目风险的特征

项目风险是贯穿项目始终，并在项目各阶段发挥不同的作用影响项目进展，因此有效地了解项目风险本身的特征对管理项目各工序风险、保证项目按时完工具有一定意义。按照各工序风险的特点，可以将风险归纳为以下五个特征。

1. 项目风险的多样性

随着项目的进展，项目不确定性越来越小，但环境在不断变化。当条件发生变化时，必然引起项目风险的变化。同时，随着项目的展开，新的风险也会出现。因此，必须对项目风险进行系统的、全过程的、动态的综合管理。

2. 项目风险的随机性

项目风险的发生是随机的（偶然的），没有人能够准确预测项目风险发生的确切时间和内容。虽然通过长期的统计研究可以发现某些事物发生变化的基本规律，但那也只是一种统计概率，而且其具有随机性。项目风险事件的随机性使项目风险的危害性大大增加。

3. 项目风险的相对可预测性

大部分项目风险构成存在一定规律，大多数风险是可以被预测和管理的，但不是全部。因此，可以借助一定的工具与技术对项目风险进行预测，并可采取相应措施加以控制。要掌控项目风险的规划，就必须掌握有关的数据、资料和其他信息，并借助一定的工具进行分析与研究。随着数据、资料和信息积累，以及人类管理水平提高与技术的发展，人们对风险规律的研究也越来越深入，对项目风险的管理程度也不断提升。

4. 项目风险存在于整个项目生命周期

风险从项目构思那一刻起就存在，并贯穿整个项目生命周期，而不仅在实施阶段存在，但由于项目在不同生命阶段具有不同的性质与特征，因此也会存在不同的风险。最大的不确定性存在于项目早期，早期做出的决策对以后阶段和项目目标的实现影响最大，但由于早期项目实施程度比较小，风险事件发生所带来的影响或损失也是相对较小的。因此，项目早期属于风险高发期、低影响期。大多数风险会随着项目的进展而变化，不确定性也逐渐减少。到项目后期，风险处于低发期，但由于项目实施程度大，或者可交付成果已经基本形成，此时发生风险事件导致的后果或影响往往又是巨大的。因此，项目晚期又属于风险高影响期。

5. 项目风险的影响常常是全局的

项目风险的局部性或全局性也是相对的，往往局部的风险也可能带来总体的影响。例如，项目所有活动都有拖延的风险，有些活动的拖延产生的影响是局部的，但是处在关键路线上的活动一旦延误，那么就会影响整个项目的总工期，形成总体风险。

12.2.2 项目风险的系统特征

项目风险管理不仅识别各工序风险对各工序的作用，也要识别不同风险之间的相互作用对项目的整体影响，才能做出更准确的风险管理。不同工序之间的风险对项目整体的影响具有以下特征。

1. 整体性与叠加性

任何一种项目风险的产生都将对项目总目标产生不同程度的影响，项目总风险是各工序风险的叠加与复合。

2. 相关性

项目风险之间存在着相互依存、相互制约的关系，它们通过项目建设特定的环境和各种可能的途径进行组合，形成特殊的复合风险。项目风险的相关性使项目风险的作用、发生及损失程度的变化极其复杂。

3. 结构性

项目结构特征及项目建设活动决定了项目风险的结构性。由于项目结构及项目实施活动具有层次性，就整体来说，项目风险也具有结构层次性。

4. 动态性

大型项目风险与风险分析的动态性具有三个方面的特点：①项目风险随项目建设进程的发展依次相继出现；②风险分析与风险管理具有较为明显的阶段性，项目风险分析一般可分为明确问题、辨识风险阶段，风险对策与决策阶段等；③风险分析与风险管理存在于项目建设的全过程，即存在于从项目建设开始到项目竣工的全过程。在这一过程中，风险分析与风险管理是循序渐进、循环往复的。

5. 目的性

项目风险分析的目的是有效地采取一系列风险对策，控制风险或控制风险损失，确保项目建设目标实现。

6. 环境适应性

任何一个系统都存在于一定的环境，都与外界环境进行着物质、能量与信息的交换。同一类型的项目风险在不同的项目建设环境中影响均不相同。在项目风险分析时，要使用灵活的方法以适应不同工程建设环境下的风险分析与管理。同时，由于项目风险的复杂性，针对不同的风险问题，通常要求采用定性分析与定量评价相结合的方法。

12.3 项目风险评价

项目风险评价是对项目风险进行综合分析，评估风险发生的概率，并依据风险对项目目标的影响程度进行项目风险分级排序的过程。项目风险评价通过系统分析和综合权衡项目风险的各种因素，综合评估项目风险的整体水平，通过风险评价找出项目的关键风险，确定项目的整体风险水平，为处置风险提供科学依据，以保障项目的顺利进行。在进行风险评价时，还要提出预防、减少、转移或消除风险损失的初步方法，并将其列入风险管理阶段要进一步考虑的各种方法中。

项目风险评价的主要内容包括：①风险存在和发生的时间分析；②风险的影响和损失分析；③风险发生的可能性分析；④风险的起因和风险可控制性分析；⑤风险级别确定。

12.3.1 项目风险评价分类

项目风险评价一般分为定性评价和定量评价两种。定性评价主要是对风险的一般性分析，发现其特征和一般规律；定量评价是具体计算风险的大小和其他指标。

（1）项目风险定性评价指评估并综合分析项目风险发生的相对概率或可能性、风险发生后对项目目标的相应影响及其他因素，评估已识别风险的优先级。项目风险定性评价可以快速且经济有效地为规划风险应对建立优先级，使项目经理能够降低项目的不确定性级别，并重点关注高优先级的风险，为实施定量风险分析奠定基础。项目团队应当在整个项目生命周期定期实施定性风险分析过程。

（2）项目风险定量评价指就已识别风险对项目整体目标的影响进行定量分析的过程。

实施定量风险分析的对象是在定性分析过程中被认为对项目的竞争性需求存在潜在重大影响的风险,定量风险分析通常在定性风险分析之后进行。通过定量分析产生量化风险信息来支持决策制定、降低项目的不确定性。项目风险定量分析主要用来评估所有风险对项目的总体影响,也可以对单个风险分配优先级数值。为了方便制定合理量化的风险管理,人们通常会将定性化分析的结果用定量化的方式表达,以达到客观、数据化的效果,进行项目风险管理、保证项目按时完工。

12.3.2 项目风险评价工具

风险评价是风险管理流程的重要环节,选择正确的风险评价工具将有助于风险管理者分析风险因素重要水平,做出正确应对措施。详细的风险评价对项目的顺利进行非常重要,下面介绍项目风险评价的工具。

定性和定量评价是项目风险评价的两大方法论,其为后续的风险确定和评价奠定了基础。目前各国专家根据风险的特征在定性和定量的基础上衍生了以下六种目前常用于项目风险评价的方法。

1. 蒙特卡罗模拟法

蒙特卡罗模拟法是一种随机模拟的数学方法,该方法用来分析评估风险发生的可能性、风险成因、风险造成的损失或带来的机会等变量在未来发生变化的概率分布,具体操作步骤:①量化风险,将需要分析评估的风险量化,明确其度量单位,得到风险变量并收集历史相关数据;②根据历史数据的分析,借鉴常建模方法建立能描述该风险变量在未来变化的概率模型;③计算概率分布的初步结果;④修正完善概率模型;⑤利用该模型分析评估风险情况。

2. 专家经验法

组建有代表性的专家小组(一般4~8人最好),通过专家会议对风险进行定界,一起定义风险因素及结构、进行风险评价。会后统计整理好专家意见,得出评价结果。其主要决策的内容包括识别风险对成本和进度的潜在影响、估算概率及定义概率分布、解释数据及识别分析工具的优劣、决定某个特定工具应该或不应该使用,以及在何时使用等。

3. 矩阵图分析法

矩阵图分析法可以通过查询表或概率影响矩阵来评估每个风险的重要性和所需关注的优先级,其在矩阵图分析中被用于描述风险级别的具体术语和数值取决于对组织的偏好进行选择。分析的结果、风险值及其所处的区域有助于指导风险应对。常用的有风险影响程度分析、风险发生概率与影响程度评价、风险发展趋势评价、项目假设前提评价及数据准确度评价等。

4. 确定性项目风险评价

确定性量化分析由精确、可靠的信息资料支持的项目估计问题,即当风险环境仅有一个数值且可以确切预测某种风险后果时的估计。盈亏平衡分析主要研究项目风险管理中的盈亏平衡点,即对项目的产量、成本和利润三者之间的平衡关系进行研究分析,确定项目在产量、价格和成本等方面的盈亏界限。所谓盈亏平衡点指当厂商的总收益等于总成本，其利润为零时的情况。通过盈亏平衡点可以判断各种不确定因素作用下项目适应能力和对风险的承受能力，盈亏平衡点越低，表明项目适应变化的能力越强，承受风险能力越大。

5. 概率分析法

概率分析法是用概率来分析、研究不确定性因素对指标效果影响的一种不确定性分析方法，它可以通过分析各种不确定性因素在一定范围内随机变动的概率分布及其对指标的影响，从而对风险情况做出比较准确的判断，为决策提供更准确的依据。

6. 风险相关性评价

风险之间的关系可以分为三种情况：①两种风险之间没有必然联系；②一种风险出现，另一种风险一定会发生；③如果一种风险出现后，另一种风险发生的可能性增加。

12.4 项目风险控制

项目风险控制指在对风险识别和评价后对风险提出处置意见和方法的过程，也是为了降低项目风险的负面效应制定应对策略和技术手段的过程，这一阶段的活动包括实施风险应对计划、辨别剩余风险、次要风险、为合同协议及其他过程提供依据。风险控制是项目控制的内容之一，项目管理过程中应当及时采取措施控制风险的影响。风险控制的主要目的是：风险一经发生则应积极地采取措施降低损失，防止风险的蔓延；在风险状态下保证工程的顺利实施；在整个项目生命周期中提高应对风险的效率，不断优化风险应对机制。

12.4.1 项目风险控制依据

1. 项目管理计划

项目管理计划包含风险管理计划。风险管理计划中又包括风险承受力、人员安排（包括风险责任人）、时间及用于项目风险管理的其他资源。

2. 风险登记册

风险登记册记载了项目风险的详细内容，包括各项目的应对与控制措施。

3. 工作绩效数据

与各种实施情况相关的工作绩效信息包括可交付成果的状态、进度进展情况、已经发生的成本。

12.4.2 项目风险控制步骤

1.项目风险监控体系建立

项目风险监控体系建立就是要根据项目风险识别和度量报告所给出的项目风险的信

息，制定整个项目的风险监控的方针、项目风险控制的程序及项目风险控制的管理体制。这包括项目风险责任制度、项目风险信息报告制度、项目风险控制决策制度、项目风险控制的沟通程序等。

2. 要监控的具体项目风险确定

这一步是根据项目风险识别与度量报告所列出的各种具体项目风险确定对哪些项目风险要进行控制，而对哪些风险可以容忍并放弃对它们的控制。这要按照项目具体风险后果严重性的大小和风险的发生概率，以及项目组织的风险控制资源情况确定。

3. 项目风险的监控责任确定

这是分配和落实项目具体风险监控责任的工作。所有需要监控的项目风险都必须落实负责监控的具体人员，同时要确定他们所负的具体责任。

4. 项目风险控制的行动时间确定

这是对项目风险的控制，需要制订相应的时间计划和安排，计划和确定出解决项目风险问题的时间表与时间限制，因为没有时间安排与限制，多数项目风险问题是不能有效地加以控制的。许多项目风险损失是由于错过最佳风险控制时间而造成的，因此合理的项目风险控制计划是风险控制的关键。

5. 各具体项目风险的控制方案制定

这一步由负责具体项目风险控制的人员根据风险的特性和时间计划制定各具体项目风险的控制方案，要找出能够控制项目风险的各种备选方案，然后要对方案做必要的可行性分析，以验证各个风险控制备选方案的效果，最终选定要采用的风险控制方案。另外，还要针对风险事件的不同阶段制定风险事件控制方案。

6. 实施具体项目风险控制方案

这一步要按照确定的具体项目风险控制方案开展项目风险控制活动。在具体实施时，必须根据项目风险的发展与变化不断地修订项目风险控制方案与办法。

7. 跟踪具体项目风险的控制结果

这一步的目的是收集风险事件控制工作的信息并给出反馈，即利用跟踪确认所采取的项目风险控制活动是否有效，项目风险的发展是否有新的变化等。这样就可以不断提供反馈信息，从而指导项目风险控制方案的具体实施。这一步是与实施具体项目风险方案同步进行的，跟踪给出项目风险控制工作信息，根据这些信息改进具体项目风险控制方案，直到对风险事件的控制完结为止。

12.4.3 项目风险控制方法

1. 风险再评估

风险控制需要经常识别新风险，再评估已识别风险和现有风险，删去已过时的风险。

2. 风险审计

通过风险审计检查并记录风险应对措施在处理已识别风险及其根源方面的有效性，以及风险管理过程的有效性。项目经理要确保按项目风险管理计划所规定的频率来实施风险审计。人们既可以在日常的项目审查会中进行风险审计，又可以单独召开风险审计会议。在实施审计前，要明确定义审计的格式和目标。

3. 偏差和趋势分析

很多控制过程都会借助偏差分析比较计划结果与实际结果。为了监控风险事件，应该利用绩效信息对项目执行的趋势进行审查，可使用挣值分析法，以及项目偏差与趋势分析的其他方法对项目总体绩效进行监控。这些分析的结果可以揭示项目在完成时可能偏离成本和进度目标的程度。与基准计划的偏差可能表明威胁或机会的潜在影响。

4. 技术绩效测量

技术绩效测量是采取计划与实际执行情况的比较进行分析，通过绝对偏差和相对偏差情况计量威胁或机会的潜在影响。

5. 储备分析

项目在实施过程中可能发生一些对预算或进度应急储备有积极或消极影响的风险。储备分析指在项目的任何时点比较剩余应急储备与剩余风险量，从而确定剩余储备是否仍然合理。

6. 会议

项目风险管理是定期状态审查会中的一项议程。该议程所占用的会议时间长短取决于已识别的风险及其优先级和应对难度。经常讨论风险可促使人们识别风险和机会。

12.4.4 项目风险对策

任何人对自己承担的风险（明确的和隐含的）都应有准备和对策，这应作为计划的一部分。当然，不同的人对风险有不同的态度和对策。例如，在项目中，投资者主要承担金融风险、合作伙伴资信风险、工程技术和运营风险、销售市场风险等；而承包商有报价风险、实施方案风险、物价风险、业主风险等。通常的风险对策有以下八种。

1. 项目选择

回避风险大的项目，选择风险小或适中的项目。在项目决策时要注意放弃明显会导致亏损的项目。对风险超过自己的承受能力、成功把握不大的项目，不参与投标、不参与合资，甚至有时工程进行到一半，预测后期风险很大、必然有更大的亏损，而不得不采取中断项目的措施。

2. 技术措施

采用技术措施应对风险。例如，选择有弹性的、抗风险能力强的技术方案，而不用新的、未经过工程验证的不成熟的施工方案。对地理、地质情况进行详细勘察或鉴定，预先进行技术试验、模拟，准备几套备选方案，采用各种保护措施和安全保障措施。

3. 组织措施

对风险很大的项目，选派最得力的技术和管理人员（特别是项目经理），将风险责任落实到各个组织单元，使大家有风险意识。在资金、材料、设备、人力上对风险大的工程予以保证，在项目中提高它的优先级别。在实施过程中严密地控制，加强计划工作，并抓紧阶段控制和中间决策工作。

4. 保险

对一些无法排除的风险（如常见的工作损坏、第三方责任、人身伤亡、机械设备损坏等）可以通过购买保险的办法加以解决。当风险发生时由保险公司承担（赔偿）损失或部分损失，其代价是必须支付一笔保险金。投保时要注意它的保险范围、赔偿条件、理赔程序、赔偿额度等。

5. 要求对方提供担保

这主要针对合作伙伴的资信风险。例如，由银行出具投标保函、预付款保函、履约保函，合资项目往往由政府出具保证。

6. 风险准备金

它是从财务的角度做的风险准备，是在计划（或合同报价）中额外增加的一笔费用。例如，在投标报价中，承包商经常根据工程技术、业主的资信、自然环境、合同等方面风险的大小，以及发生风险的可能性在报价中加上一笔不可预见风险费。风险越大，风险准备金应越高。从理论上说，准备金的数量应与风险损失期望相等。

7. 采取合作方式共同承担风险

任何项目不可能完全由一个企业或部门独立承担，须与其他企业合作。有合作就有风险的分担，因此，应寻找抗风险能力强的、可靠的、有信誉的合作伙伴，并通过合同分配风险。例如，对承包商要减少风险，在承包合同中要明确规定：业主的风险责任（即哪些情况应由业主负责）；承包商的索赔权利（即要求调整工期和价格的权利）；工程付款方式、付款期，以及对业主不付款的处置权利；对业主违约行为的处理权利；承包商权力的保护性条款；采用符合惯例的、通用的合同条件；注意仲裁地点和适用法律的选择。

8. 采取其他方式分散风险

例如，在现代项目中采用多领域、多地域、多项目的投资以分散风险。理论和实践都证明，多项目投资时，当多个项目的风险之间不相关时，其总风险最小，所以抗风险能力最强。这是目前许多国际工程投资公司的经营手段，参股、合资、合作既扩大了投资面、经营范围、资本的效用，又能够进行独自不能承担的项目，还能与许多企业共同承担风险，进而降低总经营风险。

复习思考题

1. 请简要解释项目风险管理的主要过程和活动。
2. 请解释一下风险评估和风险优先级的概念。
3. 请描述一下风险控制和风险应对计划的区别。

第13章

项目采购管理

【教学目标】

　　1. 理解采购管理的概念，了解不同类型的项目采购，认识项目采购管理的角色和职责。
　　2. 掌握项目采购规划的内容，了解采购规划的依据，熟悉采购规划的工具和方法。
　　3. 熟悉项目采购实施过程，包括采购文件的准备和项目招投标的概述，了解项目招投标的程序。
　　4. 理解项目采购合同的基本内容，区分不同类型的采购合同，了解如何进行项目采购合同管理。

　　1999年4月5日，美国谈判专家史蒂芬斯决定建个家庭游泳池，建筑设计的要求很简单：长30 ft（1 ft＝3.048×10^{-1} m）、宽15 ft，有温水过滤设备，并且在6月1日前竣工。

　　隔行如隔山。史蒂芬斯在游泳池的造价及建筑质量方面是个彻头彻尾的外行，但是这并没有难倒他。他首先在报纸上登了个建造游泳池的招商广告，写明了具体的建造要求。很快有A、B、C三位建筑商前来投标，各自报上了承包详细标单，里面有各项工程费用及总费用。史蒂芬斯仔细地看了这三张标单，发现所提供的抽水设备、温水设备、过滤网标准和付钱条件等都不一样，总费用也有不小的差距。

　　于是4月15日，史蒂芬斯约请这三位建筑商到自己家里商谈。第一位约定在上午9点，第二位约定在9点15分，第三位约定在9点30分。三位建筑商如约准时到来，但史蒂芬斯客气地说，自己有件急事要处理，一会儿一定尽快与他们商谈。三位建筑商人只得坐在客厅里一边彼此交谈，一边耐心地等候。10点的时候，史蒂芬斯出来与建筑商A先生进到书房去商谈。A先生一进门就介绍自己做的游泳池工程一向是最好的，修建史蒂芬斯家庭游泳池实在是胸有成竹、小菜一碟。同时，还顺便告诉史蒂芬斯，B先生曾经丢下许多未完的工程，现在正处于破产的边缘。

　　接着，史蒂芬斯出来请第二位建筑商B先生进行商谈。史蒂芬斯从B先生那里又了解到，其他人提供的水管都是塑料管，只有B先生所提供的才是真正的钢管。

　　后来，史蒂芬斯出来请第三位建筑商C先生进行商谈。C先生告诉史蒂芬斯，其他人所使用的过滤网都是品质低劣的,并且往往不能彻底做完,而自己则绝对能做到保质、保量、保工期。

不怕不识货,就怕货比货,有比较就好鉴别。通过耐心的倾听和旁敲侧击的提问,史蒂芬斯基本上弄清了游泳池的建筑设计要求,特别是掌握了三位建筑商的基本情况:A 先生的要价最高,B 先生的建筑设计质量最好,C 先生的价格最低。经过权衡利弊,史蒂芬斯最后选中了 B 先生来建造游泳池,但只给 C 先生提出的标价。经过一番讨价还价之后,谈判终于达成一致。就这样,三位精明的建筑商没斗过一个谈判专家。史蒂芬斯在极短的时间内不但使自己从外行变成了内行,而且还找到了质量好、价格便宜的建造者。

这个质优价廉的游泳池建好之后,亲朋好友对其赞不绝口,对史蒂芬斯的谈判能力也佩服得五体投地。史蒂芬斯却说出了下面发人深省的话:"与其说我的谈判能力强,倒不如说用的竞争机制好。我之所以成功,主要是设计了一个公开竞争的舞台,并请三位商人在竞争的舞台上做了充分的表演。竞争机制的威力远远胜过我驾驭谈判的能力。一句话,我选建筑商,不是靠相马,而是靠赛马。"

资料来源:殷焕武,周中华. 项目管理导论[M]. 北京:机械工业出版社,2010.

13.1 项目采购管理概述

项目采购管理是从项目团队外部采购或获得所需产品、服务或成果的过程,主要包括:规划采购管理、采购实施、采购控制及采购结束。2019 年,中央国家机关政府集中采购负责人业务培训班中提出政府采购要落实政策功能、扶持民营企业发展,做到讲政治、守规矩、优服务。在此基础上,政府采购需要规范化地进行招投标,禁止滥用权力,并努力减少成本和购买周期。本章通过采购管理的介绍,帮助理解采购的概念和原则,深化管理者对采购管理的认识,从而维护社会的公平与正义,营造公平竞争的环境。

13.1.1 项目采购管理的概念

项目采购管理指在整个项目过程中从外部寻求和采购各种项目所需资源(商品和劳务)的管理过程在这一过程中,项目实施组织的角色既有可能是采购合同中的买方,也有可能是卖方。为了方便讨论。本章将商品和劳务统一称作产品,由此,项目采购管理便可以被视为在项目相关利益主体中的买主一方采购项目所需产品的管理活动。

13.1.2 项目采购类型

1. 物资采购

物资采购指业主为了获得货物通过招标的形式选择合格的供货商,它包含货物的获得、获取方式和过程。物资是实现项目基本功能不可或缺的设备和材料,材料是构成项目的永久组成部分,设备可能不是一次性消耗品,有些设备在项目结束后可以在其他项目上继续被投入使用。例如,某机场扩建工程包括供电设备、电梯、登机桥、助航灯光、行李系统、安检系统、照明系统、广播系统、消防报警系统、综合布线、航班信息系统等专业设备和系统，所采购的物资应具有良好的品质、合理的价格且能够在合同规定时间内交货。工程项目需要大量的原材料和设备，而新产品研发项目或管理信息化项目的物资采购成本则占项目总成本的比重较小。物资采购既要保证项目对物资的使用需求，又要控制库存，减少对资金的占用。

物资采购有集中采购、分散采购和零星采购三种模式。集中采购模式需要成熟的采购部门或人员，制订合理的采购计划，采购部门要与设计人员及施工人员沟通，通过设备选型、优化设计达到节约投资的目的，要在设计和采购阶段中系统地考虑施工中容易出现的问题，减少问题出现的机会。集中采购可以产生规模效益，降低项目成本投入，且在此模式下，采购人员长期关注市场行情，容易与供货商之间形成战略合作关系。分散采购指采购任务分散在两个及以上部门，这种模式的产生在于专业差别，采购的原则是"专业的人做专业的事"。其优点是由于专业人员对物资设备的技术参数、性能等熟悉，采购的质量能够得到保障；其缺点则是部门众多，沟通不及时，总负责的人沟通协调困难，会带来采购成本的增加。零星采购是为了应对紧急情况下出现的采购或者小宗的采购任务，其通常由现场负责人根据需要进行临时采购，如果项目计划没有做好，对采购任务预测不到位，则会较多地采用这种采购模式。

2. 服务采购

服务采购指聘请咨询公司或专家提供勘察、设计、监理、项目管理、可行性研究、科学研究等服务，也包括劳务公司提供的劳务服务。例如，房地产开发商聘请勘察单位完成施工场地的地质勘察，选择设计单位完成详细施工图纸，选择监理公司监督项目施工过程，聘请项目管理公司或专家提供咨询服务。

3. 工程采购

工程采购指业主通过招投标或其他方式选择一家或数家合格的承包商完成工程的全过程，它是项目采购中一个重要的方面，实施过程也最为复杂。例如，开发商投资建设一栋写字楼，招标选择一家施工总承包单位，与各中标方签订承包或供应合同，总承包商可能选择若干分包单位等。项目采购规模一般很大，大型工程总承包合同总价可达数亿元甚至数十亿元。供应商为了获得订单会运用多种策略，项目组织不仅需要有专业技能熟练的采购人员，更要建立采购管理体系和操作程序。有些企业片面强调最低价原则，要求采购人员把价格砍下来，事实上，采购管理的主要内容不是控制价格，而是在价格适当的情况下关注供应商产品的质量水平、质量保证能力、售后服务、产品服务水平和综合实力等。有些产品购买价格便宜但经常出现需要维修的情况，不能正常工作，全生命周期总成本并不低，如果买的是假冒伪劣商品则蒙受的损失更大。在现实中有些详细设计书指定使用某些物品，并直接写上设备型号、供应商名称、报价等，这种做法并不理想，会使采购活动失去灵活性，导致采购部门与供应商的价格谈判较为困难。

13.1.3 项目采购管理的角色

项目的采购管理是项目组织在采购项目所需产品（或服务）中所开展的管理活动。

项目的采购管理主要涉及四方面的利益主体，以及他们之间的角色互动。他们是项目业主（或客户）、项目组织［包括承包商或项目业主（或客户）组织内部的项目团队］、资源供应商及项目的分包商。项目业主（或客户）一般是项目的发起方、出资方，是项目最终成果的所有者或使用者，同时也可以是项目资源的购买者。承包商或项目团队是项目业主（或客户）的代理方，它对项目业主（或客户）负责，为了完成项目目标必须管理好采购任务，然后从项目业主（或客户）那里获得补偿。资源供应商是为项目组织提供项目所需资源的工商企业组织，它直接与承包商或项目团队交易，满足项目的资源需求。当项目组织缺少某种专业人才或资源去完成某些项目任务时，他们可能会雇用分包商（或者专业技术顾问）实施这些任务。分包商可以直接对项目组织负责，也可以直接对项目业主（或客户）负责，他们从项目组织或项目业主（或客户）那里获得劳务报酬。项目业主（或客户）与项目组织，项目组织与分包商和供应商，项目业主（或客户）与分包商和供应商之间都会有委托代理关系，而项目组织与资源供应商之间则是产品买卖关系，或者说是采购关系。项目的采购管理所管理的主要内容就是这种资源采购关系，要处理好他们之间的关系。

项目的采购管理这四个主要角色之间的有效沟通、积极互动可以使项目管理获得成功，反之就会导致项目因为资源不到位而产生实施进度受阻或项目失败的风险。在实际的项目采购管理中，资源的计划和采购工作主要是由负责项目实施的承包商或项目团队开展和主持的，项目业主（或客户）直接进行采购的情况是较少的，因为项目组织是资源的直接需求和使用者，最清楚项目各个阶段的具体资源需求。

13.2 项目采购规划

13.2.1 采购规划内容

采购规划是记录项目采购决策、明确采购方法、识别潜在卖方的过程。它识别哪些项目需求最好或必须从项目组织外部采购产品、服务或成果，而哪些项目需求可由项目团队自行完成。在采购规划过程中，要决定是否需要取得外部支持，如果需要则还要决定采购什么、如何采购、采购多少，以及何时采购。如果项目需要从执行组织外部取得所需的产品、服务和成果，则每次采购都要经历从采购规划到采购结束的各个过程。

如果买方希望对采购决定施加一定的影响或控制，那么在采购规划过程中还应该考虑对潜在卖方的要求。同时，也应考虑由谁负责获得或持有法律、法规或组织政策所要求的相关许可证或专业执照。

项目进度计划会对采购规划过程中的采购策略制定产生重要影响。在编制采购管理计划过程中所做出的决定也会影响项目进度计划，因此，应该把采购管理计划编制工作与进度计划制订、活动资源估算和自制或外购决策等综合起来。

在采购规划过程中，要考虑每个自制或外购决策所涉及的风险，也要审查为减轻风险（有时向卖方转移风险）而拟使用的合同类型。

13.2.2 采购规划依据

1. 范围说明书

范围说明书说明了项目任务内容，提供了在采购计划过程中必须考虑的项目要求和策略的重要资料。随着项目的进展，范围说明书可能需要修改或细化，以反映这些界限的所有变化。范围说明应当包括对项目的描述、定义及详细说明需要采购的产品类目的参考图或图表及其他信息，具体包括以下内容。

（1）项目的合理性说明（设计说明书）。主要包含为什么要进行这一项目、项目存在的意义和作用。

（2）项目可交付成果（执行说明书）。这是一份主要的、归纳性的项目清单，其交付标志着项目完成。

（3）项目目标（性能说明书）。项目成功必须达到的某些数量标准。项目目标至少包括费用、进度和质量标准，应当有性能、计量单位和数量值的描述，一般有量化的考核标准，定性的目标会留下争议。

2. 产品说明

项目产品（项目最终成果）的说明，提供了采购计划过程中需要考虑的所有技术问题或注意事项的重要资料。项目产品说明在早期阶段一般比较粗略，而后越来越详细，这是随着成果特性的逐步深入发展必然产生的结果。产品的描述实际上勾画了所要达到的性能与内容，采购必须围绕产品说明展开。

3. 采购活动所需的资源

项目实施组织若没有正式的订货单位，则项目管理团队将不得不自己提供资源和专业知识支持项目的各种采购活动。

4. 市场状况

采购计划过程必须考虑市场上有何种产品可以买到、从何处购买、采购的条款和条件是怎样的，以及市场产品的价格和性能的比较。

5. 其他计划结果

只要有其他计划结果（如项目成本初步估算、质量管理计划等）就要在采购计划过程中加以考虑。

6. 制约条件和基本假设

由于项目采购存在诸多变化不定的环境因素，所以项目实施组织在实施采购过程中需要对变化不定的社会经济环境做出的一些合理推断,就是基本假设。制约条件和基本假设的存在限制了项目组织的选择范围。

13.2.3 采购规划工具和方法

1. 自制或外购分析

自制或外购分析是一种通用的管理技术,用来确定某项工作最好是由项目团队自行完成还是必须从外部采购。有时,虽然项目组织内部具备相应的能力,但由于相关资源正在从事其他项目,为满足进度要求,他们也需要从组织外部进行采购。

预算制约因素可能影响自制或外购决策,如果决定购买,则应继续做出购买或租赁的决策。自制或外购分析应考虑全部相关成本,包括直接成本与间接成本。例如,买方在分析外购时既要考虑购买产品本身的实际支出,又要考虑为支持采购过程和维护该产品所发生的间接成本。

2. 专家判断

专家的技术判断常用来评估本过程的输入和输出。这种判断可用来制定或修改卖方建议书评价标准,例如,专家的法律判断可以是法律工作者提供的相关服务,用来协助判断一些比较特殊的采购事项、条款和条件。这些判断包括商务和技术专长,不仅适用于需要采购的产品、服务或成果的技术细节,也适用于采购管理过程的各个方面。

3. 合同类型

买卖方的风险分担由合同类型决定。一般情况下人们比较喜欢固定总价合同,大多数组织都鼓励甚至经常要求使用固定总价合同。但是,在有些情况下,其他合同类型可能对项目更加有利。如果拟采用非总价类型的合同,项目团队就必须说明使用该种合同的合理性。选择的合同类型及具体的合同条款和条件通常决定着买卖双方各自承担的风险水平。

合同通常分为三大类,即总价类、成本补偿类和混合型的工料合同,在实践中,合并使用两种甚至更多合同类型进行单次采购的情况也不罕见。

(1)总价合同。此类合同为既定产品或服务的采购设定了一个总价,也可以为达到或超过项目目标(如进度交付日期、成本和技术绩效,或其他可量化、可测量的目标)而规定财务奖励条款。卖方必须依法履行总价合同,否则就要承担相应的违约赔偿责任。采用总价合同,买方必须准确定义要采购的产品或服务,总价合同虽然允许范围变更,但范围变更通常会导致合同价格提高。

确定的固定总价合同(firm-fixed-price contract,FFP),FFP 是最常用的合同类型。大多数买方都喜欢这种合同,因为采购的价格在一开始就被确定,并且不允许改变(除非工作范围发生变更),因合同履行不好而导致的任何成本增加都由卖方负责。在 FFP 模式下,买方必须准确定义要采购的产品和服务,对采购规范的任何变更都可能增加买方的成本。

固定总价加奖励酬金合同(fixed-price-incentive-fee contract,FPIF),这种总价合同为

买方和卖方都提供了一定的灵活性，它允许有一定的绩效偏离，并将对实现既定目标给予财务奖励。财务奖励通常都与卖方的成本、进度或技术绩效有关，绩效目标一开始就要制定好，而最终的合同价格要待全部工作结束后根据卖方绩效加以确定。在 FPIF 中要设置一个价格上限，卖方必须完成工作且要承担高于上限的全部成本。

（2）成本补偿合同。此类合同将向卖方支付为完成工作而发生的全部合法实际成本（可报销成本），外加一笔费用作为卖方的利润。成本补偿合同也可为卖方超过或低于预定目标（如成本、进度或技术绩效目标）而规定财务奖励条款。最常见的三种成本补偿合同是成本加固定酬金合同(cost-plusfixed-fee contract，CPFF)、成本加鼓励酬金合同(cost-plus-incentive-fee contract，CPIF）和成本加奖励酬金合同（cost-plusaward-fee contract，CPAF）。CPFF 为卖方报销履行合同工作所发生的一切可列支成本，并向卖方支付一笔固定酬金，该酬金以项目初始成本估算的某一百分比计算。酬金只能针对已完成的工作支付，并且不因卖方的绩效而变化。除非项目范围发生变更，否则酬金金额维持不变。

CPIF 为卖方报销履行合同工作所发生的一切可列支成本，并在卖方达到合同规定的绩效目标时向卖方支付预先确定的酬金。如果最终成本低于或高于原始估算成本，则买方和卖方需要根据事先商定的成本分摊比例来分享节约部分或分担超出部分。例如，基于卖方的实际成本，按照 80/20 的比例分担（分享）超过（低于）目标成本的部分。

CPAF 为卖方报销履行合同工作所发生的一切合法成本，但是只有在满足了合同中规定的某些笼统、主观的绩效标准的情况下，才能向卖方支付大部分费用。CPAF 完全由买方根据自己对卖方绩效的主观判断来决定奖励酬金，并且卖方通常无权申诉。

（3）工料（time and material，T&M）合同。工料合同是兼具成本补偿合同和总价合同某些特点的混合型合同。在不能很快编写出准确工作说明书的情况下，人们经常使用工料合同来增加人员、聘请专家，以及寻求其他外部支持。这类合同与成本补偿合同的相似之处在于，它们都是开口合同，合同价格可以因成本增加而变化。在授予合同时，买方可能并未确定合同的总价值和采购的准确数，因此，如同成本补偿合同一样，工料合同的合同价值可以增加。一方面，很多组织会在工料合同中规定最高价格和时间限制，以防止成本无限制增加；另一方面，由于合同中确定了一些参数，所以工料合同又与固定单价合同相似。当买卖双方就特定资源类别的价格（如高级工程师的小时费率或某种材料的单位费率）取得一致意见时，买方和卖方就预先设定了单位人力或材料费率（包含卖方利润）。

13.3 项目采购实施

13.3.1 采购文件的准备

招标文件既是投标人准备投标文件和参加投标的依据，又是招标人与中标人签订合同的基础。可见，它在招投标中发挥着重要的作用。一般项目采购文件包括以下内容。

1. 招标邀请书

招标邀请书也称招标书，其主要内容是向未定的投标方说明招标的项目名称和简要内容，发出投标邀请，说明招标书编号、投标截止时间、投标地点、联系电话、传真、电子邮件地址等。招标书应当简短、明确，让读者一目了然并得到基本信息。

2. 投标人须知和投标资料表

投标人须知是招标文件的重要组成部分，它是采购企业对投标人如何投标的指导性文件，其内容包括投标文件、有关要求及手续等。具体包括：资金来源、对投标商的资格要求、货物产地要求、招标文件和投标文件的澄清程序、招标文件的内容要求、语言要求、投标价格和货币规定、修改和撤销投标的规定、标书格式和投标保证金的要求、评标的标准和程序、国内优惠的规定、投标程序、投标有效期、投标截止日期、开标的时间、开标地点等。

投标资料表是关于拟采购货物的具体资料，是对投标人须知的具体补充和修改，如果有矛盾，应以投标资料表为准。投标人须知和投标资料表都是指导投标商编制投标文件的重要文件，都不被包含在采购企业与投标商签订的合同中。

3. 招标目标任务说明

这一部分应当详细说明招标的目标任务。

4. 技术规格

技术规格是项目采购招标文件和合同文件的重要组成部分，它规定了所要采购的设备和货物的性能、标准及物理和化学特征。如果项目采购的是特殊设备，那么还要附上图纸并规定设备的具体形状。货物采购技术规格一般应采用国际或国内公认的标准。

5. 投标文件格式

投标文件格式很重要，就是要告诉投标者，他们将来的投标文件应该包括一些什么文件，每种文件的格式应当如何。

6. 投标保证金

投标保证金是为防止投标商在投标有效期内任意撤回其投标、中标后不签订合同、不交纳履约保证金的行为，防止采购方蒙受损失。

投标保证金的金额不宜过高，可以确定为投标价的 1%～5%，也可以定一个固定数额。由于按比例确定投标保证金的做法很容易导致报价泄露，因而，确定固定投标保证金的做法较好，它有利于保护各投标商的利益。国际性招标采购的投标保证金的有效期一般为投标有效期加 30 天。

7. 供应一览表、报价表和工程量清单

供应一览表应包括采购商品品名、数量、交货时间和地点等。

在国境内提供的货物和在国境外提供的货物在报价时要分开填写。在报价表中，境内提供的货物要填写商品品名、商品简介、原产地、数量、出厂单价、出厂价境内增值部分占的比例、总价、中标后应缴纳的税费等；境外提供的货物要填写商品品名、商品简介、原产地、数量、离岸价单价及离岸港、到岸价单价及到岸港、到岸价总价等。

13.3.2　项目招投标概述

项目招投标是选择卖方的主要工具，也是项目采购管理中的重要环节。采购可以分为招标采购和非招标采购。招标采购指由需方提出招标条件和合同条件，由许多供应商同时投标报价的方式。通过招标，需方能够获得更为合理的价格、更为优惠的供应条件。投标采购又可分为无限竞争性的公开招标和有限竞争性的邀请招标。受客观条件限制不易形成竞争的项目还可以采取协商议标。非招标采购又可以分为询价采购、直接采购、定向采购等。招标投标是由招标人和投标人经过邀约、承诺、择优选定，最终形成协议和合同关系的平等主体之间的一种交易方式，是"法人"之间达成有偿、具有约束力的契约关系的法律行为。《中华人民共和国招标投标法》规定，招标投标活动应当遵循公开、公平、公正和诚实信用的原则。

1. 公开原则

公开原则要求招标投标活动具有高度的透明性，实施过程公开，结果公开，即公开发布招标公告，公开开标，公开中标结果，使每一投标人获得同等的信息，知悉招标的一切条件和要求，以保证招标活动的公平性和公正性。

2. 公平原则

公平原则要求对所有的投标人给予相同的竞争机会，使其享有同等的权利，并履行相应的义务，不得歧视任何参与者。

3. 公正原则

公正原则要求招标投标方在国家政策、法规面前，在招标投标的标准面前一律平等。

4. 诚实信用原则

诚实信用原则要求招标、投标双方应以诚实、守信的态度行使权利和履行义务，不允许在招标投标活动中以欺诈的行为获取额外的利益，以维护招标投标双方当事人的利益、社会的利益和国家的利益。诚实守信原则还要求招标、投标双方不得在招标投标活动中损害第三方的利益。

项目招标投标有如下特点。

（1）程序规范。在招标投标活动中，从招标、投标、评标、定标到签订合同，每个环节都有严格的程序、规则。这些程序和规则具有法律约束力，任何当事人不能随意更改、编制招标文件。

（2）编制招标、投标文件。在招标投标活动中，招标人必须编制招标文件，投标人据此编制投标文件参加投标，招标人组织评标委员会对投标文件进行评审和比较，从中选出中标人。因此，是否编制招标投标文件是区别招标与其他采购方式的最主要特征之一。

（3）公开性招标。投标的基本原则是"公开、公平、公正"，将采购行为置于透明的环境中，防止腐败行为的发生。招标投标活动的各个环节均体现了这一原则。

（4）一次成交。在一般的交易活动中，买卖双方往往要经过多次谈判才能成交，招标则不同，在投标人递交投标文件后、招标人确定中标人之前，招标人不得与投标人就投标价格等实质性内容进行谈判。也就是说，投标人只能报价一次，不能与招标人讨价还价，并以此报价作为签订合同的基础。

以上四要素基本反映了招标采购的本质，也是判断一项采购活动是否属于招标采购的标准和依据。

13.3.3　项目招投标程序

招标投标一般分为以下四个阶段。

1. 招标准备阶段

在这个阶段，招标工作可以分为以下八个步骤。
（1）具有招标条件的单位填写招标申请书，报有关部门审批。
（2）获准后，组织招标团队和评标委员会。
（3）招标文件和标底编制。
（4）招标公告发布。
（5）投标单位审定。
（6）招标文件发放。
（7）投标会议组织。
（8）招标文件接收。

2. 投标准备阶段

根据招标公告或招标单位的邀请，投标单位选择符合本单位能力的项目，向招标单位提交投标意向，并提供资格证明文件和资料；资格预审通过后，组织投标团队跟踪投标项目，购买招标文件；参加招标会议；编制投标文件，并在规定时间内报送给招标单位。

3. 开标评标阶段

按照招标公告规定的时间、地点，由招投标方派代表并在有公证人在场的情况下当众开标；招标方对投标者进行资料后审、询标、评标；投标方做好询标解答准备，接受询标质疑，等待评标决标。

4. 决标签约阶段

评标委员会提出评标意见，报送决定单位确定；依据决标内容向中标单位发出"中标通知书"；中标单位在接到通知书后在规定的期限内与招标单位签订合同。

13.4　项目采购合同管理

13.4.1　项目采购合同概述

《中华人民共和国民法典》规定，合同是民事主体之间设立、变更、终止民事法律关系的协议。合同主要有以下特征。

（1）合同是平等主体之间的法律关系。
（2）合同的主体包括自然人、法人及其他组织。
（3）合同是平等主体之间设立、变更、终止民事权利与义务关系的协议。
（4）合同是双方当事人之间事实上达成的合意。

项目采购合同的内容主要包括以下方面：①当事人的名称、姓名、地址；②采购产品的名称、技术性能及质量要求、数量、时间要求；③合同价格、计价方法和补偿条件；④双方的责任和权利；⑤双方的违约责任；⑥合同变更的控制方法。

项目合同的签订应满足以下几个条件：①项目合同必须建立在双方认可的基础上；②要有一个统一的计算和支付酬金的方式；③要有一个合同规章作为承包商工作的依据，这样他们既可受到合同的约束也可享受合同的保护；④合同的标的物必须合法；⑤项目合同要反映双方的权利和义务，合同类型须依据法律确定。

13.4.2 项目采购合同类型

在项目采购的过程中，可以根据采购货物或服务的具体情况和各种合同类型的适用情况权衡比较，从而选择最适合的合同类型。按照不同的标准，合同可以有不同的分类。

1. 按签约各方的关系分类

（1）项目总承包合同，指项目公司与施工承包人之间签订的合同，其范围包括项目执行全过程。

（2）项目分包合同，指总承包商可将中标项目的一部分内容包给分包商，由此而在总承包商与分承包商之间签订的合同一般不允许将项目的全部内容分包出去。对于允许分包的内容，在合同条件中应有规定。在签订分包合同后，总承包商的责任和义务并不因分包合同的签订而转移，总承包商仍应全部履行与项目组织签订合同中所规定的责任和义务。

（3）转包合同，指在承包商之间签订，是一种承包权的转让。在合同中会明确原承包商与项目组织签订的合同所规定的权利、义务和风险由另一承包商来承担，而原承包商则在转包合同中获取一定的报酬。

（4）融资合同，指项目公司与银行、金融机构等进行的资金借贷运行合同。内容包括信贷额度、利息、抵押、担保和时间等，明确双方的责任和义务，确保项目资金供应的安全性。

（5）营运合同，指项目公司与营运商之间签订的合同，内容包括项目交付后对项目营运活动的要求。

（6）劳务分包合同，即包工不包料合同。分包商在合同实施过程中不承担因物价上涨的变动风险。

（7）劳务合同，指承包人或分承包商雇佣劳务所签订的合同。提供劳务一方不承担任何风险，但也难获得较大的利润。

（8）联合承包合同，指两个或两个以上合作单位之间以承包人的名义为共同承担项目的全部工作而签订的合同。

（9）采购合同，指项目组织为从组织外部获得产品或服务而与供应商签订的合同。

2. 按计价方式分类

（1）固定总价合同。这类合同将对一个明确定义的产品或服务采用一个固定的总价格，如果该产品或服务不是各方面都有明确定义，则卖方买方可能得不到想要的产品或服务，都会面临风险，必须支付额外的费用才能提供该产品或服务。固定价格合同还包括对达到或超过既定项目目标的奖励。

（2）成本补偿合同。这类合同包括支付给卖方的直接实际成本和间接实际成本。成本补偿合同通常还包括某些激励措施，以满足或超过某些预定的项目目标。这类合同常用于涉及新技术产品或服务采购的项目，在实践中有三种具体做法，按照买方承担风险的大小，从最高到最低依次排列为成本加成本百分比酬金合同、成本加固定酬金合同、成本加浮动酬金合同。

13.4.3 项目采购合同管理主要内容

作为项目管理的一个组成部分，项目采购合同管理融于项目管理的整个过程，是确保承包商按照合同提供产品或者服务的过程。在大型项目中，采购合同管理包括为不同承包商提供沟通的渠道；与采购合同管理相关的项目管理过程包括项目计划执行、项目进展汇报、质量控制和变更控制等。项目采购合同管理通常包含以下内容。

1. 对承包商工作的管理

项目组织应该定时地以适当的方式对承包商的工作进行管理和监督，确保他们提供的物料、工程和服务符合合同的要求。比如，项目组织可以派出一名技术专家实地考察承包商的生产情况，并监督、指导承包商的工作。

2. 采购质量管理

为了确保项目组织采购的物料、工程和服务的质量符合项目的要求，项目组织要按照合同的规定对承包商提供的物料、工程和服务的质量进行检查和验收。验收的主要方式包括：根据货物的样品进行验收、根据到达现场的实物进行验收、根据权威部门的鉴定结果进行验收。

3. 采购合同变更管理

项目采购合同在执行过程中可能会由于合同双方各自的原因或外部的各种不确定性因素需要对一些条款进行更改。合同变更具有以下的特征。

（1）合同的变更会对对方的利益产生影响，因此双方必须协商一致。

（2）合同的内容和条款发生了变动。

（3）合同变更后将产生新的权利、义务关系。

（4）合同的变更要按照规定的程序来进行，采购合同变更的程序如图13-1所示。

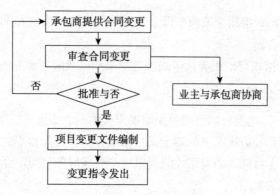

图 13-1 采购合同变更的程序

4. 解决合同纠纷

项目采购合同在变更后如果不能顺利执行，有时就会导致合同纠纷出现。项目组织要对明确的和潜在的合同纠纷采取适当措施，尽可能避免合同纠纷发展成为法律争端。解决项目采购合同纠纷的主要方式有以下四种。

1）协商解决

协商解决即合同双方当事人按照合同中有关解决纠纷的条款进行协商，相互谅解，为双方今后经济往来的继续和发展相互都做出一些有利于解决纠纷的让步，最终达成和解协议。和解协议的优点是可以节省费用，并有利于双方合作的发展。但是如果所涉金额过大，双方都不肯让步或一方故意违约、没有协商的诚意等，就必须进行调解、仲裁、诉讼。

2）调解解决

如果合同中没有规定解决纠纷的条款，则应通过双方都认可的第三方来进行调解。调解可在交付仲裁和诉讼前进行，也可在仲裁和诉讼过程中进行。经调解达成和解后，可不再求助于仲裁或诉讼。

3）仲裁解决

合同双方当事人根据双方达成的书面协议，自愿把纠纷提交双方都同意的第三者依照一定的仲裁程序裁决，并制作仲裁裁决书。裁决结果对合同双方都具有约束力，但仲裁组织本身无强制执行的能力和措施。如果败诉方不执行裁决，胜诉方有权向法院提出申请，由法院要求败诉方执行。仲裁的结果是最终的，仲裁比诉讼简便，并且可节省费用。

4）诉讼解决

诉讼指司法机关和案件当事人在其他诉讼参与人的配合下，为解决案件依法诉讼程序所进行的全部活动。根据所要解决的案件的不同性质，诉讼可分为民事诉讼、刑事诉讼和行政诉讼。当合同双方不能通过协商和调解来解决纠纷时，就只能通过诉讼由法院来解决纠纷。当事人在诉讼前应注意诉讼管辖地和诉讼时效等问题。

5. 项目组织内部对合同变更的协调

合同变更会对项目管理的其他方面产生影响，所以应该使项目组织都了解项目合同的变更，并且根据合同变更对项目带来的影响进行相应的调整。

6. 支付管理

项目组织在对承包商支付款项时,要按照合同规定的支付办法和承包商所提供物料、工程和服务的数量和质量付款,并且对其实施严格的管理。一般来说,合同规定的支付方法有现金支付和转账支付两种,现金支付是针对小额价款结算的,转账支付是针对大额价款支付的,必须通过开户银行进行。

复习思考题

1. 请简要解释项目采购管理的主要过程和活动。
2. 解释一下供应商评估的重要性及评估的方法。
3. 请简要描述合同管理在项目采购过程中的作用和任务。

第三篇

前沿篇

第三卷

地名論

第14章

关键链项目管理

【教学目标】

1. 理解项目管理的挑战和重要性，并认识到关键链项目管理在应对这些挑战方面的价值和作用。
2. 了解关键链项目管理的基本原理及其与传统项目管理方法的区别和优势。
3. 理解关键链对项目进度和资源的影响，了解关键链项目管理中的缓冲管理的经典方法。
4. 探讨关键链项目管理在多项目环境下的挑战和机遇，并展望关键链项目管理的未来发展趋势和前景。

星期六大清早，李查德老师坐在书桌前，思考着今天在课堂上要讲解的内容。他打算与学生一起探讨一个重要的话题：多个项目共享某些资源时，其中一个资源成为瓶颈的问题。他将这个话题定为"多个项目的瓶颈"，并相信这个讨论将会非常热烈。

李查德老师也可以选择谈论缓冲管理，包括项目缓冲、接驳缓冲和资源缓冲之间的区别。他的一些学生已经对这些概念有了基础的理解，而其他人则需要更多的时间来吸收这些知识。

当他走进教室时，学生们已经准备好与他一起探索这些概念。他对学生们说："既然你们大部分人都已经实施了你们所学的，那么让我们一起回到相关的概念，并深入探讨它们吧。"

就在这时，露芙举手提出问题："老师，我想提一个问题。假设其中一个非关键路线进展非常缓慢，导致整个接驳缓冲被消耗殆尽，并且已经开始影响项目缓冲。但是，关键路线似乎很正常。"

李查德老师点头表示同意，这是一个可能发生的情况。他问露芙："你遇到的概念上的问题是什么？"

露芙回答："在这种情况下，关键路线是否已经被转移？是否需要重新安排整个项目？"

这个问题引起了学生们的好奇心，他们纷纷发表自己的看法。佛烈说："我认为关键路线可能已经被转移到了出现问题的部分。"马可试图澄清关键路线的定义："我们通常将关键路线定义为时间上最长的路径。"

泰德突然插话："如果我们在处理一个步骤 N 时遇到问题，这个步骤在非关键路线上，但现在它导致项目缓冲被消耗殆尽。那么现在最长的路径是否已经被改变？"

这个问题引发了一场激烈的讨论。泰德认为改变关键路线会导致项目混乱。然而，露芙提出如果他们不采取行动可能会面临更严重的后果。

她解释说："如果我们不重新安排项目，就等于逃避现实。现在关键路线的确在步骤 N 开始，它既没有受到接驳缓冲的保护，也无法防范其他路径可能带来的问题。此外，它也没有受到资源缓冲的保护，因此当出现延误时，它的恢复能力非常弱。"

学生们继续深入讨论这个问题。他们意识到，如果接驳缓冲被消耗完，他们可能已经遇到了露芙所描述的情况。然而，在现实中，他们并没有重新安排整个项目。那么，他们做了什么错误的假设呢？

资料来源：GOLDRATT E M. Critical chain: A business novel[M]. Great Barrington: North River Press, 1997.

14.1 背景及意义

14.1.1 项目管理的重要性和挑战

丹佛国际机场项目是一个规模庞大的建设项目，但因设计变更、施工延误和成本超支等问题导致项目最终耗时超过原计划的6年，并超支约40亿美元。波音787梦想客机项目是一项革命性的飞机设计和制造项目，然而该项目也面临供应链管理问题、技术延误和质量控制缺陷等挑战，导致项目推迟交付和巨额赔偿。英国国家医疗服务体系（national health service，NHS）的电子病历项目旨在实现电子化的医疗记录系统，但是由于规模庞大、范围复杂和缺乏有效的变更管理，该项目遭遇了巨大的延误和成本超支。由此可见，目前全世界许多项目在执行中存在很多的问题，缺乏行之有效的项目管理方法。而项目管理是在有限的资源和时间内达到预期目标的关键过程，在当今的商业环境中，项目管理被广泛认为是组织成功的关键因素之一。无论是企业内部的战略项目还是建设工程、IT开发、市场推广等领域的项目，有效的项目管理都能够为组织带来诸多好处，如提高效率、降低成本、提升竞争力等。

因此，项目的重要性不可忽视，它可以做到以下五个方面。

（1）提高效率和控制成本。项目管理通过合理的计划、资源分配和进度控制，能够提高工作效率、降低成本，并确保项目按预算执行。

（2）优化资源利用。项目管理通过对资源的合理分配和利用最大限度地提高了资源的效能，确保资源的有效利用和最佳配置。

（3）提高交付质量和客户满意度。项目管理强调对项目目标和质量标准的把控，通过项目计划和质量管理确保项目按时交付，并达到客户的期望和需求。

（4）强化团队协作和沟通。项目管理能促进团队成员之间的合作和协作，通过有效的沟通和信息共享提高团队的工作效率和创造力。

（5）改进决策和风险管理。项目管理通过系统的方法和工具帮助项目团队进行决策，并识别和管理项目中的风险，从而减少不确定性对项目的影响。

然而，当今的项目管理也面临着各种挑战和复杂性。

（1）复杂性和不确定性。项目通常涉及大量的不确定性和复杂性，市场需求的变化、技术进步的推陈出新，以及政策和法规的变化都可能对项目产生重大影响。项目经理需要具备应对不确定性和变化的能力，灵活调整项目计划，并采取适当的措施来应对风险和挑战。

（2）多利益相关者的管理。项目涉及多个利益相关者，包括项目团队成员、高层管理人员、客户、供应商和其他利益相关方，这些利益相关者可能拥有不同的期望、目标和需求，因此项目经理需要管理和平衡各方的利益、促进合作和沟通，以确保项目能够顺利交付。

（3）资源约束和优先级管理。项目通常面临资源的限制，如时间、人力、资金和设备等，项目经理需要有效地分配和利用这些有限的资源，以确保项目能够按时交付，并在资源约束下达到预期的目标和质量标准。此外，项目经理还需要管理项目的优先级，以确保关键任务得到优先处理，最大限度地实现项目的价值。

（4）团队管理和沟通。项目团队通常由来自不同背景、文化和专业领域的成员组成，项目经理需要具备良好的团队管理和沟通能力，以建立团队的凝聚力和合作精神。有效的沟通和协作能够促进信息的流动、决策的迅速执行，并增强团队的创造力和问题解决能力。

（5）变化管理和适应能力。在项目执行过程中，变化是常态，需求变更、技术调整、市场竞争等因素可能迫使项目调整和变更。项目经理需要具备良好的变化管理能力，能够灵活应对变化并及时调整项目计划和资源分配，以确保项目能够适应变化并取得成功。

综上，项目管理在组织的成功和竞争力方面扮演着重要的角色，不仅是一种方法和工具，更是一种战略性的管理能力，为组织创造价值和实现目标提供支持和保障。有效的项目管理可以应对复杂性和不确定性、提高资源利用效率、控制成本、提高交付质量，并增强团队合作和沟通能力等。同时，面对项目管理的挑战人们也需要与时俱进，不断改进和更新项目管理方法，以适应更加复杂多样化的项目。

14.1.2　帕金森定律和学生综合症

以色列物理学家、管理学大师伊利雅胡·M. 高德拉特（Eliyahu M. Goldratt）博士指出，项目成员的学生综合症和帕金森定律是造成项目质量返工频发、效率低下等问题的重要因素。在项目管理领域，帕金森定律和学生综合征是两个重要的概念，它们揭示了项目管理中常见的现象和挑战。了解它们的内容对项目经理和团队成员来说是非常有益的，因为它们可以帮助人们更好地规划和执行项目，提高项目的成功率和效率。

帕金森定律最早是由英国历史学家、作家西里尔·诺斯古德·帕金森（Cyril Northcote Parkinson）在他的著作《帕金森定律》中提出的。这个定律指："工作会在填满可用的时间内完成。" 换句话说，如果为完成一项任务设置了足够长的时间，那么这项任务就会在这个时间范围内被完成，即使实际上并不需要这么长的时间。

在项目管理中，帕金森定律提醒人们要警惕资源和时间的浪费。如果没有合理地设定时间和目标，团队成员可能会倾向于拖延或浪费时间，即使提前完工也不报告，从而导致项目进度延误和效率降低。因此，项目经理应该设定明确的时间节点和阶段性目标，以及监控和管理资源的使用情况，以确保项目按时高效地完成。

学生综合征是一种常见的现象，特别是在项目的最后阶段出现较多。它指的是团队成员倾向于将任务推迟到最后一刻，随后才开始集中精力投入任务的执行。这种现象类似一些学生经常在临近考试前几天才开始拼命复习的情况，也就是"拖延"。

在项目管理中，学生综合征可能会导致项目进度延误和质量问题。团队成员如果在项目进展的早期没有充分投入，等到临近截止日期才开始紧张地执行任务，那么往往会因为时间紧迫而影响工作质量。为了避免学生综合征，项目经理应该建立合理的项目计划和时间表，并督促团队成员在早期就开始积极投入，以保证项目的顺利推进。

帕金森定律和学生综合征是项目管理中常见的现象，它们提醒人们要合理规划时间和资源，以及避免拖延和浪费。项目经理应该根据这些定律和综合征制定明确的时间节点和目标，并积极引导团队成员在项目早期就投入工作，以确保项目的顺利进行和高效完成。

14.1.3　约束理论的基本内容

高德拉特在其提出的最优生产技术（optimized production technology，OPT）基础上提出了约束理论（theory of constraints，TOC），基于全局的思想帮助企业识别项目实施过程中的瓶颈因素并消除这些因素。然后，他将约束理论应用于项目管理领域，提出了关键链项目管理（critical chain project management，CCPM）的概念。

约束理论的基本内容包括以下五个方面。

1. 瓶颈资源

瓶颈资源是约束理论的一个重要概念，它指的是在整个系统中具有最低产能、限制了整体效能的资源。瓶颈资源可以是物理资源、人力资源、技术资源或任何其他影响项目流程的关键要素。瓶颈资源之所以被称为瓶颈，是因为它的产能限制了整个系统的产能。就像一个瓶颈限制了液体的流动速度一样。瓶颈资源限制了项目的进展和产出，如果没有有效地管理和优化瓶颈资源，整个系统的效能和效率将受到限制。

要理解瓶颈资源的重要性，可以运用约束理论中的以下四个关键原则。①瓶颈资源决定了系统的产能，无论其他资源如何高效运转，系统的产能都受限于瓶颈资源的效能，瓶颈资源的产能决定了整个系统的最大输出能力；②瓶颈资源影响整体流程的速度，瓶颈资源的产能决定了整个项目的进展速度，其他任务或资源可能完成得很快，但如果瓶颈资源无法跟上，整个项目的进度将被拖慢；③瓶颈资源需要特别关注和管理，由于瓶颈资源对整体效能具有重要影响，管理者应该特别关注和优化瓶颈资源的利用，充分利用瓶颈资源的产能可以最大限度地提高整个系统的产能和效率；④非瓶颈资源应与瓶颈资源同步；为了确保整个系统的流程协调顺畅，非瓶颈资源应与瓶颈资源同步工作，这意味着非瓶颈资源的产出和工作速度应该与瓶颈资源相匹配，以避免过多的等待时间和资源浪费。

2. 系统视角

约束理论强调以系统的角度思考和分析问题，它将组织或项目看作一个整体系统，而不仅是一系列独立的部分。通过系统视角，约束理论能够揭示系统中的瓶颈资源及其对整体效能的影响。

3. 管理约束

约束理论指出，约束不一定总是来自外部因素，也可能来自内部管理的约束。内部管理的约束包括决策、政策、流程、规则等，它们可能限制了系统的效能和对资源的利用。约束理论强调通过解决内部管理约束来提高系统的效能。

4. 活动控制

约束理论提出了一种被称为"活动控制"的方法，用于优化瓶颈资源的利用。活动控制包括四个方面：识别瓶颈资源、充分利用瓶颈资源的产能、同步非瓶颈资源以适应瓶颈资源的节奏、避免瓶颈资源被浪费。通过活动控制，约束理论能够最大限度地提高系统的产能和效率。

5. 金字塔效应

约束理论还提出了"金字塔效应"的观念。金字塔效应指的是通过解决瓶颈资源的约束使系统的整体效能得到改善，从而产生一系列正向的效应（如提高交付速度、减少库存、提高质量等）。这种正向效应逐渐向整个系统传递，从而实现整体的性能提升。

14.1.4　关键链项目管理的诞生

高德拉特将约束理论应用于项目管理领域，提出了一种新的项目管理方法——关键链项目管理。它的起源可以追溯到 20 世纪 80 年代，当时高德拉特在其畅销书《关键链》(*Critical Chain*) 中首次阐述了这一概念和方法。关键链项目管理的出现是为了解决传统项目管理方法在实践中遇到的一些挑战和问题。

传统项目管理通常采用关键路径法来规划和控制项目进度。关键路径法是一种基于任务依赖和资源可用性的方法，它通过确定项目中最长的任务序列（即关键路径）来确定项目的总工期。然而，关键路径法存在一些问题，如任务时间估计不准确、资源利用低效及项目周期延误的风险。

高德拉特在研究生产制造领域中的瓶颈和约束现象时意识到，这些问题也存在于项目管理领域。他发现，在复杂的生产系统中，一个瓶颈资源的效率和利用率会对整个系统的产能和效率产生重要影响。基于这一观察，他开始探索如何将瓶颈理论应用到项目管理中，以优化资源利用、减少项目周期并提高交付质量。

为解决传统项目管理方法面临的挑战、改善帕金森定律和学生综合征的现象，以及应对瓶颈资源的影响等，高德拉特提出了一种基于关键链的新型项目管理方法，该方法将关注点放在项目中真正限制项目进度的关键链上（关键链指的是在项目中资源需求最多、耗时最长的任务序列）。高德拉特认为，将关键链任务的时间估计缩短并为整个项目设置一定的缓冲可以有效地减少资源浪费和项目延误的风险。关键链项目管理方法引入了缓冲的概念。传统项目管理方法通常将缓冲时间分散到各个任务以应对不确定性和风险；而关键链项目管理则将所有的缓冲时间集中在项目的关键链上，以保护关键链不受外部因素的影响，这种集中缓冲的方法能够更好地控制项目进度，并提供更灵活的资源利用。

高德拉特在《关键链》中详细阐述了关键链项目管理的原理、方法和实践技巧,并提供了许多案例和实例以支持他的理论,这些理论和实践逐渐在项目管理领域得到广泛应用,成为改进项目绩效和提高项目成功率的重要工具和方法。

了解了关键链项目管理的产生背景就可以为后续章节的学习奠定基础,从而更好地理解其原理、方法和实践,并学习将其应用于实际项目管理,以提高项目交付质量和效率。

14.2 关键链项目管理的内容

14.2.1 关键链的定义和特点

在描述关键链的定义之前,首先需要了解项目安全时间。项目安全时间指在项目管理中预留给任务或活动的额外时间,是应对潜在的风险、延迟或不确定性因素而保证项目能够按时完成的时间,它可以被理解为对项目计划的保守估计,以确保项目具有一定的弹性和容错能力。如图14-1所示,项目的完工概率服从对数正态分布,不确定性因素越高,分布图的尾巴越长。项目经理在预估工序时间时,通常会在90%完工概率处的时间作为计划工期。

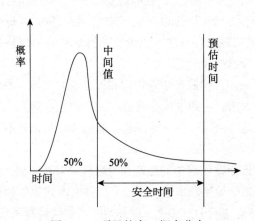

图14-1 项目的完工概率分布

项目安全时间的目的是降低项目风险,并提供一定的缓冲空间以应对可能出现的问题。通过合理地估计和分配项目安全时间,项目管理团队可以更好地应对风险和变化,保持项目进度的稳定性。

关键链是关键链项目管理方法中的一个关键概念,它的定义和特征对于项目管理的有效执行和项目进度的控制至关重要。

关键链具有以下特点。

1. 耗时最长的任务序列

关键链是由一系列任务组成的序列,其中耗时最长的任务被标识为关键链的一部分。

这些任务的完成时间将直接影响整个项目的进度。集中精力管理和优化关键链任务的时间可以有效控制项目的整体进度。

2. 资源需求最大的任务序列

关键链不仅涉及耗时最长的任务，还涉及资源需求最大的任务序列。这些任务可能需要大量的人力、物资或其他资源。合理分配和管理关键链任务所需的资源，可以最大程度地提高资源利用率和项目效率。

3. 任务之间存在依赖关系

关键链中的任务之间通常存在依赖关系，即一个任务的开始或完成依赖其他任务的状态。这些依赖关系需要被仔细管理和协调，以确保关键链任务按照正确的顺序和时间完成。

4. 任务时间估计通常较保守

由于在项目管理中常见的安全时间和缓冲时间，关键链任务的时间估计通常较保守。这是为了确保在不可预测的情况下仍能按时完成关键链任务。然而，过度保守的估计可能导致资源浪费和项目延误。

5. 具有风险和不确定性

这是关键链项目管理中的一个重要方面。由于关键链任务耗时较长、资源需求较大，其完成过程中可能会面临各种风险和不确定性。项目管理团队需要认识到这些潜在的挑战，并采取适当的措施管理和应对它们，以确保关键链任务的顺利进行和项目的成功交付。

如图 14-2 所示，其中 X 是被多个步骤争夺的资源，可以看出关键链的确定与需求最大的资源密切相关。

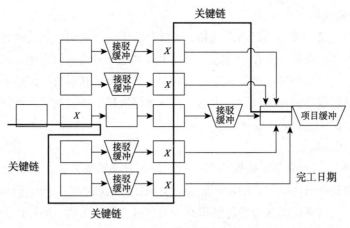

图 14-2　关键链示意图

结合上述定义可以对比关键路径法进一步理解关键链方法的特点。因为关键路径侧重于时间进度的管理，而关键链进一步考虑了资源约束、人员行为和风险等因素以保持项目的稳定性。关键路径管理着重于对任务的监控和控制，关键链管理则通过缓冲时间、资源优化和行为改进来应对不确定性和风险。两者在项目管理中都具有重要作用，但关注的角度和应对问题的方式略有不同，详细的对比如表 14-1 所示。

表 14-1 关键路径和关键链的对比

定义	关键路径	关键链
目的	最长路径决定项目的最短工期	考虑资源约束和人员行为，保护关键路径上的任务免受风险影响
焦点	确定项目的关键任务和关键完成时间	应对资源约束，不确定性和风险，保持项目进度稳定
延误影响	时间进度	资源约束、人员行为、风险
影响	关键路径上的任何任务延误都将导致项目工期延误	关键链缓冲提供了潜在延误的补偿，可以保持项目的稳定性
管理方法	紧迫任务的监控和控制，避免延误	缓冲时间的分配、监控和管理，资源约束和人员行为的优化
结果	项目工期的最短化，减少延误风险	提高项目效率、稳定项目进度，减少风险
应用领域	时间驱动的项目，没有明显的资源约束和风险	资源受限，人员行为不确定性高的项目

在理解关键链的定义和特点后，还需要认识关键链的风险和不确定性。关键链具有的风险和不确定性主要表现在以下三个方面。

1）任务耗时风险

由于关键链任务的耗时较长，其完成时间可能受到各种因素的影响，如技术复杂性、资源供应延迟、外部环境变化等。这种不确定性可能导致任务的延迟和项目整体进度的偏移。项目管理团队需要预估和评估这些风险，并采取适当的措施来减轻其影响，如寻找替代资源、优化任务流程、提前采购关键资源等。

2）资源限制风险

关键链任务通常需要大量的资源支持，而资源的供应和利用可能受到各种限制和不确定性的影响。例如，资源可能在项目进行过程中被其他项目或部门占用，或者供应链可能发生中断。这些资源限制风险可能导致任务延误、资源浪费和项目进度的不稳定。项目管理团队需要对资源供应链进行评估和规划，确保关键链任务所需的资源能够及时、有效地供应，以降低资源限制风险的影响。

3）依赖关系风险

关键链任务之间通常存在依赖关系，一个任务的开始或完成往往依赖其他任务的状态。一个关键链任务出现延误或问题可能会对其他任务的顺利进行产生影响，从而导致项目进度的滞后。项目管理团队需要仔细识别和管理这些依赖关系，确保任务之间的协调和顺序，以减轻依赖关系风险对关键链任务的影响。

通过明确关键链的定义和特点、识别关键链的不确定性和风险，项目管理团队能够更好地聚焦于关键任务，优化资源分配、控制项目进度，并最大限度地提高项目的交付准时率和效率。关键链项目管理方法的目标就是通过有效地管理关键链实现项目的成功交付。

14.2.2 关键链项目管理的优势

关键链项目管理依据资源约束对任务进行排序，形成关键链，然后抽取活动一半的时间作为安全时间，并将抽取的时间集中于项目尾部作为缓冲。关键链不同于关键路径，后者只考虑任务间的逻辑关系，而前者还考虑了资源的约束，所以用"关键链"取代"关键路径"是项目进度管理领域的一项创新。同时，该方法不仅考虑了资源约束与任务间的逻辑关系，还强调在项目执行过程中的动态管理和持续改进。

如图 14-3 所示，假设这 4 个步骤中的 3 个都提前了 5 天完工，而第 4 个步骤推迟了 15 天。根据统计学，如果 4 个步骤的平均数没有受到影响，那么好像仍然能够在预估时间内完成这些工作，但这显然是不对的。

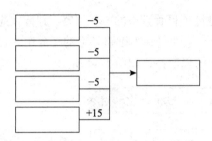

图 14-3　完工时间示意图

任何项目都会有很多并行的步骤，当中最大延误的影响会被转至下一个步骤，导致任何提前完工的步骤完全起不了作用，加紧的绝大部分安全时间根本就没有用。即使试图保障每个步骤的表现，但这些保护大部分会被浪费，所以就算增加了那么多安全时间，项目仍然面对极大风险。因此，安全时间需要被放置于真正有用的地方。

关键链为项目进行中不确定因素的管理提供了一种很好的工具——缓冲（buffer）。将项目计划的安全时间剥离后，计划工期会缩短，这时，通过给项目计划进度加上缓冲来吸收由于不确定性等因素所带来的工期波动就实现了风险共担，有助于缩短项目时间并提高项目的按时完工概率。除了吸收工期波动带来的影响外，缓冲还是进度控制的依据，因此，缓冲的设置会对进度的计划和控制造成直接影响。

关键链项目管理的优势在于以下 4 个方面。

（1）缩短项目工期。关键链项目管理通过插入缓冲有效吸收了项目的不确定性，减少了任务之间的安全时间和浪费，从而缩短了项目的总工期。相比传统项目管理方法，关键链项目管理能够更加精确地确定项目的时间目标，加快项目的交付速度。

（2）提高资源利用率。关键链项目管理通过集中缓冲时间并保护关键链实现了资源更加有效的利用。传统项目管理方法通常在各个任务中分散缓冲时间，导致资源利用率低下，而关键链项目管理将缓冲时间集中在关键链上，确保了关键链任务的顺利完成，最大限度地提高了资源的利用效率。

（3）降低风险和延误。关键链项目管理通过识别和管理关键链减少了项目的不确定性和风险。集中于尾部的缓冲使项目能够实现风险共担，并有足够的缓冲时间应对潜在的风险和问题。这种风险管理的方式有效降低了项目的延误风险，增加了项目成功交付的概率。

（4）提高项目质量和可靠性。关键链项目管理通过缩短关键链任务的时间估计使项目中的任务更加紧凑和集中。这种集中化的管理方式有助于项目团队更加专注地完成任务，减少了资源的分散和干扰，有效改善了帕金森定律和学生综合征，使项目团队可以更加专注于关键任务的完成、提高工作质量和可靠性、减少错误和缺陷的出现。

总之，关键链项目管理具有诸多的优势。它通过缩短关键链任务的时间估计、集中缓冲，提高项目交付准时率、资源利用效率，降低项目风险，提高项目质量和可靠性。关键链项目管理的优势使其成为改进项目管理的重要方法，能够适用于各个行业和领域，以提高项目绩效和成功交付的概率。

14.2.3 关键链项目缓冲

关键链项目缓冲是关键链项目管理中的一种策略，其旨在应对项目中的不确定性和风险，确保项目能够按时交付。它通过在关键路径上的任务中添加额外的时间来补偿潜在的延误风险，以保持项目进度的稳定性，如图 14-4 所示。

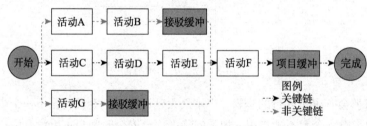

图 14-4 关键链项目中的缓冲

当涉及关键链项目管理时，缓冲是一个重要的概念，用于应对项目中的不确定性和风险。下文将结合图 14-4 介绍关键链项目管理中常见的 3 种缓冲类型。

1. 项目缓冲

项目缓冲是将提取的安全时间集中于尾部而形成的缓冲，它的目的是应对整个项目的不确定性和风险，以确保项目能够按时完成。项目缓冲一般作为最后一道防线，用于补偿项目中可能出现的延误。

2. 接驳缓冲

接驳缓冲位于非关键链活动与关键链活动的连接处，同项目缓冲一样可以计算大小。它用来保护非关键链按时完成，防止因非关键链上的意外事件影响关键链的顺利进行。

3. 资源缓冲

资源缓冲不同于前两种缓冲，它一般没有具体的大小，用以保障资源的正常供应、应对资源约束带来的风险、确保关键链活动能够按时获得所需的资源，保障项目按时完工。

这 3 种缓冲类型在关键链项目管理中起到保护项目进度和应对风险的作用。通过合理地分配和管理这些缓冲，项目管理团队可以有效地控制项目的进度，应对不确定性和风险，确保项目能够按时交付。

14.3 关键链项目管理方法

14.3.1 识别关键链的方法和工具

运用关键链项目管理方法的第一步是识别项目关键链。根据关键链的定义，满足资源约束的关键路径就是关键链，因此，识别关键链首先要找出关键路线，然后再进行资源优化配置。可以将识别关键链看作是"资源有限—工期最短"的资源优化问题，用数学语言将之表达如下。

$$y = \min T \tag{14-1}$$

$$F_i + D_j \leqslant F_j \tag{14-2}$$

$$\sum r_{k_i} \leqslant R_k \quad (k=1,2,\cdots,m) \tag{14-3}$$

$$F_i \geqslant 0 \tag{14-4}$$

式（14-1）目标函数使项目工期最短；式（14-2）为工序的逻辑关系约束；式（14-3）为项目的资源约束；式（14-4）为工期非负约束。项目可用的资源包括可更新资源和不可更新资源，二者以更新周期区分。当一种资源的重新获取的周期较短时（如 1 天），在其周期内消耗完后在新的周期内可自动更新，那么这种资源就属于可更新资源。例如，人力资源就属于可更新资源。当一种资源的消耗与获得的周期较长，那么以项目周期为更新周期时，这种资源就属于不可更新资源，它们在项目过程中一旦被消耗完了就不会再生，如资金、原材料。

以下是六种常用的方法和工具，可用于识别关键链。

（1）识别关键路径。通过对项目网络图进行分析确定项目的关键路径，即最长的路径或最长时间的路径。关键路径上的活动对项目的总工期有直接影响，因此其将成为关键链的一部分。分析关键路径上的任务，可以确定关键链。

（2）识别关键资源。在分析项目中各项活动所需的资源，识别其中关键的资源（即项目进展所依赖的关键资源）。在关键链项目管理中，这些关键资源会成为限制因素，需要特别关注和有效管理。

（3）考虑资源限制。在识别关键链时，需要考虑资源的限制性（即项目中稀缺的资源对工期和进展的影响），这样可以更准确地确定关键链，并进行资源的合理分配和调度。

（4）启发式算法。启发式算法是解决资源冲突最常用的算法，它是以项目某一工序的紧前工序和资源使用情况表为依据确定所有工序的执行先后顺序，在预定的时间内得出一定意义上的最优可行解，因此可采用启发式算法来查找关键链。

（5）计算机模拟和建模工具。这些工具可以模拟项目执行过程中的不同情景，并分析任务的时间和资源需求。模拟不同的任务顺序和资源分配可以识别最具影响力和资源需求最大的任务序列（即关键链）。

（6）综合判断和经验。识别关键链可以结合项目实际情况和经验判断（尤其是对于复杂或大规模项目）。项目管理团队需要综合考虑各种因素（包括风险、成本、质量和客户需求等）以确定最合理的关键链。

以上方法和工具单独或结合使用，以帮助项目管理团队准确识别关键链。识别关键链是关键链项目管理的基础，它可以为项目团队提供明确的目标和优先事项，从而集中资源和精力，最大限度地优化项目的进度和资源利用。

14.3.2 分析关键链对项目进度和资源的影响

关键链对项目进度和资源具有重要影响，了解这种影响有助于项目管理团队制订有效的计划和资源分配策略，以确保项目按时交付。

（1）项目进度影响。关键链是项目中耗时最长、资源需求最大的任务序列，因此，关键链任务的延误或资源瓶颈会直接影响整个项目的进度，任何关键链上的任务延误都将延长整个项目的完成时间。项目管理团队应特别关注关键链任务的进展和完成情况，采取必要的措施确保其按时完成，从而保持项目进度的稳定性。

（2）资源利用影响。关键链任务的资源需求通常较高，对项目资源的利用有较大影响。由于关键链任务需要较多的资源支持，如果资源无法及时分配或不足将导致关键链任务的延迟或低效执行。项目管理团队需要优化资源分配，确保关键链任务获得足够的资源支持，避免资源瓶颈和浪费。

（3）项目风险影响。关键链任务的完成时间和资源需求的不确定性会增加项目的风险，由于关键链任务对项目进度具有重要影响，任何关键链任务的延误都会引发项目整体风险的增加。项目管理团队需要识别关键链任务的风险点，并制定相应的风险应对策略，以最大程度地减轻风险对项目的影响。

针对关键链对项目进度和资源的影响，项目管理团队可以采取以下策略。

（1）优化关键链任务的时间估计：使用合理的时间估计方法和技术。例如，基于经验数据或专家判断的估算减少关键链任务的过度保守估计，避免任务时间的膨胀和资源的浪费。

（2）集中缓冲管理。关键链项目管理提倡将缓冲时间集中于项目的关键链，以保护关键链不受外部因素的影响。项目管理团队可以设立适当的缓冲时间，用于处理不可预见的风险和延误，以保持项目整体进度的稳定性。

（3）强调团队合作和协调。由于关键链任务的复杂性和资源需求较高，项目管理团队需要加强团队内部的合作和协调，确保资源的有效利用和任务的协同执行。有效的沟通和协作有助于减少关键链任务的延误和资源冲突，提高项目执行效率。

（4）风险管理和应对策略。项目管理团队应识别关键链任务的潜在风险，并制定相应的风险管理和应对策略。这包括对风险进行评估、制定预防措施、建立应急计划、建立监测和控制机制，以及及时应对风险事件，确保项目进度和资源的稳定性。

通过有效地分析关键链对项目进度和资源的影响，项目管理团队可以有针对性地制订计划和策略，最大限度地提高项目的执行效率和成功交付的概率。

14.3.3　管理关键链的策略和技术

管理关键链需要采取一系列策略和技术，以确保关键链任务的顺利进行并最大限度地提高项目的执行效率。以下是一些常用的管理关键链的策略和技术。

1. 缓冲设置

关键链项目管理将缓冲时间集中于关键链，以保护关键链不受外部因素的影响。项目管理团队可以设置适当的缓冲时间，用于处理不可预见的风险和延误。有效地管理缓冲时间可以提高项目的稳定性和交付准时率。

2. 资源协调和优化

关键链任务通常需要较多的资源支持。因此，项目管理团队需要优化资源协调和利用，以确保关键链任务获得足够的资源支持，这包括资源分配的合理规划、资源冲突的解决、资源共享和协同工作的促进等。有效的资源协调和优化可以提高关键链任务的执行效率和项目整体的绩效。

3. 任务简化和流程改进

关键链任务通常具有复杂性和资源需求较高的特点。为了降低任务的复杂性和减少资源需求，项目管理团队可以采取任务简化和流程改进的方法，这包括任务拆分和优化、流程精简和自动化、减少不必要的任务依赖等。简化任务和改进流程可以减少关键链任务的执行风险和资源压力、提高项目执行效率。

4. 限制多任务并发

关键链项目管理强调限制多任务并发，避免资源的过度分散和任务间的相互干扰。项目管理团队可以采取限制并发的策略，如引入资源池、优先级管理、任务优化排序等，确保关键链任务的执行优先级和资源分配的合理性。限制多任务并发可以减少资源冲突和任务延误、提高项目的执行效率。

5. 持续监控和控制

关键链项目管理需要项目管理团队进行持续的监控和控制，特别是对缓冲的消耗情况进行监控，以确保关键链任务的进展和项目的整体进度。这包括制定监测指标和关键绩效指标、实时跟踪任务执行情况、及时识别和解决问题、调整计划和资源分配等。持续监控和控制可以及时应对潜在的问题和风险，保持关键链任务的顺利进行。

通过采取上述策略和技术，项目管理团队可以更好地管理关键链任务，提高项目的执行效率和成功交付的概率。这些策略和技术相互结合为项目管理提供了一套系统性的方法和工具，以应对关键链项目管理的挑战并取得良好的成果。

14.4　关键链项目管理实践

14.4.1　关键链保护和缓冲管理

关键链保护和缓冲管理是关键链项目管理中的重要策略和技术，用于确保关键链任务的顺利进行，并有效应对潜在的风险和延误。下面介绍关键链保护和缓冲管理的内容。

1. 关键链保护

关键链保护指项目管理团队采取一系列措施保护关键链任务不受外部干扰和不可预见的风险的影响，以确保其按计划进行。关键链任务的延误可能会对整个项目的进度产生重大影响，因此保护关键链任务的顺利进行是关键链项目管理的核心目标之一。

保护关键链的方法包括优先资源分配、风险管理、优先级管理及变更请求管理。

（1）优先资源分配。将有限的资源优先分配给关键链任务，确保其获得足够的资源支持。

（2）风险管理。识别和管理潜在的风险因素，采取相应的措施减轻其对关键链任务的影响。

（3）优先级管理。设定关键链任务的执行优先级，并确保其不受其他非关键链任务的干扰。

（4）变更请求管理。对关键链任务的变更请求进行审慎管理，避免对其执行造成负面影响。

2. 缓冲管理

缓冲管理是关键链项目管理中的重要内容，旨在有效利用缓冲时间来应对不可预见的风险和延误，以确保项目的准时交付。

缓冲管理的内容包括缓冲确定、缓冲分配及缓冲监控。

（1）缓冲确定。将抽取的安全时间置于项目尾部形成项目缓冲，以实现风险共担。确定合理的缓冲尺寸可以确保在关键链任务出现延误时还有足够的时间补校。

（2）缓冲分配。根据项目的整体风险和优先级给关键链任务和非关键链任务合理分配缓冲时间。关键链任务通常会获得更多的缓冲时间以应对其风险和不确定性。

（3）缓冲监控。定期监控缓冲时间的消耗和剩余情况，及时识别潜在的风险和延误，并采取相应的措施进行调整和控制。

关键链保护和缓冲管理是关键链项目管理的核心内容，它们通过集中缓冲和保护关键链任务提高了项目的可控性和稳定性，减少了项目延误的风险，并最大限度地保证了项目按时交付。这些策略和技术的有效应用能够帮助项目管理团队更好地管理关键链项目，提高项目绩效和成功交付的概率。

14.4.2 关键链项目管理流程

关键链项目管理一般有以下三个步骤。

1. 识别关键链

关键链的识别过程与项目调度过程相似，其核心在于对资源约束的分析。启发式算法是资源受限下项目调度问题（resource-constraint project scheduling problem，RCPSP）求解算法中使用率最高的算法，其通过指定优先规则并识别瓶颈因素来确定关键链。

2. 确定缓冲尺寸

关键链项目管理研究的一个核心问题是如何确定缓冲大小。在解决资源冲突及处理不确定性的基础上确定合理的缓冲尺寸是关键链研究中的热点问题。下文将介绍两种经典的缓冲确定方法。

1）剪切—粘贴法

高德拉特在提出缓冲这一概念的同时也提出了剪切-粘贴法（cast and paste method，C&PM）来确定缓冲，就是把项目活动的估算时间切一半作为任务的平均时间，并且把关键链上被切掉时间总和的一半作为项目缓冲，以非关键链上的作为接驳缓冲。如图 14-5 所示，假设关键链上有 n 项活动，每项活动的持续时间为 t_i (i=1, 2, 3, $\cdots$, n)，则缓冲 $PB_{C\&PM}$ 的计算如式（14-5）所示。

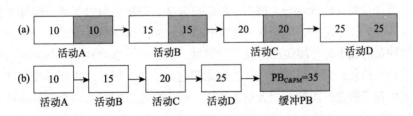

图 14-5 剪切—粘贴法示意图

$$PB_{C\&PM} = \frac{1}{2}\sum_{i=1}^{n}\frac{t_i}{2} \qquad (14\text{-}5)$$

总体来说，这种方法的实际应用比较简单，因此被质疑没有考虑项目的实际情况和特点，有些过于理想化。在多数项目中，这种"切一半"的方法很可能直接导致项目质量出现问题。另外，以关键链和非关键链长度的一半作为缓冲区可能导致项目缓冲时间过长，进而可能导致资源浪费和丧失商机。

2）根方差法

1998 年，纽伯德（Newbold）提出了以根方差量作为缓冲量，在剪切—粘贴法的基础上同时考虑项目完工的概率，在中心极限定理的基础上求被切掉时间的根方差并置于关键链尾部作为项目缓冲，即根方差法（root square error method，RSEM）。如图 14-6 所示，假设关键链上有 n 项活动，每项活动的持续时间为 t_i (i=1, 2, 3, $\cdots$, n)，则缓冲 PB_{RSEM} 的计算如式（14-6）所示。

$$PB_{RSEM} = \sqrt{\sum_{i=1}^{n}\left(\frac{t_i}{2}\right)^2} \quad (14\text{-}6)$$

但是，该方法基于项目各工序执行时间相互独立的假设进行研究，而实际上各工序的执行时间并不完全相互独立，所以此法具有一定的局限性。此外，RSEM 同样采取"切一半"的方法确定预留工期，在风险过小的情况下，RSEM 抽出缓冲较大而预留工期较短，项目可能根本无法进行；而在风险过大的情况下，RSEM 抽出的时间过少，而预留工期较大，此时可能会由于学生综合征造成时间的浪费。

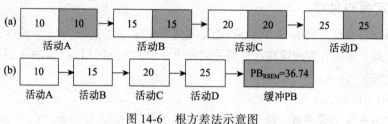

图 14-6　根方差法示意图

3. 监控缓冲消耗

关键链缓冲监控方法具有代表性的主要有静态三分法、相对缓冲监控法和动态缓冲监控法。

最早，高德拉特（Goldratty）提出了静态三分法，该法也可以叫静态缓冲监控法，其是将缓冲区等分为三个部分，即绿区、黄区和红区，如图14-7（a）所示。当累计缓冲消耗未达到总缓冲量的 1/3 时，即缓冲消耗处于绿区，表明项目进度良好，不需要采取纠偏行为；当累计缓冲消耗达到总缓冲量的 1/3 但未超过 2/3 时，即缓冲消耗处于黄区，表明项目实际进度出现了偏差，需要管理者检查原因，拟定措施以应对可能出现的问题；当累计缓冲消耗超过总缓冲量的 2/3 时，表明缓冲消耗进入红区，项目实际进度出现了重大偏差，项目有较大的可能性会发生延迟，因此需要立即采取纠偏措施。该方法设置简单，但是缺点是随着项目的进展，项目的不确定性越来越低，如果监控触发点保持不变则有可能会在项目后期发出错误的预警信息，过早地引发控制行动，导致不必要的管理行动和增加赶工成本。

利奇（Leach）认为缓冲监控触发点可以是绝对的，也可以是相对的，故其提出了相对缓冲监控法。如果触发点设置得过低，可能会导致项目发出错误的预警信息，发生不必要的赶工；如果触发点设置得过高，可能会导致项目已发生了较大程度的延迟，但无法及时采取相应的措施，最终导致监控失效。相对监控法的触发点设置与高德拉特绝对的触发点设置不同，该方法考虑了链路完成比例与缓冲消耗之间的联系，当关键链或非关键链完成比例较小时，两个触发点设置较低；当关键链或非关键链接近完成时，两个触发点设置较高，即随着链的完成两条触发线是线性增加的，如图 14-7（b）所示。这也符合随着项目进行，不确定性也随之降低的特点。该方法克服了静态缓冲监控法的不足，但是并未给出监控触发点的具体设置和调整方法，大多依靠项目管理者的经验预估，存在较大程度的不确定性。

别黎和崔南方认为缓冲大小应反映项目的不确定性程度。随着项目的进行，项目执行面临的不确定性降低,所需缓冲大小应当根据剩余工序的情况进行动态调整。因此,他们提出了一种关键链动态缓冲监控方法,通过不断将剩余缓冲量进行三等分的方式来动态调整两个触发点的位置,从而监控项目实际进度与计划进度之间的差异,如图 14-7(c)所示。该方法克服了静态监控和相对监控方法的缺点,给出了监控点的设置标准和动态调整原则,实现了对缓冲的动态监控,但是这种方法对项目开始部分的缓冲监控点设置过高,动态调整监控点后,容易导致项目后期各工序的缓冲监控量偏小,从而发出错误的预警信号。

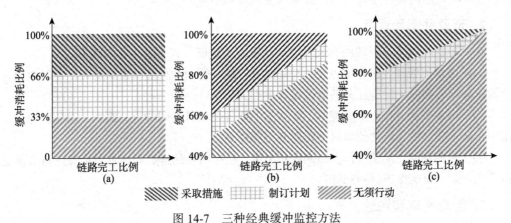

图 14-7　三种经典缓冲监控方法
(a)静态缓冲监控方法;(b)相对缓冲监控方法;(c)动态缓冲监控方法

14.4.3　多项目管理和资源协调

假设某人负责做三个步骤,即 A、B 和 C,它们可能来自不同的项目或同一个项目,每个步骤需要 10 个工作日,如果他顺序连续处理这三个步骤,那么,以 B 为例,10 天就可以完成了。但他受到很大的压力去满足每个人,因此,他在每个步骤只工作了 5 天便急忙跳到另一个步骤,假设他的工作次序变成 A、B、C、A、B、C,每个步骤的完工时间会是多少?

如图 14-8 所示,A 从开始到完成需要 20 天,B、C 也是如此,每个步骤的完工时间加倍。可以看出,多任务是不好的,对完工时间的影响巨大,人们需要有效地管理同时进行的多个项目及合理分配资源。

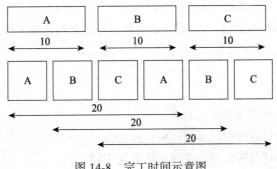

图 14-8　完工时间示意图

多项目管理和资源协调是关键链项目管理重要的方面，以下是一些常见的多项目管理和资源协调的实践方法。

1. 项目优先级排序

对同时进行的多个项目进行优先级排序，确保关键链项目得到优先处理，这可以根据项目的战略重要性、资源需求和交付期限等因素来确定。合理的优先级排序可以确保关键链任务得到足够的资源支持，以保证项目的进度和质量。

2. 资源共享和调度

在多项目环境下，资源的有效共享和调度至关重要。以下是一些实践方法。

（1）资源池管理。建立资源池，对资源进行统一管理和分配。资源池可以更好地协调资源的分配，确保关键链任务的资源需求得到满足。

（2）资源平衡。在资源分配时，要注意平衡各个项目之间的资源需求，避免资源过度集中在某个项目而导致其他项目的延误或资源短缺。

（3）资源调度。定期进行资源调度和决策，根据项目的进展和需求对资源进行合理的调整和分配，以确保项目顺利进行。

3. 信息共享和沟通

在多项目环境下，有效的信息共享和沟通至关重要，因此可以通过以下方法建立沟通。

（1）项目仪表板。建立项目仪表板用于展示各个项目的进展、资源使用情况和问题等信息，以便项目管理团队全面了解各个项目的状况。

（2）跨项目会议。定期组织跨项目的会议，让项目管理团队共同讨论和解决项目管理中的问题，共享经验和最佳实践。

（3）沟通渠道。建立畅通的沟通渠道，确保各个项目管理团队之间的信息传递和交流，以便及时解决问题和协调资源。

4. 风险管理

（1）风险评估和规划。对每个项目进行风险评估，并制定相应的风险应对策略和计划。考虑不同项目之间的风险相互关联和影响。

（2）资源冲突管理。及时识别和解决不同项目之间的资源冲突，确保资源合理利用和分配，避免资源争夺和延误。

多项目管理和资源协调的实践方法可以更好地管理同时进行的多个项目，合理分配资源，确保关键链任务得到优先处理，并降低多项目环境下的风险和延误，这样可以提高项目管理的效率和成功交付的概率。

复习思考题

1. 解释关键链项目管理的核心原则。
2. 解释关键链项目管理中的缓冲区概念及其作用。
3. 关键链项目管理与传统项目管理方法有何不同？

案例阅读　　　　即测即练

自学自测　　扫描此码

第 15 章

组织内部项目监理

【教学目标】

1. 理解什么是组织内部项目监理（第三方监控）。
2. 了解 PPQA 人员的工作内容、意义及其所处位置等。
3. 了解如何实施一项完整的 PPQA 工作流程。

　　某软件开发公司为了确保一个大型项目的质量和有效执行，采取了三权分立的做法，引入了过程和产品质量保证（process and product quality assurance，PPQA）人员作为第三方监督与控制的角色，其角色类似组织内部的项目监理。在该软件项目中，PPQA 人员被委托负责保证项目的质量和流程的执行，他们会对项目中的文件、工作流程和开发活动进行定期的审查和评估，以确保项目符合公司的质量标准和最佳实践。

　　在一次项目执行过程中，项目组认为可以采取一种新的技术来提高软件的性能。然而，PPQA 人员认为这个决策可能会违反公司的标准流程，并可能导致潜在的技术风险。他们提出了对这个决策进行更全面的评估和分析的建议。

　　在经过一系列的讨论和审查后，项目组采纳了 PPQA 人员的建议，并决定进行更彻底的技术评估。结果显示，这项技术确实存在潜在的风险，而且采用传统的方法也能够满足项目的需求。

　　这表明 PPQA 人员作为第三方监督与控制的重要性，他们从独立的角度审查决策和执行过程，旨在确保项目按照事先确定的标准和流程进行，从而降低项目风险并提高质量。将 PPQA 人员作为独立的第三方、在项目管理中实施组织内部的项目监理，有助于确保项目的成功。

　　资料来源：张俊光. 软件项目计划与控制[M]. 北京：电子工业出版社，2009.

　　现代企业在项目管理中也借鉴了"三权分立"的思维模式，例如，各个部门可以分工如下。

　　第一是组织会专门成立一个工程过程组（engineering process group，EPG），由这个组负责撰写项目管理的流程、规范、制度，并在制度执行过程中根据反馈的意见对制度进行改进。

第二是工程过程组把流程规范制定出来以后，由专门的人负责执行，通常由项目经理所带领的项目组来负责执行。

第三是由专门的独立于写文件的人和执行文件的人之外的第三方负责监督流程规范的实施和执行。这一权在项目管理（特别是软件项目管理）中，一般由过程和产品质量保证人员来从第三方的角度对文件的执行进行监控，PPQA 人员独立于 EPG 和项目组。

采用这种思维模式可以保证项目管理制度的有效执行和改进，进而确保项目的成功。项目的质量保证就是为了确保项目的外部监督控制而采取的活动，类似工程项目的项目监理。本章将介绍独立于项目的 PPQA 人员所进行的第三方监督与控制，也可以说是组织内部项目监理。例如，在某个软件项目中，PPQA 人员跟项目的关系及在公司的地位如图 15-1 所示。

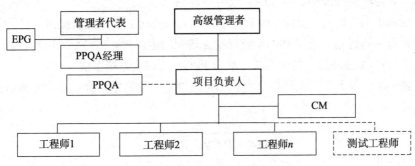

图 15-1　PPQA 人员在公司中的位置

质量保证的目的是向管理者提供对项目正在使用的过程和正在开发的产品的可视性。质量保证包括评审和审核产品及活动，验证它们是否符合适用的规程和标准，还包括向项目和其他有关的管理者提供评审和审核结果。项目按照既定的过程执行所获得的利益远大于它的代价，如先有稳定的、明确的用户需求，再执行下一步，虽然进度可能有所延迟，但比执行后发现生产的是用户不需要的产品的代价要小得多。项目在没有独立评价系统的情况下有时候会偏离既定的规则，项目执行人员由于各种各样的原因总是自主或不自主地忽视过程，这时就需要 PPQA 人员的质量保证工作来发现问题。PPQA 工作流程图如图 15-2 所示。

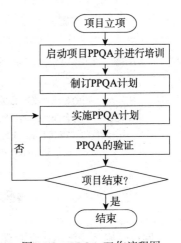

图 15-2　PPQA 工作流程图

15.1　启动项目 PPQA 并进行培训

项目立项后，由 PPQA 经理为项目指派 PPQA 负责人；PPQA 负责人识别培训需求，并组织相应项目组和成员进行 PPQA 知识培训，以保障 PPQA 任务能够顺利完成。

本过程的进入准则是：公司 PPQA 经理收到项目立项任务书（建立 PPQA 组进入准则）；项目经理以电子邮件的形式正式通知项目 PPQA 负责人项目开发组成员的名单（培训进入准则），流程图如图 15-3 所示。

（1）公司 PPQA 经理为项目指派 PPQA 负责人，并通知项目经理和项目组其他人员；PPQA 负责人与项目建立联系，了解项目的相关情况。

PPQA 的权限通常包括：负责整个项目的 PPQA 工作；识别项目组成员的 PPQA 培训需求；参与项目 DP 的编制；根据项目 PPQA 需求与项目经理协商制订项目的 PPQAP（process and product quality assurance plan，过程和产品质量保证计划）；按照本文档中的相关 PPQA 规程实施项目的 PPQAP；完成项目 PPQA 相关文档等。

（2）PPQA 负责人识别项目组的 PPQA 培训需求，确定需要进行 PPQA 培训的人员及培训类型，并与项目经理协商培训的大致时间计划。

（3）确定培训主讲人。项目组的 PPQA 负责人向公司 PPQA 经理提出项目的 PPQA 培训需求和大致时间计划。公司 PPQA 经理指派培训的主讲人。PPQA 培训的主讲人可以由接受过 A 类 PPQA 培训的人员担当（一般由 PPQA 负责人直接主讲）。

（4）PPQA 负责人负责实施项目组 PPQA 培训，包括确定培训日程、实施培训及保存培训记录等。

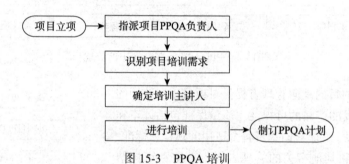

图 15-3　PPQA 培训

注：PPQA 培训指的是关于 PPQA 知识的培训。培训分 A、B 两类：A 类培训的目的是使受训人学会如何为项目实施 PPQA；B 类培训的目的是使受训人了解 PPQA 及 PPQA 人员的作用和职能。PPQA 负责人应接受过 A 类培训（评估师、咨询机构及公司资深 PPQA 人员所做的培训算作 A 类培训）。

15.2　编制 PPQA 计划

制订正确的 PPQAP 是确保质量保证工作顺利进行的基础和保障，也是决定质量保证工作能否成功实施的关键因素。对一个组织来说，制订质量保证计划的整体思路是：首先搜集本组织以前的历史数据，统计分析出组织质量保证工作量占项目总工作量的比例；当一个新的项目开始实施的时候，PPQA 人员参与项目整体策划，在对项目有所了解的情况下根据项目的总工作量算出项目的质量保证工作量，并由此选择项目的质量保证任务，决定各任务的频度，在组织内协调 PPQA 资源；根据 PPQA 计划模板制订 PPQAP，组织对计划进行评审，通过后纳入配置管理。

1. 搜集历史数据,统计历史项目质量保证工作量比例

每个组织都具有自己的特点,其历史数据及生产率等各不相同,因此组织首先应收集本组织已完成项目的历史数据,包括每个项目的总工作量、该项目的 PPQA 工作量,每个项目的质量保证工作量等信息。能收集到的历史数据越全越好,历史数据所覆盖的项目也越多越好。

然后,需要对所收集的历史数据进行统计分析和修正。因为每个项目质量保证工作的复杂度不同,因此各项目的质量保证工作量具有不可比性,必须根据 PPQA 复杂度情况对每个项目的 PPQA 工作量进行修正,使所收集的所有项目的数据具有可比性。复杂度的考虑因素如表 15-1 所示。

表 15-1 复杂度计算示例表

影响因素	属性及参考数值				
	非常低（0.7）	低（0.85）	正常（1）	高（1.25）	非常高（1.5）
项目人员专兼职情况（X0）					
项目子系统及里程碑等的划分情况（X1）					
PPQA 人员的能力情况（X2）					
项目人员的平均能力情况（X3）					
项目高级管理者重视程度（X4）					
主管质量的管理者的重视程度（X5）					
项目复杂度（需求明确程度、所采用技术的成熟程度等）（X6）					
平均值 = $\prod X_i$					

因为质量保证工作量百分比 = 软件质量保证工作量/项目总工作量,所以可根据所有项目的质量保证工作量和项目总工作量的对比关系画出散点图,应用一元线性回归方法计算组织所有项目的质量保证工作量百分比,或应用统计分析软件(如 Excel 或 SPSS)进行统计分析,并回归出质量保证工作量百分比。

下面以质量保证工作量百分比为例,用一元线性回归法进行组织质量保证工作量百分比的计算。

假设组织中各项目的质量保证工作量(根据复杂度进行修正后)与项目总工作量方面的历史数据统计如表 15-2 所示。

表 15-2 质量保证工作量与项目总工作量对照表

项目	X1	X2	X3	X4	X5
质量保证工作量	341	282.86	110	198	157
项目总工作量	5918	4123.2	1180	3026	1962

对以上的历史数据进行统计分析，可得如图 15-4 所示的回归曲线。

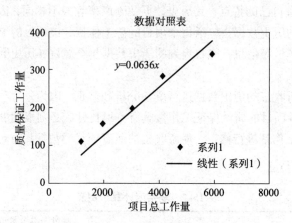

图 15-4　质量保证工作量百分比

由图 15-4 可知，该组织的质量保证工作量百分比为 6.36%，以上数据的分析也可以用线性回归的公式直接计算。每个项目在以后结束时都要总结项目的历史数据，将之纳入统计分析，以不断更新、调整并校正组织的质量保证工作量百分比。

2. 制订项目的质量保证计划

为项目编制质量保证计划的目的是为 PPQA 负责人执行 PPQA 活动提供实施计划。在项目历史数据被统计出来以后，组织就可以参考历史数据统计结果制订质量保证计划了，质量保证计划的制订主要分为三个阶段，①为参与项目策划阶段，因为项目的项目保证计划必须根据项目的实际情况来制订，且必须服从于项目计划，因此 PPQA 人员必须首先参与项目策划活动；②选择 PPQA 任务，估计工作量及资源阶段；③制订 PPQA 计划，并评审通过 PPQA 计划阶段。质量保证计划的制订流程如图 15-5 所示。

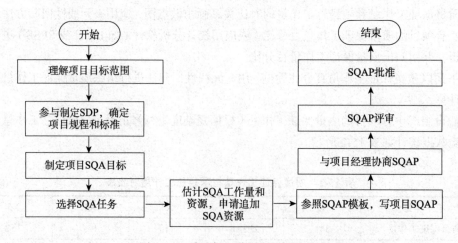

图 15-5　质量保证计划制订流程图

1）参与项目策划

为了根据项目的实际情况制订正确的 PPQA 计划、对项目进行监控，PPQA 人员必须参与项目的策划。在参与项目策划阶段中，PPQA 人员主要应进行如下工作。

（1）理解项目的目标范围：PPQA 负责人通过了解"项目任务书"、阅读可行性报告/合同技术附件等资料，以及参加项目启动会议，了解项目由来、范围及需求，确定 PPQA 需求。

（2）参加项目策划活动，参与制订 SDP（software development plan，软件开发计划）和规程标准。在软件项目中，PPQA 负责人：必须参与软件项目策划，了解软件项目预估计的结果；必须参与软件项目组制订 SDP 的工作，了解项目完整的软件过程活动及其工作产品，以及时间规划，以便更好地把握要选择的 PPQA 任务。PPQA 负责人在接到 PPQA 任务单后，应立即与项目经理协商，参与早期的项目策划活动，包括以下两点。

①了解完整的项目过程活动、工作产品和时间规划；必须与项目组一起确定项目要采用的规程和标准，以便清楚地确定 PPQA 活动应该依据什么样的评判标准。

②依据项目策划计划的要求，PPQA 负责人审核项目策划活动和工作产品、识别偏差、提交不符合问题报告并跟踪纠正措施。

2）选择 PPQA 任务，估计、协调工作量及资源

（1）制定 PPQA 目标。PPQA 负责人根据"项目任务书"，以及在 SDP 草案中提出的 PPQA 需求确定 PPQA 目标。PPQA 目标是指 PPQA 活动要达到的目标，如 PPQA 活动数量、PPQA 活动覆盖的过程活动范围、PPQA 活动要覆盖哪些产品或者覆盖产品的数量等，而非指产品质量控制的目标。PPQA 目标必须是很具体，量化且可被测量。

（2）选择 PPQA 任务。在先期参与制订 SDP 及规程/标准的前提下，PPQA 负责人根据 PPQA 任务集合和 PPQA 需求选择 PPQA 任务并按照评审过程活动和审核工作产品将任务分类；PPQA 负责人还可以根据项目的特点/PPQA 需求确定还需要为项目增加哪些在 PPQA 任务集合中没有的任务。PPQA 任务的选择以能满足 PPQA 目标为原则。其中，PPQA 任务集合除了列出最基本的 PPQA 任务以外，还应包含另外一些 PPQA 任务，它们虽然不是必需的，但对组织的 PPQA 工作向更高成熟度等级改进是非常有益的，PPQA 负责人可参考项目实际情况和当前的能力进行选择。

（3）估计 PPQA 活动的工作量和资源，协调 PPQA 资源。PPQA 负责人根据所选择的 PPQA 任务的规模、参考 PPQA 任务集合的标准估计 PPQA 活动的工作量；根据历史数据的统计结果进行计算，用组织质量保证工作所占组织项目总工作量的比例与项目所估计的工作量相乘得出 PPQA 总工作量，并据此对 PPQA 任务进行调整，决定是否需要申请追加 PPQA 资源（PPQA 资源指的是 PPQA 工程师及其他资源）。如需要则向 PPQA 经理提出申请。获批准后，PPQA 经理根据申请内容为项目分配资源，向加入人员下发任务单并指定一名负责人。被分配到该项目的 PPQA 工程师加入该项目并完成 PPQA 负责人指派的 PPQA 任务。PPQA 工作量的确定及计算举例如下。

设项目的总工作量经项目策划估计为 1936 人时，组织的质量保证工作量百分比为 6.2%。

（1）计算 PPQA 总工作量。

PPQA 工作量基准值：1936×6.2% = 120（人时）。

（2）确定 PPQA 工作复杂度。

根据表 15-1 进行复杂度计算。因项目人员的兼职情况比较多，因此设项目人员的专兼职情况为 1.25，其他各项都为 1，确定项目的复杂度 = $\prod X_i$ = 1.25×1 = 1.25。

则计算项目 PPQA 的实际工作量为：工作量基准值×复杂度 = 120×1.25 = 150（人时）。

如必要，还可根据实际情况将 PPQA 工作量细分为评审审核工作量和非评审审核工作量，项目中 PPQA 工作量分配如下。

评审审核的工作量：150×0.6 = 90（人时）。

非评审审核的工作量：150×0.4 = 60（人时）。

3）制订并评审 PPQA 计划

（1）安排 PPQA 活动日程。PPQA 负责人依据 SDP 草案同步安排 PPQA 活动的进度计划与日程。

（2）参照 PPQAP 模板编写 PPQAP：PPQA 负责人依照 PPQAP 模板编写 PPQAP，并参考 SDP 及 SCMP（software configuration management plan，软件配置管理计划）的进度制定 PPQA 评审和审核的时间点。PPQA 活动的类型共有四种：审核（audit）、评审（review）、报告（report）、不符合问题验证（verify）。其中，评审和审核是完成 PPQA 任务的两种主要方式：评审通常指以面对面的方式检查某个/些过程活动，而审核则可以采用其他检查方式，它通常被用于检查项目工作产品。虽然两种方式的方法不同，但检查的对象类型也不同，所以它们并非互斥，PPQA 人员完全可以在评审某个过程的同时完成该过程工作产品的审核。

（3）协商 PPQAP：PPQA 负责人与项目经理/项目配置管理员、项目组、相关组一起协商已经编写完的 PPQAP，根据协商意见修改，并最终就 PPQAP 的内容达成共识。

（4）PPQAP 评审：PPQA 负责人、项目经理或项目经理指定的项目成员、项目配置管理员一起评审 PPQAP。

（5）批准 PPQAP 并将之纳入配置管理：PPQA 负责人将评审完的 PPQAP 递交给 PPQA 经理，由 PPQA 经理批准。PPQA 负责人将批准后的 PPQAP 纳入该软件项目的配置管理。

15.3　执行并维护 PPQA 计划

PPQAP 被制订出来后，就进入计划的执行和维护阶段。执行并维护 PPQA 计划的流程图如图 15-6 所示。

（1）PPQA 负责人依据 PPQAP 开始执行 PPQA 任务。

（2）PPQA 负责人依照《PPQA 审核过程活动规程》进行过程活动评审，依照《PPQA 审核工作产品规程》进行工作产品审核；在每次审核/评审完成后，应将评审或审核的结果通报给项目组相关人员，并填写《PPQA 任务计划/执行进度表》。

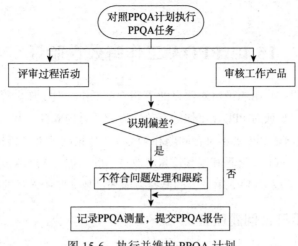

图 15-6　执行并维护 PPQA 计划

（3）不符合问题处理。如果 PPQA 负责人在执行 PPQA 任务时发现了不符合问题，按照 PPQA《不符合问题处理规程》进行相应的处理。

（4）PPQA 工作报告。PPQA 负责人依据项目周期确定报告频度，如表 15-3 所示。

表 15-3　PPQA 报告频度

项目开发周期/月	PPQA 报告频度/周
>6	2
<6	1

PPQA 负责人按照 PPQA 工作报告模板及时完成 PPQA 工作报告，并将报告提交项目经理和 PPQA 经理及项目相关人员。

（5）跨项目的 PPQA 报告。公司 PPQA 经理每月依据公司跨项目的 PPQA 工作报告模板、各个 PPQA 负责人提交的 PPQA 总结月报，整理并汇总成公司跨项目的 PPQA 工作报告，并提交管理者代表。

（6）维护 PPQA 文档。

①当项目的 DP/CMP/需求变更时，PPQA 负责人要相应地变更 PPQAP。

②在执行的过程中发现 PPQAP 本身存在问题时，PPQA 负责人要相应地变更 PPQAP。

③当项目的执行标准、规范发生变化时，PPQA 负责人要相应变更 PPQAP。

当 PPQAP 需要变更时，首先由 PPQA 负责人填写变更申请单、写明变更内容及原因等，报 PPQA 经理批准，变更申请获得批准后，由 PPQA 负责人依据《编制 PPQAP 的规程》进行 PPQAP 变更。PPQAP 变更必须与项目经理、相关人员协商一致，并得到公司 PPQA 经理的批准。如果不能取得一致，PPQA 负责人应向公司 PPQA 经理报告，由公司 PPQA 经理协调解决。修改后的 PPQAP 须得到公司 PPQA 经理批准方可纳入项目配置管理并执行。

15.4　PPQA 工作有效性验证

在项目管理过程中，组织虽然对项目做了 PPQA 工作，但工作做得怎么样、该工作做得是否有效呢？组织必须对 PPQA 工作的有效性进行适时的监控。为了衡量 PPQA 工作的效率，通常需要组织通过 PPQA 不符合问题和 PPQA 工作情况两大项指标进行统计和监控，并根据统计情况进行 PPQA 流程和工作质量的改进。除了进行 PPQA 实施效率的监控外，PPQA 工作还必须受到来自独立第三方的监控，即来自独立监控人员的独立监控。

15.4.1　PPQA 不符合问题验证

PPQA 不符合问题的验证主要是为了跟踪 PPQA 发现的不符合问题随时间变化的数量，使项目经理了解项目遵循过程的基本情况及不符合问题的处理情况。具体来讲，应按如下五个步骤监控和分析。

1. 数据测量

（1）测量人员从《PPQA 不符合问题跟踪记录表》中采集不符合"问题数""未关闭"的不符合问题数、"已关闭"的不符合问题数，填入《PPQA 不符合问题数据表》的对应位置中；采集的时间间隔根据项目规模大小不同，可定为"1 周一次"和"2 周一次"两种。

（2）计算"解决率"，将之填入《PPQA 不符合问题数据表》的对应位置，解决率 =（"已关闭"/"问题数"）×100%。

（3）测量人员对数据表中的数据进行正确性和完整性的核查，并提交项目经理确认。

（4）项目经理根据配置管理的相关规定将确认后的数据表存入本项目的配置管理库中。

2. 数据分析

（1）分析人员利用 Excel 表格的相应功能将数据表中的"问题数""未关闭"和"已关闭"作为数据源生成折线图，同时附上"解决率"数据表。

（2）分析人员根据不同阶段折线图的斜率判断哪个阶段 PPQA 发现的问题比较多，同时分析原因并根据原因制定纠正措施。

（3）分析人员根据数据图表和分析结果生成《测量分析报告》，完成后提交给项目经理进行确认。

（4）PPQA 经理通过《测量分析报告》中的内容掌握 PPQA 活动的执行情况；通过一段时期内的数据发现问题变化的趋势判断 PPQA 工作的效果。若发现问题数出现明显下降可适当减轻 PPQA 的跟踪力度。

（5）项目经理根据配置管理（configuration management，CM）的相关规定将确认后的《测量分析报告》存入本项目的配置管理库中。

3. 数据表示例

参见附录 8：PPQA 不符合问题跟踪记录表。

4. 分析

具体分析如图 15-7 所示。

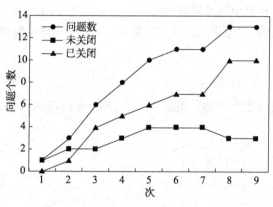

图 15-7　PPQA 不符合问题分析图

5. 分析图表使用指南

（1）根据图形显示的不符合问题增加的趋势判断项目在哪个阶段最容易出现不符合问题。

（2）计算不符合问题的解决率，以便在解决率低于某一数值时采取必要的措施。

15.4.2　PPQA 工作情况验证

PPQA 工作情况的分析和监控主要是为通过比较 PPQA 实际与计划工作情况了解 PPQA 过程的遵循情况，并及时发现项目可能存在的问题。具体来讲，应按如下五个步骤进行监控和分析。

1. 数据测量

（1）测量人员从《PPQA 任务计划执行进度表》中采集固定时间间隔内"计划"审核/评审次数、"实际"审核/评审次数的数据，将之填入《PPQA 工作情况数据表》的对应位置中；采集的时间间隔根据项目规模大小不同，可定为"1 周 1 次"或"2 周 1 次"两种频度。

（2）计算"累计计划"工作量、"累计实际"工作量、"完成率"和"累计完成率"，将之填入《PPQA 工作情况数据表》的对应位置。其中：累计计划 = $\sum$ 计划，累计实际 = $\sum$ 实际，完成率 =（实际/计划）×100%，累计完成率 =（累计实际/累计计划）×100%。

（3）测量人员对数据表中的数据进行正确性和完整性的核查，并提交项目经理确认。

（4）项目经理根据配置管理的相关规定将确认后的数据表存入本项目的配置管理库中。

2. 数据分析

（1）分析人员利用EXCEL表格的相应功能将数据表中的"计划"审核/评审次数、"实际"审核/评审次数作为数据源生成柱状图，同时根据"完成率"生成折线图。

（2）分析人员将数据表中的"累计计划"审核/评审次数、"累计实际"审核/评审次数作为数据源生成柱状图，同时根据"累计完成率"生成折线图，对两个图表进行分析并生成《测量分析报告》，提交项目经理进行确认。

（3）项目经理根据配置管理的相关规定将确认后的《测量分析报告》存入本项目的配置管理库。

3. 数据表示例

参见附录5：PPQA任务清单、附录7：PPQA任务计划/执行进度表。

4. 分析

具体分析如图15-8、图15-9所示。

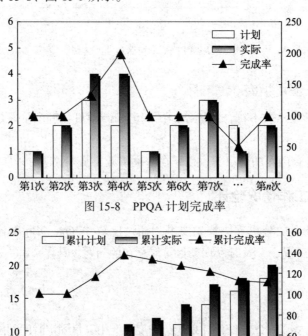

图15-8　PPQA计划完成率

图15-9　PPQA累计计划完成率

5. 分析图表使用指南

通过图表显示的计划完成率或累计计划完成率了解PPQA工作的情况，当PPQA任务完成率偏低时，应分析原因、采取措施。可能的原因包括以下两点。

（1）人力资源配置不足。

（2）由于项目进度滞后，PPQA人员该做的评审/审核未做等。

PPQA不符合问题及PPQA工作情况的统计、分析与控制可以对PPQA工作本身的有效性进行衡量和改进。

15.4.3 PPQA工作的监督

PPQA对项目实施了第三方的监督与控制，但PPQA的工作由谁来监督与验证呢？PPQA本身的工作也应该受到独立第三方的验证，一般来说应该受到三重验证：①组织高层管理者的验证；②独立于PPQA的外部专家的验证；③PPQA经理的验证。只有通过验证，才能确保PPQA的工作是公正的、客观的和有效的。

1. 高级管理者的验证

（1）管理者代表每月月初召开PPQA月会，对PPQA的工作进行验证。

（2）PPQA负责人在PPQA月会前3天完成PPQA总结月报，并提交管理者代表和PPQA经理。

（3）PPQA经理根据PPQA总结月报完成公司跨项目PPQA报告，并提前2天提交管理者代表。

（4）管理者代表在PPQA月会上评价本月PPQA工作，提出意见与改进建议。

（5）验证会应形成《会议纪要》，并被纳入配置管理、通报给入会人员及相关人员。

2. 独立于PPQA组的PPQA专家的验证

（1）独立于PPQA组且来自公司外部的PPQA专家每半年评价一次公司的PPQA工作。

（2）独立的PPQA专家与管理者代表协商评价的范围和具体日程安排。

（3）抽样检查PPQAP中规定的PPQA活动或PPQA工作产品，完成相应报告。

（4）将报告提交公司高级管理者和公司PPQA经理。

3. PPQA经理的验证

PPQA负责人每月完成PPQA月报，提交给公司PPQA经理，PPQA经理根据PPQA月报对其实施验证，具体包括以下两点。

（1）PPQA活动。目前，PPQA目标实现了多少？本阶段PPQA工作量与PPQAP差距有多大，原因是什么？

（2）项目PPQA情况。从立项到当前，PPQA所有的不符合问题总数、未关闭总数；PPQA不符合问题情况分析；项目潜在的或现实的项目问题区域；PPQA工作中存在的问题，困难和风险，最后，根据验证情况在PPQA总结月报上签署评审意见。

15.5　PPQA过程引用的规程

PPQA在工作过程中不仅要对项目是否正确遵循组织的项目管理流程进行检查，还要检查项目所产生的工作产品的正确性和完整性，并对所发现的不符合问题进行处理。

15.5.1 过程 PPQA 的评审规程

PPQA 最重要的一项工作就是要审核项目是否正确地遵循了组织的项目管理流程,即项目的过程检查,其检查的具体流程如图 15-10 所示。

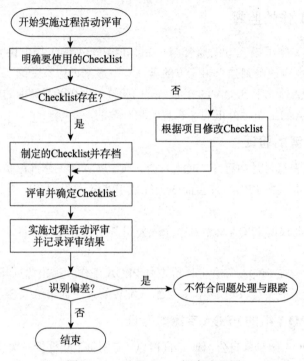

图 15-10 过程 PPQA 评审流程图

任务说明如下。

(1) 标识要使用的 Checklist:PPQA 负责人根据执行的 PPQA 任务,从《PPQA 任务 Checklist 集合》中选择对应的 Checklist。

注:PPQA 任务的 Checklist 是一种 PPQA 工具,项目 PPQA 负责人通常需执行一系列的检查才能完成某项 PPQA 任务,而 Checklist 是一个清单,其列举了完成某项 PPQA 任务所需要执行的所有检查点,可以帮助 PPQA 负责人更容易、更有效地完成某项 PPQA 任务。对应不同的 PPQA 任务,PPQA 负责人要评审的内容点不同,相应的 Checklist 也不同。

(2) 编写 Checklist:如果《PPQA 任务 Checklist 集合》没有相应项,则 PPQA 负责人需要以《PPQA 任务 Checklist 集合》为模板,参考相关过程/规程中对被评审对象的描述自制 Checklist。Checklist 中检查项的编制则需要参考相关过程或规程中对该 PPQA 任务所考察对象的描述,Checklist 中列出的检查点要能让 PPQA 负责人了解考察对象的实际情况是否符合规程/标准的要求。

(3) 收录 Checklist。PPQA 负责人将编制完的 Checklist 交给公司 PPQA 组,经过 PPQA 组集体讨论通过后,加入公司的《PPQA 任务 Checklist 集合》。

（4）检查 Checklist。PPQA 负责人检查选定或编制完成的 Checklist，确定它们确实符合项目的具体情况，如果有不符合的地方则需要修改 Checklist。

（5）修改 Checklist。参考与该过程活动有关的过程或规程文档，参考项目及各种计划，修改 Checklist。合格的 Checklist 应该满足：采用本文档中"PPQA 任务 Checklist"中的标准格式；Checklist 的内容要能反映过程/规程/标准中该过程活动的描述。

（6）执行过程活动评审。评审方式为参加评审活动（如评审会）、专访（interview）、参加活动等。评审活动一般以参加评审会的方式进行评审，一些非评审过程的评审可以采用面谈的方式。使用 Checklist 确保所有过程活动遵循项目计划规定的过程。

（7）记录结果。在检查表、PPQA 任务计划/执行进度表及 PPQA 不符合问题跟踪记录表中记录评审结果和工作量。

（8）如果 PPQA 在评审中发现不符合问题则应进入不符合问题处理规程。

15.5.2 工作产品 PPQA 的审核规程

PPQA 除了要对流程的执行情况进行检查外，还要对项目产生的工作产品进行检查，具体如图 15-11 所示。

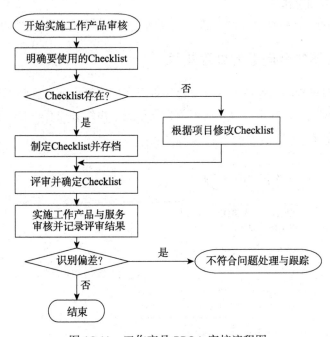

图 15-11 工作产品 PPQA 审核流程图

任务说明如下。

（1）标识要使用的 Checklist。PPQA 应根据执行的 PPQA 任务从《PPQA 任务 Checklist 集合》中选择对应的 Checklist。

（2）编制 Checklist。如果公司的《PPQA 任务 Checklist 集》中没有对应的 Checklist 可以选择，PPQA 负责人需要自己编制 Checklist。Checklist 中检查项的编制需要参考相关规程、标准或计划中对该 PPQA 任务所考察的工作产品的描述，了解被审核产品合格的标准是什么，使 Checklist 的内容点覆盖这些合格标准的考察点，目的是让 PPQA 负责人能够通过检查这些点了解考察对象的实际情况是否符合要求。

（3）收录 Checklist。PPQA 负责人将编制完的 Checklist 交给 PPQA 组，经过 PPQA 组集体讨论通过后，加入公司的《PPQA 任务 Checklist 集合》。

（4）检查 Checklist。PPQA 负责人检查选定或编制完成的 Checklist，确定它们确实符合项目的具体情况，如果有不符合的地方则 PPQA 负责人需要修改 Checklist。

（5）修改 Checklist。参考被审核工作产品合格标准修改 Checklist。合格的 Checklist 应该满足：采用本文档中"PPQA 任务 Checklist"中的标准格式；Checklist 的内容要能反映被审核工作产品合格标准。

（6）执行审核：审核方式为检查工作产品等。对工作产品的审核一般应在产品提交正式评审前进行。在正式评审时，对工作产品的审核应是 PPQA 人员参与的活动，而非审核。PPQA 使用 Checklist 确保工作产品遵循了计划所规定的标准。审核的日程安排要求对过程活动进行紧密监督。

（7）记录结果。在检查表、PPQA 任务计划/执行进度表及 PPQA 不符合问题跟踪记录表中记录审核结果和工作量。

（8）如果 PPQA 在审核中发现不符合问题则应进入不符合问题处理规程。

15.5.3　PPQA 不符合问题的处理规程

PPQA 通过对过程和工作产品的检查会发现很多的不符合项，这些不符合项还分为不同的严重性级别。那么这些不符合项应该怎么处理呢？组织必须有一套不符合项的处理流程，如图 15-12 所示。

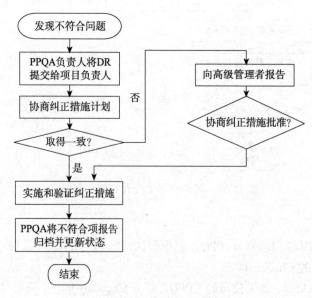

图 15-12　PPQA 不符合项处理流程图

任务说明如下。

（1）填写问题列表。对于在评审、审核及平时检查中发现的不符合问题，PPQA 人员应给出问题编号，并记录在 PPQA 不符合问题跟踪记录表中。

（2）填写 PPQA 不符合问题报告。对于不能在 0.5 个工作日内解决的不符合问题，PPQA 负责人应将其填入"不符合问题报告"，并将报告提交给项目经理。

（3）与项目经理协商改正措施。PPQA 负责人应与项目经理协商 PPQA 不符合问题的纠正措施与时间安排。如果取得一致则进入改正和验证过程；如果在 3 个工作日内不能协商得出解决办法，不管任何原因都应将之视为无法解决，PPQA 负责人应将该问题报告给公司 PPQA 经理。

（4）改正和验证活动。对协商一致的不符合问题，项目经理应安排项目成员改正 PPQA 不符合问题。PPQA 负责人根据计划的验证时间验证改正结果。如果改正结果首次验证通过，则进入关闭过程；否则，返回协商—验证过程。如果问题仍然得不到解决，PPQA 负责人应将该问题报告给公司 PPQA 经理，并记录不符合问题状态为"提交公司 PPQA 经理"。

（5）关闭过程。如果验证符合，关闭不符合问题。

（6）报告公司 PPQA 经理。公司 PPQA 经理了解项目 PPQA 不符合问题后应尽量与项目经理或者开发部门经理协商使问题能够在项目级别或者部门级别内得到解决，如不能解决，则升级处理。

（7）升级处理。如果公司 PPQA 经理与项目经理或者开发部门经理协商仍无法解决，要再升级处理，由 PPQA 经理将问题提交到各中心总经理处解决，如各中心总经理仍然不能解决，再升级至管理者代表处，直至问题解决。

（8）PPQA 负责人应根据不符合问题的解决情况及时更新 PPQA 不符合问题跟踪记录表。

上述 PPQA 工作，以及对 PPQA 工作的监控和独立验证可以保证"司法"权力得到正确而有效地实施，并确保项目成功。PPQA 的第三方监控不但可以对项目起到督促作用，促使其正确地遵循流程；还可以对一些项目经理和项目成员本身意识不到的问题提出建议，从而避免项目组"只缘身在此山中"的盲目行动；经验比较丰富的 PPQA 人员还可以给项目提供更多的指导、支持和帮助。从这个角度来看，PPQA 人员的素质及技能要求是非常高的，国外一般会选择高水平的人员担任 PPQA 人员，而国内企业界对此的认识还存在一些不足。但不管怎么说，质量保证工作已在国内得到了企业界的重视，并已经逐步得到实施，这本身就是一个巨大的进步。随着质量保证手段和经验的不断完善和积累，其所能发挥的作用会越来越大，也必然会极大地提高软件项目的成功率。

复习思考题

1. 简述 PPQA 的目标和意义。
2. 解释过程评估在 PPQA 中的作用。
3. 简述 PPQA 团队的主要职责。

案例阅读   即测即练

自学自测   扫描此码

附　　录

本节列出了在项目特别是软件项目的 PPQA 工作执行过程中所要用到的一些参考模板，这些模板在第 15 章内容中已被提到。

附录1　PPQA 不符合问题报告

项目		项目负责人	
审核人		审核日期	

不符合的工作产品/过程：

不符合问题数：

问题 1
不符合问题 1 描述：
影响：
审核负责人：　　　　　　项目负责人：

该问题需：	□ 项目内部协调解决 　　□ 升级处理解决

项目内部协调解决问题	纠正措施描述：
	责任人：　　　　预计纠正完成时间：　年　月　日
	首次验证意见：
	结论：　□ 通过　　　□ 不通过，再次验证时间：　年　月　日 　　　　PPQA 负责人：　　　　验证时间：
	再次验证意见：
	结论：　□ 通过　　　□ 不通过，提交公司 PPQA 经理 　　　　PPQA 负责人：　　　　验证时间：
	公司 PPQA 经理协调验证意见：
	结论：　□ 解决　　　□ 升级处理 公司 PPQA 经理：　　　　时　　间：
升级处理解决问题	升级处理纠正措施：
	责任人：　　　　预计纠正完成时间：　年　月　日
	验证意见：
	结论：　□ 通过　　　□ 放弃解决 高级管理者：　　　　验证时间：

问题 2
□ 已经关闭　　　　关闭时间：

附录 2　×××项目 PPQA 总结月报

报告人：　　　　　　　　报告日期：

当前的 PPQA 工作处于项目的哪个阶段：	
PPQA 活动状况	
本月 PPQA 目标实现了多少（计划和实际评审/审核次数比较）	
本月 PPQA 工作量与 PPQAP 差距多大，原因	
PPQA 不符合问题情况			
项目本月不符合问题总数		项目所有不符合问题总数		未关闭总数	
PPQA 不符合问题情况分析	
问题	
潜在或现实的项目问题区域	
PPQA 工作中存在的问题，困难和风险	
评审记录	

评审参与人：

附录 3　组织 PPQA 工作评价报告

评价起止时间：　　　　　评价人：　　　　　评价日期：

检查项	项目名称		
	项目 1	项目 2	项目 n
项目是否有 PPQA 工程师，工程师是否经过培训？			
PPQA 工程师是否有充足的时间和资源？			
评审、审核工作有无检查单？有无相应的测量活动？			
项目是否有不符合问题，是如何解决的，有无不符合问题报告？			
PPQAP 能否满足项目对 PPQA 的需求，是否得到有效的实施？			
是否提交 PPQA 工作报告及度量报告			
PPQA 工作存在的最突出问题			

续表

检查项	项目名称		
	项目1	项目2	项目n
组织PPQA工作的总体评价	强项： 弱项： 结论：		
对组织PPQA工作的建议			

注：①本报告模板适用于外部专家对组织PPQA工作进行评价时的参考。
②外部专家可根据自己的风格编写评价报告。

附录4　组织内跨项目PPQA报告

报告人：　　　　　　　　　　　　　　报告日期：

部门名称	项目名称	不符合问题数		未关闭数	备注
		本月发生	自项目开始累计至今		
研发一部					
研发二部					
研发三部					

不符合问题分析

不符合问题最多的项目		不符合问题最少的项目	
不符合问题总体情况分析（包括不符合问题的特点、出现频率较高的问题等）			
集中反映的较严重问题			
潜在的或现实的项目问题区域			
改进的办法和意见			

评审记录：

参与评审人：

附录5 ×××项目PPQA报告（编号：n）

起止日期：　　　　报告人：　　　　报告日期：　　　　完成PPQA任务的个数：

本阶段计划的 PPQA 任务名	本阶段完成的 PPQA 任务名	发现的不符合问题数量	PPQA 工作量	与 PPQAP 计划量的差距	与计划量总差距> ±20%的原因
			人小时		
			人小时		
			人小时		
			人小时		
			人小时		

本阶段PPQA不符合问题数变化			至当前，项目曾出现的所有PPQA不符合问题	
新增	关闭	升级处理	还未关闭的总数	总数

备注：
1. PPQAP中哪些地方存在的严重问题需要马上修正；
2. PPQA目标完成情况。

评审意见：

注：标题中的 n 为从1开始的正整数，每个项目的本报告统一顺序编号。

附录6 PPQA任务清单

项目管理工作	序号	评审项（活动/工作产品）	时间/频率	PPQA工作方式	检查单号	参加人

注：PPQA工作方式包括①会议评审（witness）；②面谈（interview）；③审核（audit）；④参与（participate）。

附录7　PPQA 任务计划／执行进度表

评审/审核编号	评审任务	计划工作量	实际工作量	计划完成时间	实际完成时间	备注

注：计划工作量及实际工作量以人小时表示。

附录8　PPQA 不符合问题跟踪记录表

项目名称：

项目编号：　　　　　　　　　　　　　　　　项目负责人：

序号	问题编号	问题描述	问题责任人	是否升级处理	识别日期	解决期限	关闭日期	状态	备注
1									
2									
3									
4									
5									
…									

参 考 文 献

[1] Project Management Institute. A guide to the project management body of knowledge (PMBOK® Guide), seventh edition and the standard for project management (ENGLISH)[M]. Chicago: Project Management Institute, 2022.

[2] GOLDRATT E M. Critical chain: A business novel[M]. Great Barrington, MA: North River Press, 1997.

[3] 王祖和. 现代工程项目管理[M]. 3版. 北京：电子工业出版社, 2020.

[4] 殷焕武, 周中华. 项目管理导论[M]. 北京：机械工业出版社, 2010.

[5] 张俊光. 关键链项目动态缓冲管理[M]. 北京：化学工业出版社, 2016.

[6] 张俊光. 软件项目计划与控制[M]. 北京：电子工业出版社，2009.

[7] 林锐. 项目管理[M]. 成都：电子科技大学出版社, 2020.

[8] 舒红平. 软件项目管理[M]. 成都：西南交通大学出版社，2019.

[9] 颜明健. 项目管理[M]. 厦门：厦门大学出版社, 2014.

[10] 倪明. 创新驱动战略下的项目管理研究[M]. 秦皇岛：燕山大学出版社，2021.

[11] 何清华. 项目管理[M]. 上海：同济大学出版社, 2011.

[12] 丁荣贵, 赵树宽. 项目管理[M]. 2版. 上海：上海财经大学出版社，2023.

[13] KERZNER, HAROLD. Project management: a systems approach to planning, scheduling, and controlling. [M]. Hoboken: John Wiley & Sons, 2017.

[14] 萨瑟兰, 蒋宗强. 敏捷革命提升个人创造力与企业效率的全新协作模式[M]. 北京：中信出版集团，2017.

[15] 谢伊, 所罗门, 魏群. 如何改变员工行为沃顿商学院的高效变革管理课[M]. 北京：中信出版社，2015.

[16] 麦格里尔, 乔查姆, 阎小兵. 产品负责人专业化修炼利用Scrum获得商业竞争优势[M]. 北京：机械工业出版社，2019.

[17] 强茂山, 王佳宁. 项目管理案例[M]. 北京：清华大学出版社, 2011.

[18] 科恩, 金明. 敏捷软件开发实践：估算与计划[M]. 北京：清华大学出版社，2016.

[19] 殷焕武. 项目管理导论[M]. 北京：机械工业出版社, 2012.

[20] 殷焕武, 王振林. 项目管理导论[M]. 北京：机械工业出版社, 2008.

教师服务

感谢您选用清华大学出版社的教材！为了更好地服务教学，我们为授课教师提供本书的教学辅助资源，以及本学科重点教材信息。请您扫码获取。

▶ 教辅获取

本书教辅资源，授课教师扫码获取

▶ 样书赠送

管理科学与工程类重点教材，教师扫码获取样书

 清华大学出版社

E-mail: tupfuwu@163.com
电话：010-83470332 / 83470142
地址：北京市海淀区双清路学研大厦 B 座 509

网址：https://www.tup.com.cn/
传真：8610-83470107
邮编：100084